"내 피로 세우는 새 언약이니"

(눅 22:20)

ANTINOMIANISM
AND WESTMINSTER
ASSEMBLY

ANTINOMIANISM AND WESTMINSTER ASSEMBLY

반율법주의와 웨스트민스터 총회

김재성 지음

Dr. Jae Sung Kim (Ph.D.)

New Covenant Books, Goyang-si, Gyeonggi-do, Republic of Korea.

2024.

목차

✝

✝

이 책을 펴내는 이유는 그리스도의 능동적 순종이라는 교리를 충분하게 설명하고자 함이다. 웨스트민스터 총회에 모인 청교도 신학자들은 당시 런던에서 확산되던 반율법주의를 이단으로 정죄하면서, 올바른 교리를 확립하고자 노력했다. 성도가 하나님의 자녀로 살아가는 데 있어서 아무런 기준이나 규칙도 없이 어떻게 거룩한 생활을 유지해 나갈 수 있겠는가? 반율법주의자들은 무질서한 생활을 정당화하는 위험천만한 설교를 통해서 교회와 사회 전반에 악영향을 끼치고 있었다. 그들은 자신들이야말로 종교개혁의 정신을 바르게 따르고 있다고 주장하면서, 그가 성도라면 구약의 계명들을 도덕법으로 지키지 않아도 된다는 잘못된 사상을 가르쳤다.

웨스트민스터 총회에서는 반율법주의자들이 야기하는 사회적 혼란을 수습하고자 노력했다. 총회는 반율법주의자들을 소환하여 철저히 조사했고, 그들의 왜곡된 가르침을 척결하고자 신앙고백서의 조항들을 다듬었다. 웨스트민스터 총회는 그리스도께서 율법에 온전히 순종을 하셨으며, 흠 없이 순결하신 의로움과 십자가의 피흘림을 통해서 대속적 중보사역을 성취하셨음을 신앙고백서와 교리문답서에 명문화했다. 그리스도께서 세상에 사는 동안에 구약의 모든 율법과 계명을 완전히 순종하심에 대해서, 유럽 개혁주의 신학자들은 이미 능동적 순종과 수동적 순종이라는 용어로 설명했다. 다만 능동적 순종이라는 교리의 명칭은 웨스트민스터 신앙고백서에 넣지 않았는데, 이는 당시 청교도 전쟁의 동지로 함께 싸우던 회중교회와 일부 독립파 교회들을 자극하지 않으려는 배려에서였다.

하지만 현대에 들어서면서 웨스트민스터 신앙고백서를 폄하하는 칼 바르트와 그의 추종자들은 청교도 신학자들이 율법주의에 빠지고 말았다는 비판을 가하고 있다. 그러나 이것도 현대 신학자들의 왜곡된 해석이다. 죄와 싸우며, 율법을 지키라는 가르침이 어떻게 율법주의라는 것인가! 반율법주의를 극복하는 방안으로 율법주의에 빠져들었다는 비판은 결코 공정한 평가가 아니다. 웨스트민스터 신앙고백서를 존중했던 존 오웬은 율법주의도 경계하므로 리처드 백스터를 지목하여 율법주의를 비판했다.

최근 한국 개혁주의 교회 일부에서, 예수 그리스도의 피만 의지해야 한다고 주장하는 이들이 큰 혼란을 일으키고 있다. 우리 주 예수 그리스도께서 우리의 죄를 사하시고자 십자가에 죽기까지 순종하셨으며, 그의 생애 동안에 구약의 율법을 모두 완성하시고 지키셨다는 그리스도의 '능동적 순종' 교리를 거부하는 자들이 불필요한 논쟁을 일삼고 있다. 참으로 무지하고 우매한 자들의 허황된 주장일 뿐이다. 종교개혁 이후로 그리스도의 능동적 순종과 수동적 순종에 관련한 교리의 발전 과정을 탐구한 박사학위 논문들이 여러 편 출간되었는데도, 여전히 막무가내로 무식한 자신들의 주장만을 되풀이하고 있는 것이다.

필자는 『그리스도의 능동적 순종』(도서출판 언약, 2021)에서 세계적으로 중요한 개혁주의 신학자들이 그리스도의 순종 교리를 발전시켜온 과정과 특징들에 대해서 제시했다. 최근에 일부 목회자들이 일으킨 논쟁들에 대하여, 대한예수교 장로회 고신 교단과 합신 교단에서 총회적으로 결의한 지침서들이 2022년에 발표되었다. 그리고 '능동적 순종'의 교리를 거부하는 자들이 일으킨 논란을 해결하고자, 2023년 대한예수교 장로회 합동 교단에서도 총회적으로 '능동적 순종'이 개혁주의 교리에 합당하다는 입장을 천명하였다.

필자는 이 책을 통해서, 다시 한 번 청교도들이 '능동적 순종'을 거부했던 왜곡된 주장들을 '웨스트민스터 총회'에서 이단적인 가르침이라고 정죄했음을 소개하고자 한다. '그리스도의 능동적 순종'을 거부한 자들의 무지와 왜곡은 반율법주의자들에게서 기인했음을 분명히 밝히고자 하는 것이다.

복음의 본질을 변질시킨 반율법주의자들은 오직 복음만을 따라야 한다고 주장했다. 그들은 성도가 율법을 거울로 삼아서 죄와 싸워야 하고, 성화를 이뤄나가야 한다는 것을 강조하지 않는다. 이로써 그들은 칭의 교리의 기초와 근간을 왜곡했으며, 거룩하게 살아야 할 의무와 율법에 순종함을 저버리고 말았다. 그들은 아주 값싼 복음만을 주장한 것이다. 반율법주의자들은 예수 그리스도께서 구약의 모든 율법을 철저히 지키셨다는 능동적 순종 교리를 거부하고 있다. 성도는 더 이상 구약의 율법을 준수할 도덕적 의무가 없다는 것이다. 그들은 예수 그리스도가 십자가에서 흘리신 보혈로 모든 죄가 사함을 얻었다는 것만을 강조한다. 날마다 우리가 범하는 수많은 죄에 대해서도 하나님이 상관하지 않으신다고 주장한다. 정말로 그렇게 하나님의 의로우신 법을 지키지 않아도 되는가? 반율법주의자들은 거듭난 후에 신실하게 유지해야 할 성도의 책임있는 윤리 생활에 대해 전혀 가르치지 않았다. 한마디로, 무책임하고 무지하며 무익한 논쟁을 일삼았을 뿐이다.

웨스트민스터에 모인 청교도들은 모든 마음과 삶을 바쳐서 하나님의 영광을 도모하고, 이를 즐거워하는 목표를 갖고 있었다. 오늘날 우리의 신앙과 자세도 역시 하나님의 말씀을 가감 없이 존중하면서 모든 교훈과 계명을 삶의 지표로 삼아 거룩한 생활을 유지하는 것이다. 이 삶을 위한 답이 청교도에 있다.

웨스트민스터 총회

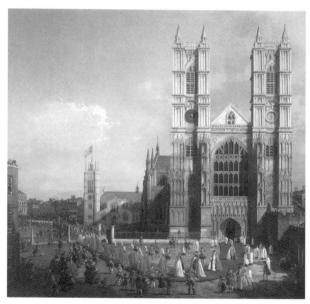

웨스트민스터 사원

반(反)율법주의자들이 거부한 능동적 순종: 율법은 필요 없고 복음이면 된다?

1 반율법주의의 출현

매우 한심하고도 답답한 현실은 한국 개혁주의와 장로교회에 속한 일부 목회자들과 신학자들이 그리스도의 능동적 순종에 관련한 내용들을 잘못 이해하고 있다는 사실이다. 그들은 그리스도의 능동적 순종에 대해 지금까지 연구되어 온 내용들을 전혀 알지 못하면서도 그것을 비난하고, 사실과는 다른 헛된 가르침을 퍼트리고 있다.

이 문제가 일부 목회자들에 의해서 제기된 이후로, 2021년에 필자가 개략적인 능동적 순종 교리의 역사적인 발전과정을 소개하였다. 능동적 순종의 교리는 정통 개혁주의 장로교회가 믿어 온 가장 중요한 기독론과 구원론, 특히 속죄론과 칭의론에 해당한다는 것을 설명한 바 있다.[1]

---

1   김재성, 『그리스도의 능동적 순종』(언약, 2021). 필자의 저서 외에도 능동적 순종의 교리가 정통 개혁주의 신학의 내용이라는 사실을 입증하고자 합동신학대학원, 고신대학교, 총신대학교, 개혁주의 연구원 등에서 가르치는 교수들이 논문과 책을 발간하였다. '능동적 순종의 교리'에 관한 2022년 고신총회 신학위원회 보고서와 2023년 9월, 대한예수교 장로회(합동) 신학위원회의 보고서를 참고할 것.

두려움과 논쟁: 런던에서 성행한 반율법주의

청교도 최고의 신학자 존 오웬과 최고의 설교자 리처드 백스터는 1640년대 말에 반율법주의자들의 급진적인 사상으로 인해서 큰 위협과 두려움을 느꼈다.[2] 급진적인 반율법주의가 확산된 것은 청교도 전쟁이 벌어지던 시기였다. 피비린내 나는 전쟁은 모든 권위를 파괴하고, 세상을 바꿔놓고 말았다. 지금까지 교회의 역사를 살펴보면, 모든 전쟁은 예외 없이 교회를 무너뜨리고, 성도들의 신앙을 흔들어 놓았다.

구약의 율법은 신약 이후의 성도들에게는 관련이 없다는 반율법주의는 독일 루터파 교회에서 흘러나와서, 차츰 유럽의 여러 곳으로 확산되었다. 바다 건너 잉글랜드 청교도들 사이에서 급속히 영향력을 갖게 된 것은 제1차 청교도 전쟁이 촉발되어서 전국가적으로 혼란과 불안한 정서가 팽배했기 때문이었다. 로마 가톨릭과 성공회에서 가르치던 갖가지 예식들과 의식들을 폐지하고, 보다 더 자유로운 은혜의 세계를 갈망하던 청교도들은 억압적이고 강요하는 것들에 반감을 가지게 되었다. 특히 국가적인 명령이나, 교회가 강요하는 의식에 대해서 거부감을 가졌다. 그런데 반율법주의자들은 보다

---

2   Tim Cooper, *Fear and Polemic in Seventeenth-Century England: Richard Baxter and Antinomianism* (Aldershot: Ashgate, 2001).

급진적으로 모든 율법으로부터 자유롭다는 사상을 퍼트려서 사람들을 현혹했다. 런던에서 반율법주의를 설교하는 독립파 회중교회 목사들이 크게 인기를 얻었다. 그들의 설교와 저서들이 흥행했다.

간략하게 이렇게 급진적 이단사상의 활개를 치게 된 역사적 상황과 신학적인 배경을 살펴보자.

잉글랜드에서는 엘리자베스 여왕(1558-1603 재위) 이후로 성공회 체제가 정착되어 갔는데, 로마 가톨릭과 유럽 개혁교회를 절충한 체제였다. 제임스 1세(1603-1625 재위)의 시대에도 청교도들은 성경적인 교회로 개혁해나갈 것을 끊임없이 요구했다. 그들은 보다 더 순결한 교회를 원하면서 개혁운동을 진행했다. 청교도들의 지칠 줄 모르는 교회 개혁운동은 급기야 찰스 1세(1625-1649 재위)의 왕권에 맞섰다. 하나님께 올리는 참된 예배와 교회의 권한을 짓밟는 왕권에 대항하는 저항운동이 청교도 전쟁으로 확산 되었다.

마침내 1630년 말, 잉글랜드에서는 청교도들이 속한 의회파와 찰스 1세의 왕당파 사이에 피비린내 나는 전쟁이 벌어지고 말았다. 집집마다 남자들은 전쟁에 불려나갔고, 십 여년 사이에 20만명 이상이 죽었다. 거의 모든 가정마다 청교도 전쟁의 피해자들이 있었다. 사람들은 누가 최종 권세를 장악할 것인가에 대해서 불안하고 두려웠다. 이런 상황에서 런던의 개혁파 교회들 가운데, 반율법주의를 선포하는 교회에 많은 교인이 모여들었고, 이튼John Eaton의 설교집이 널리 보급되었다. 율법을 지킬 필요가 없다는 달콤하고 손쉬운 복음에 유혹을 받았던 것이다.

청교도들은 경건한 삶을 통해서 하나님께 영광을 돌리고자 했기 때문에, 엄격하고도 절제하는 훈련을 받았다. 청교도들의 교회에서는 철저한 권징조례가 시행되어서, 신앙적인 허물과 도덕적인 실수에 대해서 공개적으로 권징을 받아야 했다. 특히 청교도 설교자들은 죄와의 영적인 싸움에 나선 투사이자 전사들이었다.

그러나 반율법주의자들은 달콤하게 속삭였다.[3] 새언약은 신자의 편에서 수행해야 할 조건들이 하나도 없다는 것이다. 더구나 하나님은 신자의 죄를 보지 않으신다는 말을 절대 명제처럼 외쳤다. 따라서 성경에 나오는 모든 율법조항들을 하나도 지키지 않더라도, 구원을 얻을 수 있다는 것이다. 반율법주의자들은 청교도들이 지나치게 율법을 강요한다고 비난했다. 백스터는 2년 동안 군목으로 청교도 전쟁에 나선 군인들을 위해서 일하면서 심각한 체험을 가졌기에, 반율법주의자들의 도발이 심상치 않음을 느꼈다. 청교도 전쟁은 왕권에 도전하여 승리하였지만, 그로 인해 발생한 혼란과 두려움은 말로 다 표현할 수 없었다. 그런데 반율법주의자들이 도덕법을 지키지 않으면, 질서와 규칙이 무너져서 국가와 사회 전체가 더욱 큰 혼

---

3   David P. Field, *Rigide Calvinism in a Softer Dresse: The Moderate Presbyterianism of John Howe, 1630-1705* (Edinburgh: Rutherford House, 2004), 18-29.

란에 빠지게 될 것이었다.

교리적으로도 반율법주의는 기독교의 기본진리를 무너뜨리고 교회를 혼란에 빠트렸다. 청교도들이 강조하는 능동적 순종의 교리에서도 역시 총체적 순종을 중요시 여긴다. 예수 그리스도께서는 모든 율법의 요구를 완전하게 성취하시사 온전한 순종을 하셨고, 동시에 마지막까지 십자가 위에서 피흘려 죽으심으로 우리들의 죄값을 대신 지불하셨다. 죄인들은 그 주님을 믿음으로 속죄(대속의 결과)와 의로움(율법의 요구를 만족한 결과)을 전가 받게 된다. 의롭게 된 성도는 예수 그리스도의 본을 따라 하나님의 영광을 위하여 모든 계명을 성실히 지키며, 모든 죄와의 싸움을 지속해 나가야만 한다.

그런데, 반율법주의자들은 복음은 율법이 아닌 약속이라고 강조했다. 그리스도의 죽으심과 순종의 본질과 사용에 대해 반율법주의자들은 엄청난 손상을 입혔다. 그리스도가 아무런 율법을 가지고 있지 않다면, 결국 그리스도의 왕권이란 의미가 없는 것이 되고 만다. 전쟁으로 찰스 1세를 왕에서 제거했듯이, 왕으로서의 그리스도를 없애버릴 수 있는 것이다. 반율법주의를 따르게 되면, 죄인은 예수 그리스도를 제사장의 사역을 하신 분으로만 받아들여서, 속죄를 얻으면 된다. 굳이 그리스도가 왕으로 교회와 만물을 지배할 필요가 없게 되는 것이다.

청교도들이 16세기 종교개혁자들의 칭의론과 언약 신학 바탕 위에서 목양사역을 할 때, 반율법주의자들의 궤변은 심각한 걸림돌이었다. 그들은 런던의 교인들에게 자신들이 의인이라는 헛된 자만심을 불어넣었고, 법도를 무너뜨려 하나님의 나라를 법이 없는 나라로 만드는 혼란을 초래한 급진적인 이단이었다. 과거 종교개혁 시기에도 반율법주의자들같이 국가의 유지를 위한 시민의 의무를 무시하는 무정부주의자와, 급진적 분파운동을 벌이는 재세례파와 같은 집단들이 있었다. 물론 잉글랜드의 반율법주의자들은 독일의 재세례파와 같지는 않았다.[4] 재세례파는 율법 자체를 아예 무시해 버렸다. 그들은 공동체를 운영하는 법규와 규칙이 없었다. 그들은 폭동을 일으켜서 도시를 습격해 무정부 상태로 만들었다. 그들은 한 번 중생한 자는 결코 죄의 징계를 당하지 않는다고 믿었다.

반율법주의가 시민들에게 실제로 적용된다면 곧이어 극단적 재세례파(율법폐기론)로 변질되는데 이렇게 되면 도시는 극도의 혼란에 빠지게 된다. 물론 잉글랜드의 반율법주의보다 더 무서운 것은 아예 율법 자체를 부인해 버리는 무율법주의 혹은 극렬한 율법폐기론이었다. 만약 사회가 극렬한 율법폐기론에 빠진다면, 사회에서는 과연 어떤 일들이 일어날까? 교회에는 어떤 상황이 벌어질까?

4　Sigrun Haude, *In the Shadow of "Savage Wolves": Anabaptist Münster and the German Reformation During the 1530s* (Boston: Humanities Press, 2000). Ralf Klötzer, "The Melchoirites and Münster," in *A Companion to Anabaptism and Spiritualism, 1521–1700*, eds., John Roth & James Stayer (Leiden: Brill, 2007), 222.

독일에서는 재세례파의 일부 과격한 무리가 '뮌스터 반란'을 일으켰는데, 이들은 독일 농민전쟁(1524-1525)을 일으킨 재세례파와 같이 완전한 율법폐기론을 주장하면서 비인간적인 만행을 저질렀다. 주도자는 루터파 목사와 소수의 극단적인 재세례파의 무리였는데, 신정통치를 통해서 모든 재산을 공유하는 천국을 건설하고자 독일 뮌스터시를 무력으로 장악했다. 그들은 시정부 지도자들을 살해하고 가톨릭 주교를 추방한 후, 그곳을 '새예루살렘'으로 선포했다. 이들 극단적인 재세례파는 1534년 2월부터 1535년 6월까지, 18개월 동안에 도시 전체를 그야말로 무법천지로 만들고 말았다. 종교개혁을 가장한 반란의 무리들은 재세례를 거부하는 시민들을 추방했다.

극렬한 재세례파가 지배하는 동안에 도시 전체는 처참한 상태로 전락하고 말았다. 일반 시민들은 생필품이 없을 정도로 극심한 가난에 허덕였다. 이들 중에는 유럽 각 지역에서 모여든 추종자들이 많았는데, 이들은 주변 세력의 응징, 배척, 살인 등을 통해 철저하게 도태되고 말았다. 그들이 사라지게 된 경위는 다음과 같다. 극단적인 재세례파들은 자신들의 도시가 '새예루살렘'이라면서, 거듭난 신자는 지켜야 할 율법이란 아예 없다고 주장했다. 이들의 대표적인 만행은 일부다처제의 시행이었는데, 25살이던 지도자 레이덴 Jan van Leiden은 16명의 아내를 두었다. 재세례파들은 모두 다 왕같은 제사장이라고 거리에 나설 때에 왕관을 쓰고 다녔다. 결국, 뮌스터의 반란자들은 루터파와 로마 가톨릭의 연합군에 의해서 함락당했고, 지도자들은 교회당 첨탑에 매달아 놓은 커다란 바구니 속에서 굶어 죽는 처형을 당했다. 끝까지 반항하던 수 천 명은 모두 다 살해당하는 것으로 일단락되었다.

잘못된 신학은 사회를 파멸에 이르게 할 수 있다. 잉글랜드에서 청교도 개혁운동은 급진적인 사회개조를 추구한 것이 아니다. 청교도들은 하나님을 영화롭게 하는 경건한 생활을 최선의 실천과제로 강조했다. 그러나 반율법주의는 참된 신앙과 경건의 노력을 비웃었다. 때문에 순수한 개혁주의 정통 신학을 수립하고자 노력하던 청교도들은 칭의, 도덕법, 믿음, 행위, 구약과 신약의 관계성 등을 놓고서 반율법주의자들의 헛된 사상을 물리치고자 격렬한 논쟁을 할 수 밖에 없었고,[5] 칼빈주의 정통 신학과 알미니안주의, 특히 반율법주의자들이 조장하는 심각한 사회적 혼란에 대해서 매우 치열한 신학적인 토론을 해야만 했다.

반율법주의자들은 그 어떤 상황에서도 택함을 받은 성도는 죄로부터 자유하다고 간주했다. 구원의 결정은 영원 전에 일어났기 때문에, 영원 전에 그리스도와 같이 의롭게 된 택자들은 그 어떤 용서도 받을 필요가 없다는 것이다. 따라서 남자든 여자든 간에 그들 자

---

5 Gert van den Brink, "Calvin, Witsius and the English Antinomianism," in *The Reception of Calvin in Reformed Orthodox*, ed. Andreas Beck and William den Boer (Leiden: Brill, 2010).

신들이 의인이요, 구세주가 필요하지 않은 존재였다. 그래서 반율법주의자들은 그리스도의 모든 수고를 헛되게 만들었다. 그리스도가 이미 의인인 자들을 대신해서 죄인이 되었기 때문이다. 그들의 주장을 따르게 되면 결과적으로 그리스도는 모든 (자칭) 신자들을 불순종의 사악한 인간이 되도록 조장한 셈이 된다. 왜냐하면 **율법이 없는 곳에서는 순종도 없기 때문이다.**[6]

반율법주의자들은 회개와 순종을 폐기 처분해버렸다. 그들이 이해하는 바는, 만일 그리스도가 택한 백성들을 대신해서 율법의 요구에 완벽하게 순종했다면, 성도들은 더 이상 순종하지 않아도 되며, 정죄를 두려워할 필요도 없다는 것이다. 그들에게는 그 어떤 의무를 수행하는 것도 타당치가 않은데, 그 목적이 이미 궁극적으로 성취되었기 때문이다. 이런 식의 반율법주의 구원론은 사람들에게 방탕과 오만방자한 생활을 허용해 주었다.

청교도 혁명이라는 전쟁은, 영국 국민들이 최초로 자국 국왕을 처형하는 비극으로 끝이 났는데, 그 첫 희생자는 찰스 1세였다. 참혹하고 참담한 대립이었다. 거의 모든 가정마다 전쟁에 나선 남자들의 죽음과 부상을 겪음으로 민심이 동요되고 있던 와중에 웨스트민스터 총회가 소집되었다. 총회는 '반율법주의'에 대해서 민감하게 반

---

6   Tim Cooper, *John Owen, Richard Baxter and the Formation of Nonconformity* (Ashgate: 2011), 76.

응했다. '반율법주의'는 단순히 신학적인 오류로 그치는 것이 아니었다. 왜냐하면 반율법주의가 성행하게 되면, 국가를 지탱하는 보편적 질서와 규칙이 무너지게 되어 사회적 혼란이 초래되기 때문이다. 청교도 신학자들은 이것을 심각하게 걱정하였다.

이런 풍조와 왜곡된 진리를 철저히 시정하려는 의도에서, 청교도 신학자들은 보다 근본적으로 그리스도의 사역과 인격에 대해서 깊은 토론을 진행했다. 그리고 그리스도가 율법을 온전히 지켰다는 능동적 순종의 교리를 표현하고자 고심을 거듭해서, '온전한 순종'과 '죽으심'이라고 표현했다.

칼빈 이후의 유럽 개혁주의 정통 신학자들은 그리스도의 능동적 순종과 수동적 순종의 교리를 재정립하였다. 단지 십자가의 죽음에 이르는 예수 그리스도의 순종으로만 구원을 얻게 되는 것이 아니라, 율법의 모든 요구를 완벽하게 지키시고 성취한 의로움을 전가받음으로 구원에 이른다는 점을 강조했다.

그리스도가 지상에 살아계신 동안에 겸손하게 모든 율법을 다 지키며 순종하신 것을 '능동적 순종'이라고 확정짓게 된 것은 프랑스 개혁주의 교회에서 시작했다. 프랑스 출신으로 헤르보른 Herborn 신학대학에서 가르쳤던 '피스카토르 Johannes Piscator(1546-1625)'가 이 교리를 거부했기 때문이다. 가프 총회 the Synod of Gap가 1603년에 이단으로 정죄할 때에 그가 능동적 순종을 거부하는 자임을 규정하면서 프랑스와 유럽의 개혁주의 총회는 능동적 순종의 교리를 정통 기독교의 교리로 확정했다.[7] 피스카토르는 오직 그리스도의 죽으심에 의한 공로만을 전가 받아서 구원을 얻는다고 주장했다. 그 후 이 땅에 오신 그리스도가 모든 율법을 준수해서 얻은 의로움과 피 흘리신 구속 사역을 믿음으로 전가 받는다는 능동적 순종과 수동적 순종에 대한 논쟁이 개혁주의 교회 내에서 계속되었다.

17세 초엽 프랑스와 유럽 개혁주의 신학자들은 그 이전 초기 종교개혁자들의 칭의론에 등장하지 않았던 '능동적 순종'과 '수동적 순종'이라는 교리가 피스카토르의 논쟁으로 촉발하자, 성도가 그리스도의 온전하신 순종의 공로를 믿음으로 전가 받는다는 것을 가르쳤다.[8] 베자를 비롯하여, 주요 개혁주의 신학자들은 그리스도의 순종에는 율법을 지키사 의로움을 성취하심(능동적 순종)과 피를 흘려서 속죄의 어린양으로 죽으심(수동적 순종)을 모두 다 가르쳐야 한다고 규정지었다.

다시 말하면, 그리스도의 능동적 순종과 수동적 순종으로 성취하신 죄사함과 의로움이 성도들에게 전가 imputation 된다는 교리는 엄청난 중요성을 갖고 있다. 그러나 17세기에 등장한 반율법주의자

---

[7] Heber Carlos de Campos Jr. *Doctrine in Development: Johannes Piscator and Debate over Christ's Active Obedience* (Grand Rapids: Reformation Heritage Books, 2017).

[8] John V. Fesko, *Death in Adam, Life in Christ: The Doctrine of Imputation* (Ross-shire, UK; Mentor, 2016), 92.

들과 알미니안주의자들은 그리스도의 능동적 순종 교리를 거부하고, 단지 수동적 순종 교리만을 받아들였다. 그러나 개혁주의 정통 신학자들은 그리스도의 능동적 순종의 교리를 거부하는 것은 참되고 바른 성경적 진리라고 할 수 없음을 역설했다. 이미 알미니안주의자들은 '도르트총회(1618-1619)'에서 이단으로 규정되었고, 반율법주의는 이미 복음을 강조했던 루터마저도 거부했으며, 이들 알미니안주의와 반율법주의는 잉글랜드 웨스트민스터 총회에서 이단으로 결정했다.

튜레틴Francis Turretin(1623-1687)과 비치우스Herman Witsius(1636-1708)도 걸출한 저서들을 통해서 능동적 순종의 개념을 정교하게 풀어놓았다. 헤르만 바빙크는 『개혁교의학』에서, 찰스 핫지는 『조직신학』에서 기독론의 대속과 낮아지심 교리, 구원론의 칭의와 의로움의 전가교리를 펼치는 데 있어서 능동적 순종은 가장 중요한 근거가 된다고 강조했다.

웨스트민스터 총회의 이단 판정

1630년대에 잉글랜드는 찰스 1세의 왕당파와 개혁교회를 지지하는 의회파의 대결로 피비린내 나는 죽음의 공포에 휩싸였다. 이런 혼란을 틈타고 가짜 복음이 민간인들에게 퍼져나갔다. 존 이튼의 반율법주의가 확산되면서, "하나님은 신자의 죄를 보지 않으신다"라는 왜곡된 메시지가 허망한 생각을 부추겼다. 성도에게는 율법에 저촉된 죄는 없다는 가짜 교리가 혼란을 부추겼다. 성도들이 구약의 율법들을 지키지 않아도 의인으로 인정을 받는다는 이튼의 설교가 절대적인 진리로 둔갑해버렸다. 기독교의 진리를 근본적으로 흔들어놓는 거짓 복음인데도, 반율법주의를 설교하는 목사들이 점차 늘어났다.

이에 1643년 7월, 웨스트민스터 총회가 소집되자마자, 이를 해소하기 위한 논의가 본격화되었다. 우리는 다음 장에서 웨스트민스터 총회의 논의 과정에 대해서 소상히 살펴볼 것이지만, 우선 총회가 반율법주의에 대해서 이단으로 판정을 내렸다는 것을 기억하자.

최근까지도 웨스트민스터 총회에 참석한 청교도 신학자들이 반율법주의자들의 문제와 영향력을 차단하기 위해서 기독론과 칭의 교리를 전면적으로 재검토하고 신중하게 토론했다는 사실이 정확하게 그리고 충분하게 알려지지 않았다. 당시 회의에서 다룬 반율법주의에 대한 충분한 자료가 부족했기 때문이다. 2000년대에 이르러서야 잉글랜드와 스코틀랜드에서 능동적 순종과 반율법주의와의 관련성을 다룬 여러 편의 박사학위 논문과 연구 성과들이 발표되면서 이와 같은 관련 내용들이 알려졌다. 필자는 그리스도의 능동적 순종에 대해서 웨스트민스터 총회에서 논의할 때에, 반율법주의자들의 문제가 가장 뜨거운 이슈였음을 특별히 주지시키고자 한다. 웨스트민스터 총회에 참석한 청교도 신학자들의 최대 난적이 바로 반율법주의자들이었음을 확실하게 알아야만 한다.[9]

9   너무나 놀랍게도, 반율법주의자들의 문제를 연구한 신진 학자가 필자와 매우 가까운 사이다. 스코틀랜드 에든버러 대학교에서 2014년에 박사학위 논문으로 "웨스트민스터 총회에서 반율법주의"를 완성한 휘트니 갬블 교수다. 그녀의 아버지, Dr. Richard Gamble(현 미국 Reformed Presbyterian Theological Seminary, 피츠버그)가 미국 칼빈신학대학원에서 교수로 재직하던 시기에 필자의 신학석사 논문 지도교수였다. 필자는 리처드 갬블 박사를 여러 차례 한국에 초청했으며, 지금까지도 긴밀한 교제를 나누고 있다. 휘트니 갬블 박사는 현재 로스엔젤레스 파사데나에 있는 "Providence Christian College"에서 신학교수로 재직하고 있다. Whitney G. Gamble, *Christ and the Law: Antinomianism at the Westminster Assembly* (Grand Rapids: Reformation Heritage Books, 2018), 87-108. Alan D. Strange, *Imputation of the Active Obedience of Christ in the Westminster Standards* (Grand Rapids: Reformation Heritage Books, 2019). Chad Van Dixhoorn, "Reforming the Reformation: Theological Debate at the Westminster Assembly 1643-1652," 7 vols. (Ph.D. diss.: University of Cambridge, 2004), 1:270-344. J. Jue, "Active Obedience of Christ and the Theology of the Westminster Standards: A Historical Investigation," in *Justified in Christ: God's Plan for us in Justification*, ed. K. Scott Oliphint (Fearn: Christian Focus, 2007), 99-130. David R. Como, *Blown by the Spirit: Puritanism and the Emergence of an Antinomian Underground in Pre-Civil-War England* (Standford: Stanford University Press, 2004), 64. David Parnham, "Motions of Law and Grace: The Puritan in the Antinomian," *Westminster Theological Journal* 70 (2008): 73-104. David Parnham, "The Covenantal Quietism of Tobias Crisp," Church History 75, no. 3(September 2006): 511-543. John Fesko, *The Theology of the Westminster Standards: Historical Context and Theological Insights* (Wheaton: Crossway, 2014), 209-217. J. R. Daniel Kirk, "The Sufficiency of the Cross, pt.I: The Crucifixion as Jesus' Act of Obedience," *Scottish Bulletin of Evangelical Theology*

기술의 발달과 한 신학자의 열정적인 수고 덕분에, 2004년에야 비로소 웨스트민스터 총회에 모인 청교도 신학자들이 어떤 토론의 과정을 거쳐서 표준문서들을 작성했는가를 소상히 파악할 수 있게 되었다.[10] 웨스트민스터 총회에 참석한 신학자들의 모든 발언과 진행 과정이 완벽하게 재구성되었다. 웨스트민스터 총회 석상에서 어떤 신학자들이 무엇을 주장했는지에 대해서, 모든 토론 내용과 회의 과정이 새롭게 편집되었다. 거의 400여 년 전에 기록된 문서들은 당시 가장 중요한 논쟁의 주제가 반율법주의였음을 보여준다. 그전에는 웨스트민스터 총회의 진행 사항에 대해서 일부분만이 알려졌다. 이제는 그 누구라도 웨스트민스터 총회의 신학적인 토론의 전체 과정을 살펴볼 수 있게 되었는데, 관련 목록과 자료들을 손쉽게 찾아볼 수 있다.[11]

24/1 (2006): 36-64.

10 Chad Van Dixhoorn, "Reforming the Reformation: Theological Debate at the Westminster Assembly 1643-1652," 7 vols. (Ph.D. diss., University of Cambridge, 2004).

11 Chad Van Dixhoorn & David F. Wright, eds., *The Minutes and Papers of the Westminster Assembly, 1643-1653*. 5 vols. (N.Y.: Oxford University Press, 2012). Alexander F. Mitchell, *The Westminster Assembly: Its History and Standards, The Baird Lecture for 1882* (Philadelphia: Presbyterian Board of Publication and Sabbath-School Works, 1897). 이 작업을 이뤄낸 Van Dixhoorn은 도서관에서 이들 고문서들을 재구성하는데 무려 10여년의 세월을 투입했다. 그는 지금 미

이제 우리는 웨스트민스터 총회에서 당시 잘못된 복음이 청교도 신학자들에 의해서 확실하게 추방되어지는 과정을 파악할 수 있게 되었다. 청교도 전쟁과 사회적인 혼란의 틈바구니에서, 율법은 더 이상 지킬 필요가 없다는 반율법주의자들의 메시지가 당시 성도들에게 큰 호응을 얻고 있었다. 율법폐기론을 주장하는 이튼의 추종자들은 '하나님은 성도의 죄를 보지 않는다'는 말에 현혹되었다. 반율법주의가 빠르게 인기를 얻어가는 상황에서 반율법주의에 대한 대책이 시급했다. 총회 참석자들은 성경적인 대안을 마련하여 왜곡된 교리로 해악을 끼치는 율법폐기론자들의 문제점을 근본적으로 해결하고자 신중하게 접근했다. 마침내, 성도는 그리스도의 능동적 순종과 수동적 순종으로 성취된 죄의 용서와 의로움을 믿음으로 전가 받는다는 교리를 문서에 담아서 발표하고, 반율법주의의 교리의 왜곡에 대해서 규명하고 이단으로 천명하였다.

개혁주의 정통신학에서 그리스도의 능동적 순종과 수동적 순종은 중심적인 진리 체계의 대들보와 같다. 이 주제는 그리스도

국 필라델피아 웨스트민스터 신학대학원 역사신학 교수로 재직하고 있다. 그 이전까지는 부분적으로만 웨스트민스터 총회의 토론에 대해서 확인할 수 있었다. John Lightfoot, "A Briefe Journal of Passages in the Assembly of Divines," *The Whole Works of the Rev. John Lightfoot*, D.D. ed. by John R. Pitman (London: J.F. Dove, 1824). Alexander F. Mitchell & John Struthers, eds., *Minutes of the Sessions of the Westminster Assembly of Divines* (Edinburgh and London; William Blackwood and Sons, 1874).

와 율법, 행위 언약에 관련될 뿐만 아니라, 인간의 죄와 죄책의 전가, 속죄론과 칭의론에 이르기까지 총체적인 신학의 기초가 되기 때문이다. 율법에 관련한 논쟁은 능동적 순종의 교리를 설파한 존 오웬John Owen(1616~1683)과 이를 반대하는 리처드 백스터Richard Baxter(1615~1691), 그리고 그를 따르는 자들 사이에 확대된 논쟁으로 또 다시 재현되었다.

1640년대 청교도 전쟁은 잉글랜드를 큰 위기에 빠트렸다. 이런 상황 속에서도 영국의 의원들과 신학자들은 총회를 소집하였고 웨스트민스터 총회 벽두부터 반율법주의를 다뤘다. 반율법주의가 런던에서 가장 뜨거운 주제로 등장했기 때문이다. 웨스트민스터 총회에서는 전쟁의 불안과 두려움 속에서 살아가던 성도들이 반율법주의로 인해 도덕적으로 혼란스러운 분위기에 빠지게 되지 않을까 하는 염려가 컸다. 이 때문에 총회는 청교도 전쟁의 기간에 갑자기 확산되기 시작한 반율법주의자들의 문제를 매우 심각하게 다루었다.

웨스트민스터 신앙고백서에는 구약성경 창세기 1-3장에 나오는 아담의 타락으로 무너진 '행위 언약'을 예수 그리스도가 율법을 성취하여 완성했다고 풀이했다. 이로 인해서 그리스도 안에서 주어진 '은혜 언약'이 신약과 복음의 시대를 특정 짓는 중요한 구조를 형성한다. 웨스트민스터 신앙고백서가 언약의 통일성과 연속성을 통해서 구속 역사의 전개 과정을 구조화한 것은 바로 반율법주의자들의 왜곡과 오류를 시정하기 위함이었다. 잉글랜드의 반율법주의자들은 성경에 나오는 구속 역사의 진행 과정에서 구약시대는 행위 언약으로, 그리스도의 성육신 이후부터 지금 하나님의 백성들의 시대는 은혜 언약으로 특정해 버렸다. 반율법주의는 신학적으로는 청교도 총회에서 거부를 당했고, 정치적으로는 잉글랜드 성공회에 철저히 외면당했다. 반율법주의자들이 국교회 체제에 복종하지 않았기 때문이다.

1618년에 도르트 총회에서 알미니안주의를 배척하는 신학자들의 논의가 있었고, 그 결과로 알미니안주의자들은 유럽 개혁주의 총회에서 거부당했다. 1643년에 소집된 웨스트민스터 총회에서는 알미니안주의가 크게 부각되지는 않았다.[12] 일부 잉글랜드 성공회 체제 안에서 알미니안주의가 확산되어 있었지만, 개혁주의 진영에서는 하나님의 주권적 통치, 작정, 섭리와 예정 교리를 반대하는 알미니안주의를 따라가는 사람들이 그리 많지 않았다.

그러나 하나님의 은혜로 값없이 주시는 구원에 심취해서 율법 폐기론을 설교하는 목회자들이 런던에 많았고, 그 영향을 받은 성도들이 무질서와 죄악을 정당화하게 되는 경향이 있었다. 이 상황을

---

12 A. Milton, ed., *British Delegation and the Synod of Dort (1618-1619)* (Suffolk, U.K.: Boydell, 2005).

그대로 둔다면 머지않아 사회가 큰 혼란에 빠질 것은 불을 보듯 뻔했다.

웨스트민스터 신앙고백서를 작성하는데 참여했던 장로교회, 회중교회, 스코틀랜드 대표단으로 온 개혁주의 신학자들은 이들 두 가지 사상, 알미니안주의와 반율법주의를 철저히 배격하였다.[13] 개혁주의 신학자들은 성도가 의롭다하심을 받았을지라도 여전히 죄에 의해서 오염된 상태에 놓여있음을 인정하며, 때로는 하나님의 형벌 아래서 고통을 당하게 된다고 가르쳤다. 죄에 대한 하나님의 형벌은 성도를 겸손하게 하며, 회개를 촉구하여 성화의 과정을 더욱 승화시키는 역할을 한다. 그러나 반율법주의자들은 죄를 깨닫게 하는 율법의 역할과 회개해야 할 필요성마저 전면 거부하였다.

웨스트민스터 총회가 소집되자마자 가장 중요하게 다룬 핵심 주제가 '반율법주의'였다는 점에 대해서 주목하면서, 동시에 이 문제의 뒷면에는 당시 잉글랜드 사회의 혼란과 전쟁에 관련된 우려가 있었음을 잊어서는 안 된다. 또한 우리는 반율법주의자들이 거부한 '그리스도의 능동적 순종'이 기독론과 구원론의 핵심 내용을 이루고 있음을 충분히 인식해야만 한다. 웨스트민스터 총회는 성경의 중심

---

13 J. K. Jue, "The Active Obedience of Christ and the Theology of the Westminster Standards; A Historical Investigation," in *Justified in Christ; God's Plan for Us in Justification*, K. S. Oliphint (Fearn, Scotland: Mentor, 2007), 109-116.

적인 진리를 무너뜨리는 반율법주의자들의 혼란에 대해서 묵인할 수 없었다. 청교도들은 칼빈주의 신학과 성경적인 교훈을 바탕으로 거룩한 생활을 추구하였다. 그들은 성화의 진보를 이루기 위해서 모든 노력을 기울였기에, 하나님의 도덕적 율법을 거부하는 반율법주의에 맞서서 칭의론과 기독론을 보다 확고히 세워나가야만 했다.

웨스트민스터 총회의 참석자 중 한 사람인 존 라이트풋 John Lightfoot(1602-1675)이 남긴 자료에 의해서, 우리는 처음 모임에서부터 44차 회의까지의 내용을 소상히 파악할 수 있게 되었다. 청교도 신학자들이 반율법주의자들에 대해서 질문한 내용이 무엇이었으며, 어떤 분들이 토론자로 나서서 중요한 역할을 했는지 충분히 파악할 수 있다.[14] 웨스트민스터 총회에서 율법폐기론이 가장 큰 문제로 대두되었고, 이와 관련된 칭의, 율법, 구약과 신약의 관계성, 행위와 믿음 등의 주제들을 심도 있게 논의했음을 알 수 있다.

총회가 개최되기 이전에, 런던에서는 반율법주의자들이 논쟁을 일으켰고, 여러 명의 목회자가 반론을 제기했다.[15] 총회 참석자

---

14   John Lightfoot, "Journal of the Proceedings of the Assembly of Divines" [1643-1644]. *The Whole Works of the Rev. John Lightfoot*, D.D. ed. J. R. Pitman (London: J. F. Dove, 1824).

15   G. van den Brink, "Calvin, Witsius (1636-1708), and the English Antinomians," *Church History and Religious Culture* 91, no.1-2 (2011): 229-240.

들은 성경과 이미 공포되어 시행되던 성공회의 '39개 조항'과 개혁주의 신학자들의 저서들을 근거로 하여 최종 결론에 이르게 되었다. 잉글랜드 청교도들은 무엇보다도 성공회의 '예식서'를 확실하게 대체하는 공적이면서 권위 있는 문서를 만들고자 했다. 이미 잉글랜드에서는 에드워드 6세(1547-1533 재위)의 통치 시기인 1549년에 처음 공포되고, 크랜머가 개정하여 발표한 '공동기도서The book of Common Prayer(1552)'가 있었다. 그러나 청교도들은 이 기도서가 로마 가톨릭과 루터파를 절충시켰다고 하여 전면 부정했다. 이후 엘리자베스 여왕이 이를 수정해서 1559년에 다시 통일된 예식서를 공포했고, 1604년에는 제임스 1세가 조금 더 수정을 가한 것을 따라야만 했다. 청교도의 신앙에서 볼 때, 그 예식서는 순결한 교회의 지침이 아니라 그야말로 조잡한 혼합이었다. 교회는 그 예식서를 결코 그대로 따를 수 없었다. 그 후 1662년 왕정복고와 함께 찰스 2세가 다시 개정판을 만들었고, 최근까지 그것을 시행하여 오고 있다.

청교도는 엘리자베스 여왕과 제임스 1세, 그리고 찰스 1세의 통치로 이어져 내려오면서 강요된 성공회 체제와 '공동기도서'를 거부했다. 그들은 철저한 교회의 개혁을 염원했기 때문에 가장 성경적인 표준문서를 새롭게 만들어서 각 교회의 지침으로 제공하고자 웨스트민스터 총회가 소집된 것이다.

율법주의와 반율법주의

지금 우리가 주목하고자 하는 핵심적인 주제는 그리스도의 능동적 순종이다. 이 교리는 수동적 순종과 함께 모든 교회가 받아야 할 성경적인 기독론과 구원론의 핵심을 이루는 교리이다. 그러나 반율법주의자들은 오직 그리스도의 피 흘리심으로 죄 사함을 받는다는 그리스도의 수동적 순종만을 받아들였다. 웨스트민스터 총회가 반율법주의anti-nomianism에 대해 이단 사상이라고 정죄하면서, 또 다른 한편의 극단인 율법주의로 치우쳤다고 생각해서는 안 된다. 총회는 율법주의를 강화하거나, 정립하거나, 내세운 게 결코 아니었다. 율법주의legalism는 예수님이 강하게 질타한 바리새파의 모습이었다. 웨스트민스터 신앙고백서는 율법주의를 강화시키는 교훈들을 모은 것이 아니다. 성경에 선포된 교리만을 균형 있게 정립하고자 노력하면서 율법의 기능과 역할을 강조했다.[16]

"믿음이 오기 전에 우리는 율법 아래에 매인 바 되고 계시될 믿음의 때까지 갇혔느니라 이같이 율법이 우리를 그리스도께로 인도하는 초등교사가 되어 우리로 하여금 믿음으로 말미

---

16 Dewey D. Wallace, Jr. "Polemical divinity and doctrinal Controversy," in *The Cambridge Companion to Puritanism*, John Coffey & Paul C. H. Lim, eds., (Cambridge: University Press, 2008), 217.

암아 의롭다 함을 얻게 하려 함이라(갈 3:23-24)"

웨스트민스터 신앙고백서의 첫 부분은 성경에 대한 설명이다. 총 33장으로 이뤄진 모든 주제마다 오직 성경에 충실한 내용만을 간추린 것이다. 웨스트민스터 신앙고백서가 율법주의로 귀결되었다는 주장은 청교도를 비난하는 무리의 근거 없는 비난일 뿐이다. 그러한 주장들은 청교도에 대해서 항상 비판만 하는 성공회 고교회주의 신학자들, 인본주의를 추구하는 자유주의 신학자들, 그리고 칼 바르트와 신정통주의자들에게서 나온 것이다.[17]

청교도는 경건을 강조했고, 회심을 강화했으며, 실존에서 가슴으로 따르는 신앙생활을 추구했다. 구약시대의 율법을 지킬 필요가 없다는 반율법주의를 시정하고, 십계명의 규칙에 따라서 도덕적인 삶을 살아가야 한다는 것이 어떻게 율법주의인가? 신약시대의 기독교 신자는 더 이상 계명과는 아무런 관련이 없다고 주장하는 반율법주의자들의 문제점을 시정하는 것은 성경의 교훈을 회복하여 법치주의를 세우는 것이다. 청교도가 규칙을 엄격하게 지켰다는 것

---

17 Mark I. McDowell, "Covenant Theology in Barth and the Torrances," in *Covenant Theology*, 425; "Westminster theology as the logical conclusion of a Reformation theology that betrayed its original intention and teaching." 맥도웰 교수는 바르트와 토렌스 교수가 충분한 근거를 제시하지 않으면서, 웨스트민스터 신앙고백서가 칼빈과 종교개혁의 원래 의도와 교훈을 배신하고 비난했다고 결론지었다.

과 율법주의라는 말은 전혀 다르다. 청교도가 율법주의라는 것은 결코 올바른 평가라고 할 수 없다.[18]

17세기 초반에 뜨거운 논쟁의 주제였던 반율법주의자들의 주장은 성경을 왜곡했다. 특히 그들은 그리스도가 구약의 모든 계명을 온전히 지키셨다는 능동적 순종 교리를 거부했다. 기독론과 구원론의 핵심은 그리스도의 인격과 사역이다. 그리스도가 겸손한 인간의 모습으로 세상에서 살아가는 동안에 구약의 모든 율법을 다 지키셨다는 '능동적 순종'은 반율법주의자들에게 가장 걸림돌이 되었다. 그들은 "거듭난 자는 율법을 지킬 필요가 없다"라고 했는데, 결국 이것은 신구약의 통일성, 율법과 복음의 관계, 칭의와 성화에 대한 것들을 총체적으로 혼란에 빠트리는 거짓된 원리였다.

우리가 웨스트민스터 신앙고백서를 작성할 때에 논쟁이 되었던 내용과 그 시대적 상황들을 분명하게 이해하는 것이 매우 중요하다. 반율법주의는 율법주의에 맞서서 복음을 강조했다. 그러나 율법주의나 반율법주의 모두 잘못된 가르침이다. 우리는 이점을 분명히 짚으며 이에 대해서 살펴보고자 한다.

먼저 율법주의는 성경에서 벗어난 아주 잘못된 가르침이다. 하

---

18 Joel Beeke & Michael Reeves, *Following God Fully: An Introduction to the Puritans* (Grand Rapids: Reformation Heritage Books, 2019), 21.

나님의 은혜로 주어진 복음을 왜곡하기 때문이다. 율법주의는 우리 스스로 선행을 통해서 구원을 받을 수 있다는 열망에 빠지도록 만든다. 이런 주장은 하나님의 은혜로운 성품으로부터 하나님의 율법을 분리시키는 오류를 범하고 있다. 어떤 이들은 복음적인 머리를 갖고 있으면서, 다른 한편으로는 율법주의적인 정신에 지배를 당하고 있다. 자신의 의로움을 드러내려는 기질을 갖고 있는 것이다. 이런 점에 있어서는 반율법주의도 별반 다르지 않다. 반율법주의자들도 하나님의 은혜를 왜곡한다는 점에서 율법주의자들과 아무런 차이가 없다. 반율법주의자들은 한 번 성도로 부름을 받은 사람은 영원토록 하나님을 즐거워하며, 하나님께 영광을 돌리도록 하는 것만이 진리라고 주장한다.

복음의 초대를 받아서, 그리스도를 믿는 자에게는 구원이 주어진다. 믿음으로 예수 그리스도에게 나아오는 자는 누구든지 구원을 얻는다. 복음은 예수 그리스도 자신이다. 그리스도의 모든 말씀과 모든 행동은 복음의 핵심 내용이다. 하나님의 은혜로 말미암아 주어진 믿음을 통해서 그리스도를 고백하는 것이 가장 중요한 구원의 본질이다.

사람이 무슨 선행을 하거나, 의롭다고 여겨질 만한 어떤 공로를 세워야만 구원을 얻는 것이 아니다. 따라서, 회개는 구원에 이르는 조건이 아니라, 중생한 자에게 나타나는 열매이다.[19] 회개는 그리스도와 연합된 성도가 죄에 대하여 죽고, 의롭다하심을 얻는 것의 열매가 되는 것이다.

하나님께서는 복음 안에서 우리 죄인들을 향하신 사랑을 제시하였다. 그리스도께서 십자가 위에서 죽으시는 희생이 있기 이전부터, 하나님께서 우리 죄인을 사랑하셨다는 것을 이해하는 것이 매우 중요하다. 하나님께서는 세상을 사랑하사 그 아들 예수 그리스도를 주셨다(요 3:16). 탕자를 집안에 다시 받아들이는 아버지와 같이, 하나님은 그 아들 그리스도를 통해서 회개하며 눈물을 흘리는 자들을 용서하신다. 집으로 돌아온 탕자에게 확인을 위한 어떤 질문은 필요 없는 것이다.

율법주의는 선행을 통해서 우리들 스스로 구원의 조건들을 충족하여 구원에 이른다는 것이다. 율법주의 안에는 인간의 의지와 노력을 신뢰하는 깊이 뿌리내린 왜곡이 자리하고 있다. 그것은 지성의 자율성을 강조하며, 죄악 된 본성에 의해서 지배를 당하고 있는 사람의 심령 속에 하나님으로부터 주어진 성품과 기능에 대해서 왜곡하는 것이다.

반면에, 반율법주의는 '오직 믿음으로 말미암아 주어지는 칭

---

19 Sinclair Ferguson, *The Whole Christ: Legalism, Antinomianism, and Gospel Assurance: Why the Marrow Controversy Still Matters* (Wheaton: Crossway, 2016), 80.

의'를 가르친다. 얼핏 보면, 종교개혁자들의 칭의론처럼, 반율법주의자들도 그리스도 안에 있는 자에게 주어지는 자유함과 기쁨을 강조하는 듯 보인다. 또한, 하나님의 은혜는 인간 편에서 갖춰야 할 그어떤 조건들이나 공로와는 전혀 상관이 없다. 율법주의가 분명히 하나님의 은혜를 훼손하는 것은 맞지만, 그렇다고 성도의 윤리적인 생활 가운데 아무런 기준이나, 의무가 없다는 쪽으로 나가는 반율법주의는 더 큰 문제다.

반율법주의는 성경적인 교리가 결코 아니다.[20] 반율법주의자들은 모든 믿는 자가 받은 율법을 '행위의 언약'으로만 간주한다. 이러한 견해는 옳지 않다. 모든 사람은 '생명의 법'으로서 율법을 받았다. 예수 그리스도께서 우리 대신에 '행위 언약'을 성취하심으로 율법을 완성하였다. 율법은 선한 것이다. 십계명으로 요약된 율법은 성도가 중생할 때에 삶의 기준으로서 심령에 새겨진다. 물론 그리스도인들은 율법 아래 있는 것이 아니라 은혜 안에 있다. 율법은 성도의 길을 비춰주는 기능을 하는 것이며, 그리스도에게로 인도하여 믿음으로 의롭다 하심을 받게 한다.

반율법주의자들은 우리의 중보자이신 그리스도를 통해서 하나님과 맺어지는 관계를 강조하지 않는다. 하나님께서는 우리를 살

---

20   Joel Beeke & Mark Jones, *A Puritan Theology: Doctrine for Life* (Grand Rapids: Reformation Heritage Books, 2012), 324.

아온 방식 그대로 다 받아들이는 것이 아니다. 하나님은 오직 그리스도 때문에, 그리고 오직 그리스도 안에서 우리를 받으신다. 그리고 우리를 그냥 버려두시는 것이 아니라 성자 예수 그리스도의 형상을 따라서 우리를 변혁시키신다. 반율법주의자들은 우리의 대표자이신 그리스도의 온전하신 순종, 즉 율법의 모든 요구를 다 지키셨다는 능동적 순종과 수동적 순종으로 구성되는 것들을 받아들이지 않는다. 구약에 나오는 행위 언약과 예수님의 연계성을 부정해버린다. 그러나 신약의 모든 저자는 한결같이 율법은 나쁜 것이 아니라고 가르쳤다.

사랑은 율법의 완성이다. 이 말의 진정한 의미는 사랑은 율법의 요구를 성취한다는 것이다. 왜냐하면 사랑이란 행동의 원리들이자 동기로 작동하기 때문이다. 성령의 역사로 우리의 가슴 속에 부어진 하나님의 사랑에 의해서 우리의 생명이 힘을 얻는다. 율법이 악한 것이 아니라는 점을 다시금 기억해야만 한다. 아담이 에덴 동산에서 들었던 것이 율법이다. 모세가 시내산에서 두 돌판에 새겨진 것들을 가지고 내려왔는데, 그것도 동일한 율법이다. 예수 그리스도께서는 하늘 나라로 승천하신 후에 자기 백성들에게 성령을 부으사 율법을 마음 판에 새기셨다. 그 율법은 시내 산에 올라가서 받았던, 돌판에 새겨진 계명이 아니라, 심령에 새겨진 것이다.

율법주의와 반율법주의 속에는 구원의 확신이 없다. 율법주의자들은 죽을 때까지 선행으로 지켜야 할 것들을 강조하는데, 날마다 하나님의 계명을 어기고 죄를 범하는 자들은 평안을 가질 수 없다. 반율법주의자들은 하나님의 택함을 받은 자들이 성경에서 제시하는 하나님의 법도를 따르지 않아도 구원에 이르게 된다고 주장하였다. 만약 누구라도 그가 정직한 자라면, 예수님의 모습과 전혀 다른 모습으로 살면 시간이 지남에 따라 점차 구원의 확신은 희미해질 수밖에 없다. 때문에 웨스트민스터 신앙고백서는 매우 신중하게 반율법주의자들의 오류를 시정하고자 노력했고, '그리스도의 온전하신 순종'을 총체적으로 설명했던 것이다.

2 존 이튼, 율법에의
순종을 거부하다

잉글랜드 반율법주의의 아버지라고 불리우는 존 이튼 John
Eaton(1575−1641)은 1603년 옥스퍼드 대학교를 졸업하고 설교자로
사역했다. 이튼은 잉글랜드 교회가 율법주의로 채색되어져 있다고
하면서, 격렬하게 청교도 개혁주의 신학을 비판했다.[21] 그러나 이튼
의 설교는 1620년대부터 성도들의 반감과 주변 목회자들의 비판에
직면하게 되었다. 이튼은 반율법주의자였지만, 알미니안주의자는
아니었다. 그는 알미니안주의자들의 주장을 비판했는데, 예를 들어
그는 '자유 의지에 의한 선택' 교리를 비판했고, 특별히 성도가 칭의
상태에서도 얼마든지 죄를 범할 수 있다고 보는 알미니안주의자들
의 입장을 비판했다.

21　David R. Como, *Blown by the Spirit: Puritanism and the Emergence of an
　　Antinomian Underground (Standford: Stanford University Press, 2004), 185-
　　186. G. Huehns, *Antinomianism in English History: With Special Reference to
　　the Period 1640-1660* (London: The Cresset Press, 1951), 47.

누구에게서 영향을 받았나

이튼은 루터의 종교개혁과 그리 먼 세대가 아니다. 이튼이 태어난 해는 루터가 95개 조문을 발표한 지 58년이 되던 해였다. 더구나 잉글랜드의 사회와 교회는 로마 가톨릭을 벗어나려는 종교개혁이 진행되었지만, 여전히 지역마다 주교의 지배를 받아야만 하는 혼합적인 절충형이었다.

이튼이 가장 많이 인용한 신학자가 루터였다. 기본적으로 이튼의 반율법주의는 루터에게서 영향을 받은 바가 크다. 보다 더 자유로운, 간섭을 받지 않는 교회 생활을 원하던 사람들에게 이튼의 설교가 호응을 얻었다. 이튼은 루터의 주장을 따라 율법과 복음의 대조를 강하게 주장했고, 로마서 1장 17절의 가르침에 따라 성도는 율법이 아닌 복음을 따라서 살아야 한다고 역설했고, 또한 성도는 오직 복음을 통해서 나타난 예수 그리스도의 대속을 통해서 구원을 얻는다고 그는 확신했다.

그러나 초기 종교개혁의 시기에, 루터파 교회 안에서 성경의 전체 교훈을 제대로 파악하지 못한 주장이 제기되었다. 루터는 율법과 복음을 대립적으로 설명했다. 루터는 복음에 심취한 나머지, 율법을 선한 것이라고 풀이한 야고보서를 지푸라기 서신이라고 지적했다. 왜냐하면, 루터에게 율법의 기능은 성도로 하여금 복음을 듣게 함으로써, 생명을 얻도록 인도하는 것이기 때문이다.[22] 이런 루터의 단순한 대조로부터 구약의 율법을 약화시키는 급진적인 주장이자 설익은 칭의론이 나왔다. 이것이 바로 초기 형태의 반율법주의였다.

율법은 복음 안에 있는 성도들에게 아무런 의미가 없다고 처음 주장한 신학자는 루터의 제자이자 동료인 아그리콜라 Johann Agricola(1494-1566)였다. 그는 1536년부터 비텐베르크 대학에서 가르쳤다. 그러나 아그리콜라가 율법과 복음의 대조를 극단적으로 주장했기 때문에, 비텐베르크에서 큰 논쟁이 벌어졌다. 그는 구약의 율법은 복음을 받아들인 기독교 신자에게는 더 이상 지켜야 할 의무 조항이 아니라고 가르쳤다. 구약 시대의 율법은 이방인들에게 적용해야 할 규정이라는 것이다. 그러나 루터는 1537년에 이러한 주장을 '반율법주의'라고 비판했다.[23] 루터는 율법으로는 구원을 얻을 수 없다고 했지만, 하나님께서 성도가 도덕적인 생활을 유지하는 기준으로서 계획하신 것이므로 여전히 사용해야 한다고 가르쳤다.[24] 루터가 이후에도 반율법주의를 비판하는 저서를 계속해서 발표하자,

22 Jeffrey G. Silcock, "Luther on the Holy Spirit and His Use of God's Word," in *The Oxford Handbook of Martin Luther's Theology*, eds. Robert Kolb, Irene Dingel, L'ubomir Batka (Oxford: University Press, 2014), 300.

23 Luther, *First Disputation aginst the Antinomians in D. Martin Luthers Werke*, 39:1,370. Peter Stanford, *Martin Luther: Catholic dissident* (Hodder & Stoughton, 2017), 379, 385.

24 *D. Martin Luthers Werke* (Weimar: Böhlau, 1883-1993), 45:145-156.

아그리콜라는 베를린으로 쫓겨났다. 그는 베를린에서도 동일한 가르침을 이어가다가 그곳에서 생애를 마쳤다.[25]

잉글랜드에서 존 이튼이 설교한 내용의 상당 부분이 극단적인 루터파인 아그리콜라의 주장과 유사하다. 더구나 이튼의 율법폐기론이 호응을 얻게 된 때는 잉글랜드 국교회 내부에서 알미니안주의가 쟁점이 되고 있던 매우 복잡하고 혼란스러운 시기였다. 이 시기는 1625년 찰스 1세가 등극하면서 철저한 주교 정치가 강압적으로 실시되던 시기였는데, 이런 불안정한 정치 상황 속에서 알미니안주의는 네덜란드에서 건너와 잉글랜드 안으로 쉽고 빠르게 확산되었다.

1620년대 잉글랜드 국교회 내부적으로 '칭의'와 '은혜에서 타락한 자들', '신자들 속에 남아 있는 죄의 문제' 등이 매우 중요한 주제로 등장하였다. 도르트 총회 이후로, 잉글랜드 국교회에서 철저한 예정론과 칭의교리에 대한 논쟁이 심각했는데, 알미니안주의를 받아들인 잉글랜드 국교회의 대주교 로드의 무차별한 탄압이 청교도들에게 가해졌기 때문이다.

아그리콜라의 반율법주의처럼, 이튼도 믿지 않는 자들에게는 율법을 선포해서 그들로 하여금 천둥이 치고, 벼락이 떨어지듯이 두

---

25   Luther, *Second and Third Disputation against the Antinomians, D. Martin Luthers Werke*, 39:1.441.

렵게 만들어야 한다고 했다. 그렇게 하면, 가짜 교인들을 두렵게 만들 수 있다고 보았다.[26] 한편, 이튼은 참된 신앙을 가진 자들에게는 "여러분은 의롭다 하심을 받았다. 여러분은 죄가 없다. 하나님은 그가 선택한 자들 가운데 있는 죄를 보시지 않는다. 그리스도가 여러분의 모든 일을 완벽하게 만드셨다"라고 설교하였다. 신약의 복음을 영접한 성도는 구약의 계명에 비춰서 죄인으로 정죄를 당하지 않는다는 것이다. 하나님께서 자기 백성들의 죄에 대해서는 심판하시지 않는다고 주장했다.

성경의 교훈을 총체적으로 균형 있게 살피지 않으면, 얼마든지 어느 한쪽 교리만을 지지해 주는 이단적 가설을 만들어낼 수 있다. 성경에는 하나님의 대적자들이 주장한 것들도 많이 담겨 있기 때문이다. 마치 하나님은 사랑이시므로, 지옥이란 없다고 주장하는 것과 같이, 참으로 기괴한 설교를 만들어낼 수 있을 것이다. 신앙생활에서 절제와 영적인 훈련이 없이 어떻게 참된 하나님의 자녀로 양육을 받을 수 있겠는가! 이튼의 주장은 성화 교리의 기본을 흔드는 궤변이었다.

1619년 8월 29일, 이튼은 잉글랜드 최고 법원에 소환되었고, 그의 설교는 "거짓된 가르침과 오류로 점철된 거짓 교리"라는 정죄

---

26 Norman B. Graebner, "Protestant and Dissenters: An Examination of the Seventeenth-Century Eatonist and New England Antinomian Controversies in Reformation Perspective," (Ph.D. diss., Duke University, 1984).

를 받았다. 법원에서는 이튼의 설교권을 박탈했고, 다만 부목사로서 다른 사람의 설교를 읽는 것은 허용했다.[27] 옥스퍼드 대학교에서 석사학위를 받은 목사에게 굴욕적인 처분이 내려진 것이다. 그럼에도 이튼은 자신의 견해를 취소하지 않았다. 이튼은 나름대로 경건하게 생활했고, 비교적 정직한 사람이었고, 교구에서 성실하게 사역한다는 평판이 있었다.

이튼은 1630년 7월이나 8월경에 사망했는데, 그는 최고법원의 선고가 내려진 후에도 약 10년 동안 상당수의 추종자를 규합하였다. 그의 생애 중에서 마지막 시기에 커다란 영향력을 발휘했던 것이다. 그 영향력이 얼마나 대단했던지, 런던에서는 이튼의 설교집을 소지한 사람에게도 처벌을 내렸음에도 불구하고, 한 여성도가 이런 금지 조항을 어긴 죄목으로 약 4개월 동안 감옥에 구금되기도 했다.[28]

27 Como, *Blown by the Spirit*, 179.

28 D. Como, "Secret Printing, the Crisis of 1640, and the Origins of Civil War Radicalism," *Past & Present* vol. 196, no. 1 (2007): 37-82.

존 이튼의 저서

　이튼은 청교도와 개혁주의 신학자들이 율법주의에 빠져있다고 비판했다. 이튼과 그의 동료들은 자신들이야말로 종교개혁의 참된 계승자라고 주장했다. 1630년경에 이튼이 한 설교들을 집약하여 두 권의 책이 출판되었다. 그중 하나는 『오직 그리스도에 의한 값없는 칭의의 꿀 골짜기the Honey-combe of Free Justification by Christ alone』라는 제목으로 1642년에 출판되었다. 이 책은 율법폐기론의 교과서와 같은 최초 서적으로, 곧바로 널리 알려지게 되었다.

　이튼은 또 다른 책 『위험스러운 죽은 믿음Dangerous Dead Faith』에서 성도는 그리스도의 사역 믿음으로 하나님이 받으실만한 행위를 수행한 자로 인정을 받는다고 주장했다.[29] 그리스도는 자신의 피로 영원한 평화를 이루시고 하나님과 교회 사이에 항상 중보자로 머물러 계시기 때문에 그리스도는 우리로 하여금 율법 아래서 정죄를 당하지 않게 하신다는 것이다.

　이들 두 권의 책을 분석해 보면, 이튼은 칼빈, 베자, 우르시누스 등을 자주 인용하면서, 자신의 율법폐기론은 새로 개발한 것이 아니라 앞선 종교개혁자들의 길을 따라가면서 회복한 것이라고

29　John Eaton, *The Discovery of the Most Dangerous Dead Faith* (London: R. Bishop, 1642), 173-176.

주장했다. 특별히 마르틴 루터의 저서를 가장 많이 인용했는데, 루터의 신학의 핵심은 하나님의 말씀의 두 부분들, 율법과 복음 사이의 합당한 구별이었다. 루터에게서 율법이란 이것을 행하라고 말하는 것이요, 복음은 그리스도의 말씀을 전파하는 것인데, 그리스도가 율법을 신자들을 위해서 시행했다고 선포하는 것이다.[30] 이튼이 율법에 대해 부정적으로 언급하는 내용의 루터 글을 인용한 횟수는 100번이 넘었다.[31]

웨스트민스터 총회에 참석한 신학자들도 정통 개혁주의 신학의 계승자들이요, 칼빈주의를 채택하고 있었다. 그러나 이튼의 가르침과는 전혀 달랐다. 그렇다면, 어느 쪽이 옳은 것인가를 분명히 대조해 볼 수밖에 없다. 이튼의 반율법주의를 웨스트민스터 총회 석상에서 중요하게 다룬 이는 토마스 가태커Thomas Gataker(1574-1654)이다.[32] 가태커가 이튼의 신학적 문제점을 논의의 대상으로 언급하게 된 것은 그의 주장이 도무지 개혁주의 정통 신학과는 상관이 없었기 때문이다. 이튼과 반율법주의는 결코 그냥 간과할 수 없는 해악을 끼치고 있었다.[33]

---

30   *Luther's Works*, 21:67-129.

31   Como, *Blown by the Spirit*, 185.

32   C. Hill, "Antinomianism in 17th-Century England," in *The Collected Essays of Christopher Hill* (Brighton: Harvester Press, 1986), 2:164.

33   Theodore Bozeman, "The Glory of the 'Third Time': John Eaton as Con-

청교도들은 엄격한 주일 성수와 철저한 회심을 강조하면서 거룩한 성도의 삶을 통해서 하나님께 영광을 돌리고자 했다. 청교도 설교자들은 철저한 자기 점검, 거짓된 회개와의 영적인 싸움, 죽은 믿음의 위험에서 벗어나는 실천적 경건, 거룩한 삶을 강조하였다. 이러한 삶은 커다란 노력과 인내로 얻어진다. 경건한 신앙생활을 굳게 따르고 있던 자들에게 반율법주의자들은 아무것도 하지 않아도 된다는 메시지를 주었다. '이것을 행하라 그러면 살리라(레 18:5)'는 구약성경에서의 명령이 신약의 복음에서는 전혀 찾아볼 수 없다고 주장하였다. 반율법주의자들은 성도가 복음을 영접한 이후에도 계속해서 구약과 십계명, 도덕법을 생활의 규율로 지켜야 한다는 것을 거부하였다. 반율법주의자들은 칭의 교리를 왜곡하였는데, 한번 의롭다 하심을 받은 성도는 내재적인 죄로부터도 자유롭다고 주장한다. 또한 반율법주의자들은 구속 언약 안으로 은혜 언약을 집어넣어버리고, 새 언약의 조건적 성격을 거부하였다.[34]

구속 언약과 은혜 언약의 구별성을 아예 없애버렸다는 점이 반율법주의자들의 결정적인 오류이다.[35] 웨스트민스터 총회에서 신앙

tra-Puritan," *Journal of Ecclesiastical History* 47, No. 5 (1996), 642.

34   John von Rohr, *The Covenant of Grace in Puritan Thought* (Atlanta: Scholars Press, 1986), 44.

35   D. Blair Smith, "Post-Reformation Developments," in *Covenant Theology: Biblical, Theological, Historical Perspectives*, eds., Guy Prentiss Waters, J.

고백서와 표준문서들을 작성할 때에, 가장 논쟁을 많이 했던 주제가 언약신학이다. 그러나 언약신학에 대해 깊이 연구함으로 구속 언약, 행위 언약, 은혜 언약으로 구분한 청교도는 바로 이와 같은 반율법주의자들의 왜곡과 오류를 지적할 수 있었다. 반율법주의는 칭의와 죄의 본질을 심각하게 왜곡하였기에, 웨스트민스터 총회에서는 반율법주의자들의 사상을 완전히 정죄하였다.

은혜 논쟁인가?
하나님의 속성과 본성에 대한 왜곡인가?

반율법주의자들은 하나님을 아는 지식이 잘못되어 있다. 그들은 특히, 하나님의 본성과 속성을 왜곡했다. 하나님의 속성은 기독교의 복음의 핵심이자 가장 중요한 진리에 해당하는데, 은혜로우신 하나님만을 주장하면서 전반적인 속성은 변질시켰다. 그들은 그리스도가 모든 것을 이루셨고, 우리의 구원을 위해서는 그리스도의 희생에 우리가 어떤 것도 더할 필요가 없으며, 덧붙일 수도 없다고 주장했다. 반율법주의자들은 이러한 이론을 그리스도에게까지 적용함으로써 엄청난 오류를 범했다. 예수님께서 부활하시고, 영화롭게 되

Nicholas Reid, John r. Muether (Wheaton: Crossway, 2020), 374.

신 후에는 더 이상 아무런 할 일이 남아 있지 않다고 주장하는 데까지 이르렀던 것이다. 이것은 잘못된 주장이다. 대제사장이신 그리스도께서는 높은 곳에 오르신 후에도 여전히 하실 일이 많이 남아 있다. 그는 친히 이루신 구원을 자신의 교회에 적용하시고, 나눠주시고 다스리셔야 한다.

이처럼 반율법주의는 그리스도의 구원의 적용 사역을 무시하고, 성령의 인격성과 활동을 부정한다. 반율법주의자들은 하나님께서 우리를 향해 진노하신다는 것은 착각이라고 말하며, 그가 아버지로서 우리를 사랑하신다는 것을 인식하라고 주장한다. 반율법주의자들은 회개, 죄에 대한 후회, 지옥에 대한 두려움, 심판에 대한 공포, 용서를 비는 기도, 성화 등이 필요 없다고 주장한다.[36]

청교도 혁명과 전쟁의 절정기에 반율법주의자들이 불러일으킨 혼란을 말끔히 정리하고자 노력했던 까닭에, 웨스트민스터 총회에 참석한 신학자들은 정치적인 면에서와 신학적인 논쟁 모두 피할 수 없었다. 이튼의 주장에 동정적인 시선을 가진 학자들은 '반율법주의 논쟁'이란 값없이 주시는 '은혜 논쟁Grace Controversy'이었다고 주장한다.[37] 그러나 이튼을 중심으로 일어난 논쟁은 하나님의 뜻과 속

---

36 Herman Bavinck, *Reformed Dogmatics*, III:17 (&426).

37 T. D. Bozeman, *The Precisionist Strain: Disciplinary Religion and the Antinomian Backlash in Puritanism to 1638* (Chapel Hill: the University of North Carolina Press, 2004).

성들과 본성에 대한 왜곡을 밝혀낸 정화작업이었다. 이튼이 말하는 그런 식의 하나님은 존재하지 않기 때문이다.

이튼의 하나님은 죄에 대해서 의로운 채찍으로 고치시는 분이 아니다. 이튼은 하나님께서는 의롭게 된 성도들의 죄를 더 이상 확인하지 않으시기 때문에, 성도가 된 후에는 율법을 지키지 않아도 된다고 가르쳤다. 왜냐하면 성도는 자신의 칭의 상태에서 결코 배제되지 않기 때문이다. '성도는 이제 어떤 잘못을 해도, 벌을 받지 않는다?' 본성상 죄인인 이들이 듣기에 이 얼마나 근사하고 친절하며 듣기 좋은 말인가!

이튼의 하나님은 어떤 분이신가? 이튼의 하나님은 재판관도 아니요, 법을 제정한 분도 아니시다. 그리스도의 희생이 최종적으로 자기 백성들에게 새 옷을 입혀 놓았기 때문에 하나님은 죄를 처벌할 수 없으시다는 것이다.

이튼은 칭의의 본질에 대한 설명에서, 기본 전제를 잘못 설정하였다. 그는 의롭다하심을 받은 성도는 자신의 죄로 인해 받는 징벌은 없다고 주장했다. 그리스도가 십자가에서 죄의 형벌을 완전히 다 받으셨기 때문이라는 것이다. 이튼은 그리스도의 구속의 유효성 때문에 하나님께서는 자기 백성들의 죄를 더 이상 헤아리지 않으시며, 그것에 대해서 성도들에게 형벌을 내리시지도 않는다고 주장했다.

이튼이 소개하는 하나님은 개혁주의 정통 신학에서 가르치는 의로움과 긍휼하심을 동시에 갖고 계시면서, 동시에 사람들에게 적절한 때마다 사랑과 채찍을 내리시는 분이 아니다. 이튼의 하나님은 자기가 의롭다고 하신 백성들과 상호 교류를 할 때, 결코 심판하실 수도 없고, 죄를 규정하실 수도 없는 분이다. 그러한 하나님은 죄를 처벌하실 수 없는 분이시다. 왜냐하면 그리스도의 희생이 의로운 옷으로 자기 백성들의 죄를 완전히, 최종적으로 감싸주었기 때문이라는 것이다. 그는 하나님께서 자기 백성들의 죄악을 목격하신 기억을 완전히 없애버리시고, 믿는 자들을 향해서 호의만을 베푸신다고 주장했다.[38] 그렇다면 다윗 왕이 자신의 죄로 인해서 받았던 형벌은 어떻게 이해하여야 하는가? 이튼은 시대 구분을 통하여 다윗을 해석한다. 그에 의하면, 다윗은 율법의 시대에 살았기에 형벌을 당했다고 주장하였다.

언약의 시대적 구조

"타락 후에, 주님께서는 은혜 언약이라고 불리는 두 번째 언약을 만들기를 기뻐하셨다." (웨스트민스터 신앙고백서 제7장 3항)

---

38 J. Eaton, *The Honey Combe of Free Justification by Christ Alone*, 22.

"이 언약은 율법의 시대와 복음의 시대 가운데서, 다양하게 시행되어졌다." (웨스트민스터 신앙고백서 제7장 5항)

웨스트민스터 총회에서는 구속 역사를 통해서 시행된 구속 언약, 행위 언약, 은혜 언약을 다뤘는데, 이렇게 다양한 언약의 집행 중에서도 그리스도를 향한 통일성과 일관성은 잃지 않도록 유의했다. 구약은 약속된 메시아를 믿음으로 택함을 받았으며, 그로 인하여 죄의 완전한 씻음과 영원한 구원이 성취되었다. 은혜 언약은 둘째 아담으로 오신 그리스도와 함께 만들어졌는데, 그 안에서 택함을 받은 자들이 참여한다(대교리문답 33, 34문항).

그러나 이튼의 언약적 기초Covenantal Foundations는 완전히 다른 구조로 이뤄졌다. 그는 **이분법적인 언약구조**를 제시했다. 그는 구원의 길을 옛 언약the Old Covenant과 새 언약the New Covenant으로 대조시켰다. 옛 언약에서는 율법을 지키는 자에게만 의인이라는 판결이 내려진다. 하나님은 엄격하고, 준엄하게 심판한다. 새 언약 아래에서는 값없이 은혜가 주어진다. 복음 안에서는 율법의 훈계가 필요 없다. 이튼의 설교에 의하면, 구약의 성도들에게는 그리스도가 없으며, 단지 율법주의적인 구원이 있을 뿐이다.

그러나 웨스트민스터 신앙고백서에서는 "구약성경 아래서 살았던 성도들의 칭의는 모든 측면에서, 신약성경 아래서 살아가는 성도들의 칭의와 동일하며 똑같다"라고 가르쳤다(제11장 6항). 웨스트민스터 표준문서들은 로마서 7장 12절이 가르치는 대로, 율법은 "선한 것이요, 거룩하며, 의로운 것이다"라고 서술하였다. 은혜로우신 한 분 하나님께서는 동일한 수단으로 똑같은 구원을 제공하시는 분이다.

　　매우 독특하게도 이튼은 구원역사의 시대별 구분을 이색적으로 제시하여, 자신의 반율법주의를 옹호하는 체계를 구축하였다. 성경적 구원의 체계를 세 단계의 시대로 구분했다.[39] 마치 세대주의자들이 구속사의 전과정을 일곱 시대로 나누듯이, 구약과 신약의 세대를 세 단계로 구분했다. 어떤 근거로 이런 구속사의 시대 구분을 제시하는 것인지는 분명하지 않다. 그러나 이튼의 세대 구분법과 각 세대에 대한 설명은 그의 반율법주의에서 매우 중요하다. 그 당시 개혁주의 정통 신학자들과 청교도들은 구약과 신약의 시대를 동일하다고 보았기 때문에 이튼의 세대 구분과 같은 조직적인 구도를 만들지 않았다.[40]

　　이튼이 구분하는 바에 따르면, 인류구원의 형식이 드러나는 첫

39　J. Eaton, *The Honey Combe of Free Justification by Christ Alone*, 97-98.

40　T. D. Bozeman, "The Glory of the 'Third Time': John Eaton as Contra-Puritan," *Journal of Ecclesiastical History* 47, no. 4 (1996): 642. 필자는 보즈만의 반율법주의자 이튼에 대한 우호적인 해석에 동의하지는 않는다. 보즈만은 오히려 웨스트민스터 신앙고백에 대해서 부정적이다.

번째 시기는 창조부터 세례 요한의 출현까지다. 이 시기는 엄격한 율법의 규칙에 의해서 통치되었다. 이 첫 번째 시기에는 율법을 완전하게 준행한 사람에게만 의로움이 주어졌다. 하나님께서 엄격한 재판관으로서 자신의 모습을 드러냈는데, 자기 백성들의 범죄에 대해서 형벌을 내리셨다. 이 첫 번째 시기에 칭의는 율법에 온전히 순종하는 자에게 주어진다. 다윗 왕은 율법이 통치하던 첫 번째 시대에 살았기 때문에, 자신의 죄에 대해서 형벌을 받아야 했다는 것이다. 구약 시대에는 하나님께서 자기 백성들에게 엄격하게 진노를 내리셨다고 설명한다.

그러나 이튼 자신은 다윗과는 다른 신약 시대에 살고 있다고 주장했다. 구약 시대에 살았던 다윗의 생애와 체험은 그 다음에 등장하는 새로운 복음의 시대를 향한 모델은 아니었다고 이튼은 주장했다. 도덕법은 멍에를 지고 살았던 시대에 주신 것이기에 새 언약의 성도들에게는 더 이상 구속력을 갖지 못한다는 것이다. 이튼에 의하면, 궁극적으로 이스라엘 사람들은 의롭다 하심을 얻지 못했고, 노예상태에 있었다.

두 번째 시기는 세례 요한에서부터 시작해서 그리스도의 죽으심으로 끝이 난다.[41] 세례 요한의 시대도 역시 전환기로서 일부 율법의 공포에 의해서 살았던 시기였다. 세례 요한의 주요 임무는 메

41　J. Eaton, *The Honey Combe of Free Justification by Christ Alone*, 103.

시야에 이르는 길을 안내하는 것이었고, 오실 그리스도가 십자가 위에서 흘리실 보혈에 의해서 값없이 주시는 의로움을 선포하는 시기였다. 이 기간에는 첫 번째 시기의 율법적인 엄중함이 하나님의 백성들을 짓누르고 있었고, 율법의 통치가 마치 학교의 엄격한 선생의 가르침처럼 시행되었다. 이튼이 구분하는 세례 요한의 시대는 율법에 이어서 등장하는 예수 그리스도의 가르침을 의미한다. 그리스도의 참된 영광이 나타나기 이전에 말씀을 들려주신 것이다. 그는 이두 번째 시대는 그리스도의 죽으심으로 끝이 났다고 주장했다.

　　세 번째로는 영광의 시대가 도래했는데 그리스도의 구원 사역에 의존하여 자유함이 주어지는 시기다. 이 시기에 성도들은 도덕법을 지키지 않아도 된다. 왜냐하면 도덕법은 첫 번째 공포스러운 통치시대의 규칙이자 기준이기 때문이다. 단지, 선행은 설교자들이 지속적으로 성경의 기준에 따라서 제시하여야 하는데, 그것은 그저 부드러운 격려와 초청일 뿐이다. 설교자들은 성도를 압박하거나, 명령하거나, 내적인 구속을 해서는 안 되는 것이다. 한 번 의롭다 하심을 얻게 되면, 자동적으로 하나님의 명령에 순종하게 된다는 것이다.[42]

　　이튼의 구약성경에 대한 견해와 성경적 구원사의 시대 구분으로 인해서, '반율법주의'라는 이름이 붙여졌다. 그는 하나님의 은총으로부터 구약성경을 삭제시켜버렸고, 신자의 생활 속에서 구약 율

42　J. Eaton, *The Honey Combe of Free Justification by Christ Alone*, 471.

법의 역할에 대해서 부정했다. 더구나 의롭다 하심을 얻은 성도가 어떻게 윤리적인 생활을 해야 하는지에 대해서는 전혀 상세한 지침을 제시하지 못했다.

개혁주의 신학자들은 소위 존 이튼이 말한 죄의 흔적에 관한 설명을 거부한다. 그들은 구약과 신약의 통일성과 연속성을 믿기 때문에, 구원의 원리도 시대마다 다르다거나, 세 가지 구조가 아니라, 오직 예수 그리스도 안에서 주어지는 은총임을 주장한다.[43]

이튼이 주장하는 칭의와 성화는 없다!

이튼의 가장 핵심적인 오류는 값없이 주시는 칭의론의 왜곡이다.[44] 이튼이 주장하는 칭의론이나, 성화론은 성경에서 찾아볼 수 없다. 이튼에 의하면, 그리스도께서 다 씻겨주셨기에 성도의 행위는 그 자체로 완전하다는 것이다. 이튼의 하나님은 신자의 죄악을 책망하거나, 교정하지도 않으신다. 결국 성도의 죄에 대해서 심판을 하지 않는다는 것이다. 이러한 이튼의 주장은 회개의 필요성을 완전히

---

43   Alan D. Strange, *Imputation of the Active Obedience of Christ in the West-minster Standards* (Explorations in Reformed Confessional Theology) (Grand Rapids: Reformation Heritage Books, 2019).

44   Como, *Blown by the Spirit*, 183.

부인하는 헛된 주장이다. 이것은 하나님의 은혜에 대한 모독이다.

웨스트민스터 신앙고백서는 이튼의 낭만적인 허상을 완전히 무너뜨렸다. 성도는 언제나 죄에 넘어가서, 아버지 하나님의 분노를 일으키고, 자신의 성화가 진보해 나가지 못하도록 방해를 받는다(제17장 3항). 성도는 죄로 인해서 하나님의 채찍을 맛보게 되지만 그럼에도 불구하고 성도가 칭의를 잃어버리지 않는다. 하나님께서 성도의 죄를 모두 다 알고 계시기 때문이다. 그들이 죄로 인해 하나님의 부성적인 진노 아래 놓이기도 하지만 성도들이 믿음과 회개를 새롭게 하여 자신들의 죄를 고백하고 용서를 구하면 하나님께서 호의를 회복시키신다(제11장 5항).

이튼의 체계 안에서는 어떻게 거룩함을 이루게 되는가?

"값없이 주시는 칭의는 참된 믿음의 완전한 덕목이요, 놀라운 작동을 통해서 선행의 모든 동기를 만들어내고 또 강화시키는 힘을 불어넣는다. 그렇지 않으면, 참되고, 살아 있으며, 의롭다 함을 받는 믿음이 아니다"라고 이튼은 주장했다.[45] 이튼의 글을 읽노라면, 그의 주장들에 대해서 전혀 납득이 가지 않는다. 너무나 허망하고 막연하기 때문이다. 성도가 결코 통탄스러운 죄에 항상 넘어가지 않을 만큼, 하나님의 은혜가 성도들 가운데서 압도적인 권능을 발휘하고

45　　Eaton, *The Discovery of the Most Dangerous Dead Faith*, 156-157.

있다고 주장한다. 그의 말처럼 항상 은혜가 성도를 압도적으로 주장하는가? 만일 그렇다면 성도는 죄를 지을 생각도 하지 않을 것이다. 어떻게 인간이 이 땅에서 그런 상태를 항상 유지할 수 있다는 말인가? 이튼은 신비로운 하나님의 권능으로 은혜의 상태가 항상 유지되기에, 평화가 깨어질 수 없다고 주장했다.

성화에 대한 이튼의 주장은 '자동화된 관점'에서 나오는 위험스러운 결론이다. 더구나 이튼과 반율법주의자들은 동시대 청교도들이 거룩함과 선행을 강조하여서 행위 구원과 율법주의로 빠졌다고 격렬하게 비판했다. 그러나 웨스트민스터 신앙고백서는 성도의 행위 구원이나 선행에 근거한 공로주의를 배척한다고 분명히 가르쳤다(제16장 5항).

구원을 받은 성도가 하나님께 감사하면서, 영광을 돌리고자 선행을 도모한다는 성화의 개념이 이튼에게는 전혀 없다. 웨스트민스터 신앙고백서 제14장 2항에서는 "구원 얻는 믿음의 기본적인 행위들은 칭의, 성화, 영생을 위해서 오직 그리스도에게만 의존하면서, 영접하고, 받아들이는 것이다"라고 하였다.

결국, 이튼은 '하나님께서는 믿는 자의 죄를 보지 않으시며 정죄하지 않는다'라는 성경에 없는 명제를 만들어냈고, 그것만이 진리라고 외쳤다. 그는 복음의 핵심을 벗어난 가짜 칭의와 거짓된 성화를 창작했다. 구약과 신약, 율법과 믿음의 단순화된 대조를 통해서 성도들을 현혹하였다. 그 결과 이튼은 스스로 만들어낸 원리를 철저히 고수했다. 결국 아이러니하게도 이튼은 자신이 만든 새로운 율법을 철저히 지킴으로써 일종의 율법주의자가 되고 만 셈이다.

이튼은 반율법주의를 비판하는 청교도 정통 개혁주의 신학자들을 향하여 아합의 거짓 선지자들이라고 한다거나, 미가야 선지자의 뺨을 때리면서 모독하는 행위와 같다고 비난하였다.[46] 이튼은 의롭다 하심을 받은 성도가 날마다 성화의 과정에서 죄와 싸우는 영적 전쟁의 험난한 싸움을 가볍게 제거하고, 값싸고 쉬운 복음만을 제시하였다. 이튼은 사악한 태도를 청산하지 않은 기독교 신자를 양산해내는 가짜 복음을 전했던 것이다.

청교도들은 스스로 완벽하지 않다고 고백했다. 청교도들이 자주 인용한 말씀은 "하나님은 사람을 정직하게 지으셨으나, 사람이 많은 꾀를 낸 것이라(전 7:29)." 웨스트민스터 신앙고백서 제6장에서도 죄의 죄책과 그 부패성에 대해서 주목했다. 칼빈은 하나님께서 성도들을 용납하고 받아 주시되, 그들의 행위가 완벽하게 깨끗해서 의인으로 영접하시는 것이 아니라, 세상의 아버지가 자식의 불순종과 잘못을 알면서도 너그러이 용납하는 것과 같이 돌보아 주시는 것이라고 설명하였다.[47] 또한 칼빈은 성도들의 죄악이 심하면, 그들의

---

46   Eaton, *Dangerous Dead Faith*, 54.

47   Calvin, *Institutes of the Christian Religion*, III.19.5.

나라를 주변의 포악한 군주에게 넘기기도 하셨음을 상기시켰다.[48] 하나님은 공의로운 분이시다. 그러나 이튼은 하나님의 공의와 공평에 근거한 채찍과 아픈 매를 무의미한 것으로 변질시켰다.[49]

48   Calvin, *Institutes of the Christian Religion*, III.20.29.

49   Gert van den Brink, "Calvin, Witsius and the English Antinomians," in *The Reception Calvin in Reformed Orthodoxy*, ed. Andreas Beck and William de Boer (Leiden: Brill, 2010).

3 주요 반율법주의자들과
청교도 신학자들의 논쟁

"하나님께서는 자기 백성들의 죄를 보시지 않는다"라는 이튼의 주장은 청교도 개혁주의 신학자들의 반격에 직면하게 되었다. 개혁주의 신학을 가진 교회들은 그의 주장을 철저히 거부했고, 심지어 잉글랜드 성공회에서조차 이튼의 주장을 받아들이지 않았다. 이튼의 주장대로라면, 어느 누가 하나님께 나아와 용서와 긍휼을 구하는 기도를 올리겠는가?

잉글랜드 칼빈주의 신학자들 중에서 두 명의 목회자들이 이튼의 율법폐기론에 대해서 비판하는 글을 출판했다. 헨리 버튼Henry Burton(1578-1648)과 토마스 테일러Thomas Taylor(1576-1632)는 당대 뜨거운 주제로 등장한 반율법주의의 문제점을 정확하게 비판했다.

1640년대에 청교도 목회자들은 찰스 1세의 권세를 배경으로 삼아 영국 교회를 지배하던 로드 대주교에게 극심한 탄압과 핍박을 받고 있었는데, 헨리 버튼도 그중에 한 사람이었다. 그는 런던에 있는 성 마태 교회의 목회자였는데, 이튼의 오류에 대해서 강력하게 비판했다. 또한 이튼만이 아니라, 로드 대주교에 대해서도 로마 가톨릭적인 오류를 따르는 자라고 공격하기를 주저하지 않았다. 이로 인해, 버튼은 설교직을 박탈당하고, 감옥에 던져졌다. 최고법정에서도 완강하게 자신의 견해를 고집하자, 두 귀가 잘리고 5000파운드의 벌금과 가족, 친구들, 펜, 종이, 잉크 등을 금지 당한 종신형을 선고 받았다.[50] 그러나 런던에서는 그가 쓴 글이 인쇄되어서 널리 회자되었다. 훗날 청교도 혁명이 성공하면서, 로드가 권세를 잃게 된 후, 1642년 3월에야 의회의 결의로 석방되었다.

버튼의 저서, 『율법과 복음의 조화The Law and the Gospel Reconciled』에는 이튼의 믿음이 당시 잉글랜드 목회자들과 어떤 점에서 다른지 대조적으로 제시되어 있다.[51] 이튼이 주장한 것들은 전혀 하나님의 말씀에 기초하지 않은 채, 성화의 열매를 강조했다. 율법은 성도들의 불완전함을 비춰주는 거울이다. 버튼은 도덕법이 성도들의 믿음생활에 지침이 될 수 없다고 주장하는 이튼의 잘못에 대해서 무지와 불완전함에서 나온 것이라고 비판했다.

토마스 테일러는 케임브리지 대학교, 크라이스트 대학교에서 학사와 석사를 받은 후에 설교자이자 히브리어 교수가 되었다. 윌리엄 퍼킨스의 제자로서, 초기 청교도 신학자들 중에 걸출한 인물이었다. 1625년에, 테일러는 런던에서 성 메리 알더맨버리의 목회자가 되었다. 테일러는 자신의 교회에서 젊은 청교도 목회자 후보생들을

---

50   김재성, 『청교도, 사상과 경건의 역사』, 346.

51   H. Burton, *The Law and the Gospel Reconciled, Or, the Evangelical Faith and the Moral Law How They Stand Together in the State of Grace* (London: 1631).

길러내면서, 알미니안주의와 함께 반율법주의에 대해서도 단호히 배척했다. 특히 이튼이 만들어낸 구속사의 구조에 대해서 철저히 비판했다.

테일러는 『율법의 규칙』에서 이튼의 문제점을 비판했다.[52] 예수 그리스도가 마태복음 5장 19절에서, 자신의 말씀과 권위로 율법을 확증하고, 강화시켰다고 주장했다. 모든 성도는 속사람이 진심을 다해서 율법을 지키고자 분투하고 노력해야 한다는 것이다. 이튼은 복음이 그리스도가 제시하는 새로운 율법이라고 주장했는데, 이것은 도덕법을 간과한 것이라고 비판했다. 테일러는 구약성경에 나오는 성자들과 성도들이, 모세, 다윗, 사무엘, 다니엘 등 그들이 과연 우리와 동일한 언약을 누렸다고 생각하지 않느냐고 질문했다.

테일러는 구약성경과 신약성경을 대립시키고, 성부 하나님과 성자 예수님을 서로 차이가 있다고 주장하는 이튼의 주장은 신성모독이라고 비판했다. 사도들은 복음을 선포하고 가르치면서도, 구약의 계명들을 버리지 않았으며, 새로운 계명들을 만들지도 않았다. 예수님께서는 사랑의 율법을 강조하셨지만 이 내용들은 십계명에 제시된 것과 동일하다. 이튼의 결정적인 왜곡은 참된 신앙의 본질과 선행을 변질시킨 것이라고 테일러는 비판했다. 율법에 근거한 선행과 순종의 의무는 하나님께서 제공하신 성화의 수단이다. 이것이 공로에 의해서 천국에 들어가는 것을 의미하

---

52   Taylor, *Rule of Law under the Gospel* (London: 1631).

는 것이 결코 아니다.

헨리 버튼과 토마스 테일러는 당시 개혁주의 신학자들의 일반적인 이해에 근거하여 이튼의 가르침을 비판했다. 이들은 이튼의 주장에서 '값 없이 주시는 칭의'가 지나치게 확대되어져 있음을 지적했다. 버튼과 테일러는 이튼이 구약의 율법과 신약의 복음으로 대조시키는 것도 잘못된 것이라고 지적하며, 어떻게 하나님께서 이 두 가지 언약들을 전혀 다르게 주셨는지 반문했다. **하나님께서는 자기 백성들과 은혜로운 관계성을 유지하면서 구원에 이르도록 인도하신다. 따라서 율법은 하나님의 백성들을 위해서 주신 영원한 생명의 규칙이다.**

마지막으로 이튼 이후에 등장한 매우 영향력이 큰 율법폐기론자들을 살펴보고자 한다. 첫 번째로 토비아스 크리스프Tobias Crisp(1600-1643)는 청교도들 사이에 상당히 알려진 목회자였다. 그는 케임브리지 대학교에서 학사 학위를 받았고, 다시 옥스퍼드 대학교에서 석사학위를 받았다. 『청교도를 만나다』(부흥과개혁사, 2010)에서 조엘 비키 박사는 크리스프를 청교도 신학자의 한 사람으로 포함시켰다. 하지만, 과연 그를 정통 개혁주의 신학을 가진 청교도 신학자라고 할 수 있을까? [53] 크리스프는 이튼의 반율법주의를 전파하다

---

53   J. Beeke & R. J. Pederson, *Meet the Puritans: With a Guide to Modern Reprints* (Grand Rapids: Reformation Heritage Books, 2006).

가 1644년에 이단으로 정죄를 당했다.[54] 또한 크리스프의 친구, 로버트 랭카스터Robert Lancaster는 1643년 웨스트민스터 총회에 호출되자, 크리스프의 반율법주의를 변호하였다.[55] 크리스프의 아들, 사무엘이 1690년에 다시금 아버지의 설교들을 출판하자, 그의 설교에 대해 더욱 더 분명하게 규명하려는 논쟁이 잉글랜드와 스코틀랜드에서 일어났다.

두 번째로 존 살트마쉬John Saltmarsh(?-1647)도 잉글랜드에서 급진적인 설교와 저서를 통해서 강한 영향력을 발휘한 반율법주의자였다. 그의 책, 『값없는 은혜Free Grace: Or The Flowing of Christs Blood Free to Sinners』는 열 번째 판이 보급되었을 정도였다. 퀘이커파 윌리엄 펜이 이 책을 읽도록 젊은이들에게 추천했다. 살트마쉬는 1633년에 케임브리지 대학교를 졸업했고, 1636년에 석사학위를 취득했다. 여러 곳에서 강의를 했고, 1646년에는 의회파 군대의 군목이 되었다. 살트마쉬는 소책자를 발행하여, 웨스트민스터 총회에서 토마스 가태커와 논쟁을 주고 받았다. 가태커는 반율법주의자들의 오류에 대해서 지적하면서, 살트마쉬가 믿음과 새 언약의 조건에 대해서 왜곡한 것이라고 지적했다.

---

54 Randall J. Pederson, *Unity in Diversity; English Puritans and the Puritan Reformation, 1603-1689* (Leiden: Brill, 2014), 210-259.

55 T. Cooper, *Fear and Polemic in Seventeenth-Century England: Richard Baxter and Antinomianism* (Aldershot, U.K.: Ashgate, 2001).

세 번째로 존 심슨John Simpson(1614-1662)은 옥스퍼드 대학교를 졸업한 후 런던에서 활동하면서 율법폐기론을 가르쳤다. 심슨은 1643년에 웨스트민스터 총회에 불려나가서 조사를 받았고, 강의와 설교를 금지당했다. 잉글랜드 의회에서는 그의 설교를 금지시켰지만, 자신을 따르는 성도들을 모아 런던에서 활동했다. 심슨을 따르는 여성들 중에는 자신을 구약시대의 선지자라고 주장하는 급진적인 무리들도 있었다.[56] 이들은 또한 그리스도의 재림이 임박했음을 고대하면서, '제5군주제 운동the Fifth Monarchists'이라는 정치적이며 신앙적인 급진파 집단을 형성하였다.

심슨은 신자들이 더 이상 십계명을 지킬 의무가 없다고 주장했다. 성령의 빛 가운데 인도함을 받으며, 은혜 언약 아래서 살아가기 때문이라는 것이다. 신자는 율법의 멍에를 메고 살아가는 것이 아니며, 율법을 완벽하게 실천함으로써 구원에 이를 수 있는 성도는 전혀 없다고 가르쳤다.

네 번째로 로버트 타운Robert Towne(1592-1664)은 이튼의 가르침을 다음 세대에 전달하는 연결자 역할을 충실히 수행했다. 타운은 이튼 다음으로 가장 주목을 받았던 반율법주의자였다.[57] 당연히 타운도 최고법정에서 "교리적으로 이단"이라는 판결을 받았고,

---

56   W. Gamble, "The Significance of English Antinomianism for Anna Trapnel," *Reformation & Renaissance Review* 17, no. 2 (2015): 155-166.

1629년경에 설교권을 박탈당했다. 그가 여러 권의 저서를 발표했기 때문에 상당히 유명한 율법폐기론자로 알려졌다.

타운은 중보자로서 그리스도가 자기 백성들을 대신해서 모든 율법의 요구를 성취하였으므로, 그의 완벽한 순종이 모든 불의로부터 자기 백성들을 구했다고 주장했다.[58] 그리스도가 구약의 모든 법을 완전히 지켰다고 하는 것은 곧바로 그가 구원한 우리 성도들에게 율법으로부터의 완전한 자유함을 주신 것이라고 그는 주장했다. 그리스도의 구속 사역으로 행위 언약이 성취되었고, 시내산에서 제정된 율법은 더 이상 신자의 생활을 제약하지 않는다는 것이다.

다섯 번째로 사무엘 리처드슨 Samuel Richardson(1602-1658)은 올리버 크롬웰의 새로운 군대에 속해 있던 군인이었다가, 런던에서 침례교회의 설교자가 되었다. 그는 웨스트민스터 신앙고백서에 담겨 있는 장로교회 정치제도에 대해서 지지하지 않았고, 하나님의 선택과 유기라는 교리도 하나님의 선하심과 반대된다고 생각하여 거부하였다.

리처드슨은 예수 그리스도가 오심에 따라서, 하나님이 인간을 구원하시는 관계를 정립하는데 근본적인 변화가 일어났다고 주장

---

57   Como, *Blown by the Spirit*, 121-122.

58   Towne, *Assertion of Grace, or A Defense of the Doctrine of Free Justification* (London: 1644).

했다. 그 이전 세대에서는 의롭다 하심을 받으려면 사람들이 율법을 완전하게 지켜야만 했다. 그러나 그리스도가 자기 백성들을 위해서 모든 율법을 성취하셨고, 믿음의 시대를 시작하였다는 것이다.[59] 이제는 은혜의 새 언약이 율법의 자리를 대체했다고 주장했다. 이처럼 리처드슨은 존 이튼의 책과 거의 동일한 주장을 폈다.

여섯 번째로 헨리 덴Henry Denne(1605-1666)은 케임브리지 대학교를 1625년에 졸업했고, 석사학위를 1628년에 마쳤다. 그는 런던에서 침례교회에 가입하였고, 유아세례를 거부하는 설교를 하였기에 체포당하기도 했다. 다시 석방된 후에는 율법폐기론을 주장하여 재수감되었다. 덴은 의회파 군대에 가담했으나, 그 내부에서 반란을 일으킨 자들과 함께 하다가 1649년 5월 크롬웰에 의해서 진압되었다.

지금까지 설명한 반율법주의자들의 주장은 몇 가지 중대한 오류들로 압축해 볼 수 있다.[60]

첫째, 반율법주의자들은 성경에 담긴 언약의 구조를 두 가지로 구분하는 오류를 범하고 있다. 이튼과 그를 따랐던 반율법주의자

---

59   S. Richardson, *Some Brief Considerations on Doctor Featley His Books, Intituled* (London: 1645). W. Gamble, *Christ and Law*, 48, n. 47.

60   W. Gamble, *Christ and the Law*, 47.

들은 성경을 행위 언약과 은혜 언약의 시대로 나눈다. 구약의 계명들과 특히 시내산의 십계명은 행위 언약의 시대에 속한다는 것이고, 그 안에는 은혜 언약의 요소들이 들어 있지 않다고 주장한다. 이것은 전혀 잘못된 언약신학의 왜곡이다. 모든 언약은 기본적으로 은혜 언약의 시행이면서, 각기 다른 시대마다 특정한 언약의 상징들이 드러났을 뿐이다. 반율법주의자들의 피상적이며, 이분법적인 언약 이해는 결코 구속 역사의 전개 과정에 대한 성경적 설명이 아니다. 그들은 언약의 통일성과 다양성, 무엇보다도 유기적 연속성에 대한 이해가 전혀 없다.[61]

둘째, 반율법주의자들은 믿음으로 의롭다 하심을 얻는다는 칭의에 대한 가르침, 즉 가장 중요한 구원론의 중심교리를 과장했고, 왜곡했다.[62] 의롭다 함을 받은 성도들에게는 더 이상 믿음의 행위가 불필요하다는 주장이다. 오직 믿음만이 구원과 은혜의 언약에 들어가는 조건일 뿐이라고 가르쳤다. 반율법주의자들은 믿음을 통해서 영원한 칭의를 얻는다고 주장하였다. 그리스도와 함께 소개된 은혜의 언약은 성도들에게 그 어떤 율법도 어기지 말고 완전히 준수하라는 행위를 요청하지 않는다는 것이다. 성도들이 무슨 행위를 했을지라도, 하나님의 백성들은 무조건적으로 구원을 얻는다고 주장했다.

---

61 김재성, 『현대 개혁주의 교회론』 1권 (킹덤북스, 2023), 707.

62 W. Gamble, *Christ and the Law*, 50.

새 언약의 백성들에게 믿음의 행위가 요청되느냐를 놓고서, 개혁주의 신학자들과 알미니안주의자들이 대립했는데, 여기에 반율법주의자들이 또 다른 극단적인 입장을 내놓은 것이다.

셋째, 반율법주의자들은 칭의와 성화를 혼란스럽게 뒤섞어 놓았다. 이것은 결정적으로 청교도들이 강조했던 구원의 교리와 상충되는 부분이다. 청교도들은 믿음으로 값없이 얻은 칭의와 함께, 성도의 생활 속에서 온전하신 그리스도의 형상을 닮아가는 성화의 삶을 강조했다.[63] 그러나 구약의 십계명을 따라서 그리스도의 성품을 본받는다는 교리에 대해서 반율법주의자들은 완강하게 반대했다. 그들은 회개, 겸손, 거룩한 의무를 강조하면서, 모든 계명에 순종을 강조하는 것은 복음의 시대에 합당치 않다고 주장했다. 복음의 시대에 성화는 외적으로 명령을 수행하거나, 율법을 지켜 나가는 방식으로 이룩되는 것이 아니라, 믿음의 선포에 의해서 자연스럽게 갖춰진다고 주장했다. 복음이 선포되면, 성령이 주어져서 성도를 새롭게 만들며 마음속에 율법을 심어준다는 것이다.

넷째, 성도는 죄와 정죄로부터 자유롭다고 반율법주의자들은 주장했다.[64] 하나님이 보시기에 성도는 모든 계명으로부터 자유할

---

63 Charles E. Hambrick-Stowe, "Practical Divinity and spirituality," in *The Cambridge Companion to Puritanism*, John Coffey & Paul C. H. Lim, eds., (Cambridge: University Press, 2008), 191-205.

64 W. Gamble, *Christ and the Law*, 55.

뿐만 아니라, 죄와 심판으로부터도 역시 자유하다는 것이다. 그리스도의 온전하신 의로움을 전가 받은 성도들이기에, 하나님은 그들을 결코 죄인으로 간주하지 않는다는 것이다. 동시에 성도들도 자신에 대해서 죄인이라고 간주해서는 안 된다고 반율법주의자들은 강조했다. 성도가 여전히 죄 가운데 있다고 생각하는 것은 유대인들이 머물던 두려움의 상태와 같은 것이라고 보았다. 성도는 그리스도의 의로움으로 옷을 입었기에, 자신들의 죄에 대해서 용서를 비는 기도를 더 이상 드릴 필요도 없다고 주장했다. 하나님께서는 이미 그리스도의 희생 제사를 통해서 성도가 저지른 과거와 현재와 미래의 죄에 대해서 화해를 이루셨다는 것이다.

성도들의 모든 죄값은 그리스도가 이미 지불하였으므로, 하나님의 채찍이나 훈계도 없다고 주장했다. 그리스도 자신이 이미 모든 죄에 대한 심판을 당했기에, 죽음에 이르는 진노와 같은 것은 주어지지 않는다는 것이다. 얼핏 보기에는 반율법주의자들이 그리스도의 속죄를 높이고, 완전하신 은혜로 성도에게 사죄의 은총이 주어진다고 가르치는 것처럼 보인다. 그러나 가장 중요한 칭의, 믿음, 성화, 율법의 필요성, 죄의 고백 등 여러 가지 성경의 교훈들을 심각하게 왜곡하고 있음을 알 수 있다.

4 사무엘 러더포드의
반율법주의 비판

17세기 중반, 반율법주의는 일부 극도로 논쟁적인 개신교 목회자들에 의해서 확산되었다. 그들은 개혁주의 신학자들의 기독론과 칭의론을 재해석하면서 아주 극단적인 견해로 치우치고 말았다. 반율법주의자들은 성도들이 내재적인 죄로부터 자유롭다는 것은 물론이고, 자유로운 은혜의 개념을 내세우면서 심지어 은혜 언약의 조건성, 즉 예수 그리스도와의 새 언약을 충실히 지켜야만 한다는 것도 부인한다. 반율법주의자들은 조직신학적인 체계가 없이 칭의론에 관련된 내용을 집중적으로 확산시켰다. 그들의 왜곡된 주장은 한심하기 그지없는 목회 활동에서 드러났는데, 심지어 충분한 설교 준비도 하지 않았다. 왜냐면, 자신들에게 주어진 성도로서의 의무에 대해서도 비판적이었기 때문이다. 한마디로, 우매한 성도들만을 자극할 메시지를 선포하면서, 매우 부분적이고 지엽적인 주제를 가지고 극렬한 논쟁을 제기하였다.

웨스트민스터 총회가 진행되는 동안에 수많은 신학자들이 반율법주의에 대응하는 개혁주의 입장을 발표했다.[65] 웨스트민스터

---

[65]   Joel Beeke, *A Puritan Theology*, 325.

총회에서 압도적인 대다수가 그리스도의 능동적 순종에 찬성하였고, 그러한 공감대가 그 후로 이어져 내려갔다. 웨스트민스터 총회가 끝난 후에도, 대다수의 청교도들은 그리스도의 능동적 순종에 대해서 찬성하는 입장의 글을 발표했다.

토마스 브룩스Thomas Brooks, 존 브라운John Brown of Wamphary, 존 번연John Bunyan, 사무엘 클락 Samuel Clark, 오바디야 그루 Obadiah Grew, 토마스 제이콤Thomas Jacomb, 토마스 보스턴Thomas Boston, 로버트 보이드 Robert Boyd of Trochring, 윌리엄 스트롱 William Strong, 앤서니 버지스 Anthony Burgess, 사무엘 러더포드 Samuel Rutherford 등이다.[66]

필자는 이들 중에서 당대 최고의 신학자로 인정받는 사무엘 러더포드(1600-1661)의 저술에 한정해서 살펴보고자 한다. 스코틀랜드 최고의 개혁주의 정통 신학자였던 러더포드와 앤서니 버지스가 앞장서서 반율법주의를 배척했기 때문이다.

러더포드는 반율법주의자들을 '영적인 적그리스도The Spiritual Antichrist'라고 비판했다. 러더포드가 웨스트민스터 총회에 참석하면서 런던에 머물던 수 년 동안에 출판한 책, 『믿음의 시련과 승리The Trial and Triumph of Faith』(1645) 에서 반율법주의에 맞서서 대응했다. 러더포드는 크리스프Tobias Crispe(1600-1643)의 저서에 대해서 비판했는

66　De Compos, *Doctrine in Development*, 216.

데, 특히 루터가 강조한 율법의 교육적인 기능을 왜곡하였음을 강력히 비판했다.[67] 크리스프는 '이튼주의Eatonism(반율법주의의 대부 존 이튼을 따르는 사상)'에 동조하면서, 그들의 동지들(존 심슨 John Simpson, 자일스 랜달Giles Randall 등)과 함께, 반율법주의 운동을 펼쳤다.[68] 이러한 그의 활동은 사후에 출판된 설교집, 『홀로 높임을 받으신 그리스도Christ Alone Exalted』와 다른 두 권의 설교집에 담겨 있다. 그의 아들에 의해서 출판되지 않고 남아 있던 10편의 설교가 추가되었고, 한 권으로 묶어졌다. 침례교 목회자이자, 칼빈주의적 반율법주의자였던 존 길John Gill이 그의 저서를 높이는 서문을 담아서, 재출간한 것이 오늘날까지도 남아 있다.

첫째로, 러더포드는 반율법주의자들이 거부하는 율법의 역할과 기능에 대해서 갈라디아서 3장 24절에 나오는 말씀에 따라서 풀이하였다. 율법은 초보를 가르치는 선생 schoolmaster으로서 길잡이 역할을 해서, 우리를 그리스도에게로 인도하는 역할을 한다. 율법은 그리스도가 오실 때까지 우리의 친절한 안내자이자, 길잡이 역할을 한다는 사실에 대해 주목한다.

칼빈은 율법은 여전히 모든 믿는 자들의 삶에서 도덕적 기준으

---

67 Guy M. Richard, *The Supremacy of God in the Theology of Samuel Rutherford* (Milton Keynes: Paternoster, 2008).

68 Patrick Ramsey, "Antinomianism," in https://www.reformation21.org/blog/antinomianism.

로서의 기능을 한다고 강조했다.[69] 러더포드 역시 율법의 기능을 받아들이는 이유에 대해서 다음과 같이 설명한다. 러더포드가 말하는 율법의 기능은 죄인의 회심 이전 준비단계의 중요성을 강조하려는 것이었다. 따라서 그도 율법 자체만으로는 사람들을 결코 그리스도에게로 이끌어올 수 없음을 잘 알고 있었다. 다시 말해 그가 율법의 기능을 수용한다고 해서, 죄인들이 구원을 받기 위해 율법의 요구를 충족시켜야한다고 가르치는 것은 결코 아닌 것이다.

반율법주의자들은 '그리스도가 모든 것이다 Christ is all!'라는 구호는 외친다. 이러한 좋은 구호를 반율법주의자들이 변질시키고 말았다. 성도들 가운데서 역사하는 은혜, 혹은 내재적 은혜를 부인하는 방향으로 발전시킨 것이다. 다음 문장들은 러더포드의 책에 인용된 반율법주의자들의 주장이다. 앞에서 살펴본 존 이튼의 주장들과 거의 유사하다.

"그리스도가 모든 것을 성취하셨다. 성도들이 거의 노력을 하지 않을지라도, 성령이 그들 가운데서 가장 주도적으로 역사하신다. 그래서 성도들은 공로가 될 만한 그 어떤 것도 할 수 없으며, 할 필요도 없다. 성도들에게 남겨둔 것이 없기 때문이다.

나에게 그리스도를 달라. 은혜를 베풀어 달라는 것이 아

---

69   Calvin, *Institutes of the Christian Religion*, II.vii.1.

니다. 나에게 오직 그리스도만을 이야기하라. 묵상이나 의무에 대해서는 말하지 말라.

성도들 가운데 있는 은혜를 말하는 것은 그리스도의 영광을 손상시키는 일이다."[70]

앞에 인용된 반율법주의자들의 주장이 타당하다고 생각할 수도 있다. 그러나 결코 그렇지 않다. 이들은 성경 전체의 메시지를 일부 구절만을 인용해서 왜곡하고 있다.

러더포드는 예수를 신뢰하고 의지하는 믿음이란 은혜로 인해서 주어지는 것이라고 상기시켰다(엡 2:8). 우리는 본질상 진노의 자식들이었지만(엡 2:1), 하나님의 은혜라는 근거에 의존해서 비로소 살게 되었다(엡 2:5). 은혜에 의지해서 믿음이 주어졌고, 죄인의 내적인 갱생이 급진적으로 일어났다. 은혜로 인해서 외적인 변화가 일어난 것이 아니라, 본성의 재창조와 변혁이 일어난 것이다. 은혜는 새로운 마음을 주고, 죄 가운데서 죽어 있던 자들을 살려낸다. 은혜에 의해서 설득을 당하고, 다시 살아났으며, 깨어 있는 자가 되었다(엡 2:5). 하나님의 말씀이 우리를 이끌고, 갱생하며, 새롭게도 하신다. 하나님께서는 말씀을 통해서 우리에게 명령하신다. 육체적인 부

---

70   Rutherford, *The Trial and Triumph of Faith*, 153-154.

활이 일어난 것처럼, 영적인 차원에서도 죽은 자가 인자의 음성을 듣고 살아나게 된다.

그리스도인에게 주어지는 은혜에 대해서 부정적인 생각을 하는 반율법주의자들을 향해서 우리는 데살로니가전서 1장 2-3절을 상기시켜야 한다.

우리가 너희 모두로 말미암아 항상 하나님께 감사하며 기도할 때에 너희를 기억함은 너희의 믿음의 역사와 사랑의 수고와 우리 주 예수 그리스도에 대한 소망의 인내를 우리 하나님 아버지 앞에서 끊임없이 기억함이니

은혜를 받은 성도에게는 세 가지 내용으로 구성되는 신앙의 여정이 드러난다. '믿음의 행위'와 '사랑의 수고'와 '소망의 인내', 즉 믿음과 사랑과 소망, 이들 세 가지는 열심히 살아가는 성도의 삶에 항상 수반된다. 그런데 오늘날 많은 사람들이 은혜를 말할 때 이 세 가지의 덕목들을 과소평가할 때가 많다.

바울 사도는 데살로니가 성도들 사이에서 직접 자신의 귀로 듣고, 눈으로 목격한 바에 대해서 지속적으로 감사하며 칭송했다. **믿음**은 도구적으로 주어진 것인데, 다른 어떤 공로나 행위로 성취한 바를 의존하지 않도록 믿음을 통해서만 거대한 구원의 역사를 진행

한다. **사랑**은 감정을 가진 성도의 영혼에서 흘러나온다. 사랑은 주 예수 그리스도께로부터 흘러나온 것이기에, 그것을 맛보게 된 성도들은 살아가는 동안에 고난을 당하더라도 이를 극복하는 수고를 마다하지 않는 열정을 갖게 된다. **소망**은 자신의 재물이나 소유를 확대하는 것에 있지 않고, 오직 그리스도를 영화롭게 하는 것이다. 소망은 현재의 고통을 이겨내게 하고, 쉽게 포기하지 않게 만든다.

반율법주의자들은 오직 그리스도만을 주장하면서, 데살로니가 교인들의 수고와 성취를 무시해버린다. 데살로니가 교회에서 은혜를 받은 성도들의 모습에서 비춰볼 때에, 반율법주의자들은 전혀 성경적인 주장을 하고 있지 않음이 드러난다.

바울 사도와 데살로니가 성도들은 서로를 향해서 받은 은혜들을 나누고 확인 하였다. 그들은 서로가 그것을 인지하고 있음을 알려주면서 격려하고 칭찬하였다. 바울 사도는 그러한 모습을 보면서, 지속적으로 하나님 아버지와 우리 주 예수 그리스도에게 감사를 드리고 있다. 바울 사도는 데살로니가 성도들이 견고하게 흔들리지 않고 믿음과 사랑과 소망 가운데서 성장해 나아가는 것에 대해서 자랑스러워하면서, 이를 그들에게 인식하도록 하였다. 확실하게 상호 간의 격려와 인지가 교차하고 있는 것이다.

둘째로, 러더포드가 회심의 준비에 대해서, '일련 질서상의 준비preparation of order' 혹은 준비과정이라고 강조한 것은 결코 '공로의 준비preparation of merit'가 아님을 유의해야 한다. 마치 러더포드가 은혜를 얻기 위해서 준비해야 한다는 교리를 가르친 것처럼 풀이하는 것은 매우 왜곡된 해석이다.[71]

모든 그리스도인들의 회심에 있어서 신비로운 요소가 있음을 러더포드는 발견하였다. 하나님께서는 한 개의 열쇠로 수많은 사람들의 마음을 열어서 자신에게로 가까이 오게 하신다. 우리는 수많은 사람들이 언제 어떻게 감동을 받아서 변화되었는지에 대해 수학적으로나 시간적으로 알 수가 없다고 러더포드는 풀이했다. 예를 들면 루디아, 빌립보 간수장, 날 때부터 성령의 충만이 함께 하였다는 세례 요한의 경우 등이다. 많은 사람들이 자신들의 회심에 대해서 상세히 설명할 수 있을 정도로 극적이거나, 놀라운 사건들이 일어났다거나, 혹은 기적들이 나타났던 것이 아니기 때문이다. 따라서, 우리가 이러한 극적인 회심 체험이 없는 사람들을 향해서 "여러분은 결단코 버림을 당했습니다. 여기에 그리스도의 사람은 전혀 없습니다."라는 말을 해서는 안 된다고 러퍼포드는 결론지었다.[72]

---

71 Donald Macleod, *Therefore the Truth I Speak; Scottish Theology 1500-1700* (Ross-shire: Mentor, 2022), 226-229. 이미 러더포드는 '영원한 칭의(eternal justification)'라는 개념도 가르쳤다. 죄인에게는 아직 아무런 인격적 변화도 일어나지 않았지만, 우리가 태어나기 이전에 이미 영원 전부터 의롭다 하심을 받았다는 사실을 인식하도록 하신다.

72 Rutherford, *The Trial and Triumph of Faith*, 318.

죄인들을 그리스도에게로 이끌어 내는 하나님의 일반적인 방식은 '스스로 잃어버린 자'라는 자각을 갖도록 하시기에, '자기 정죄'가 심리적으로 수반된다. 죄인의 내면에서 울고 통회 하면서 양심의 가책을 느끼게 될 때에 비로소 은혜를 받을 수 있는 자격을 갖추게 된다는 것이 아니다. 죄인이 구세주의 필요성을 인식하게 될 때에, 구원을 추구하게 된다는 의미이다. 회심은 대단히 이성적인 행동이다. 반드시 그러한 이유와 합리성을 갖고서 행동에 옮기게 된다. 러더포드는 "사람이 율법의 공포를 직면하여 확실하게 느껴야만 그리스도에게 왕관을 돌려드릴 수 있다. 단순히 말하면, 제자도는 우리 자신에 관한 진실과 대면할 때에 시작된다"라고 하였다.[73]

회심의 전체 과정과 사역은 결코 순간적이라고 할 수 없다. 새로운 출생의 구조적 과정을 충분하게 이해하려면, 먼저 우리가 주도적으로 거듭남을 의도한 바가 아니었음을 인식해야 한다. 니고데모의 경우를 보더라도, 중생의 경우에 사람은 피동적이요, 수동적일 뿐이다. 물론, 죄인들은 회심의 과정에서 번민하고, 고뇌하며, 고통스러운 해산의 수고를 경험하게 된다. 들판에서 어여쁜 꽃들과 백합화가 자라나듯이, 저절로 때가 되면 사람이 거듭나는 것이 아니다. 마치 한 폭의 베필을 짜서 만들어 내듯이 길쌈하는 수고가 있다. 성도 자신의 체험이나 반성이 없이 자동적으로 죄인이 회심하는 것도

---

73   Rutherford, *The Trial and Triumph of Faith*, 148.

아니다. 구레네 시몬처럼, 자신의 의지와는 상관없이, 강압에 의해서 십자가를 지고 가듯이, 그렇게 짓눌려서 회심을 하는 것도 아니다. 반대로 마치 태양이 떠오를 때처럼, 열심을 가진 자에게 하나님께서 직접적으로 환희의 열광을 작동시키는 것도 아니다. 회심은 복음이 도덕적으로, 이성적으로 역사하여 일어나는데, 비록 죄인이지만 율법의 비추임을 받을 때에야 올바르고 깊은 생각을 하게 된다. 마치 예수님이 비유로 말씀한 바와 같이, 어떤 사람이 다른 사람이 소유한 땅에서 값비싼 보석들이 감추어져 있음을 알아채고 그것을 소유하기 위해서 자신이 가지고 있던 모든 것을 다 정리해서 그 땅을 구매했다는 예화와 매우 비슷한 과정이다(마 13:44).

셋째로, 반율법주의자들의 오류를 지적해 주는 또 다른 교훈이 바로 '웨스트민스터 소요리문답' 31문항에서 다루고 있는 '유효적 소명effectual calling'이다. 종교개혁자들은 유효적 소명을 매우 중요하게 가르쳤다.[74] 유효적 소명이란 우리의 존재를 설득해서 그리스도를 받아들이도록 능력을 불어넣으신 것을 말한다. 그러한 설득은 순간의 사역으로 그치는 경우는 아주 적다. 그와는 정반대로, 회심은 대부분의 경우에 하나의 과정이요, 상당한 인생 여정이 되기도 한다. 러더포드는 거듭나서 성도가 된다는 것은 어린아이가 긴 시간 어머

---

74   Macleod, *Scottish Theology 1500-1700*, 227.

니의 뱃속에서 자라나고 태어난 이후에도 성장해야 하는 것과 같은 이치라고 강조했다. 구원으로 인도하는 은혜는 감기와 같은 질병에 걸린 사람이 몇 개의 알약을 먹고 밤에 잠을 자고 나면 고침을 받는 것과는 다르다.

유효적 소명을 받아들이는 일들이 진행되어 나가는 과정 속에서 핵심적인 변화가 일어난다. 즉, 죄인들이 자기 자신들에게 필요한 것이 무엇인가를 인식하게 되는 것이다. 이러한 유효적 소명의 요소가 죄인들을 불러내신 예수님의 가르침에 담겨 있다. 예수님께서는 유효적 소명에 대해서 아주 정확하게 핵심을 지적하였다. 자신이 병들었고, 지금 매우 아프다는 것을 인식한 환자라야만, 그 병을 고쳐줄 수 있는 의사를 갈급한 마음으로 찾아 나서게 되는 것이다. 건강한 사람에게는 아무리 유명한 의사라도 전혀 필요 없다. 자신이 죄인이라는 사실에 대해서 깊이 유념하고 있는 사람이라야만, 회개하라는 부르심에 응답한다(마 9:12-13). 그러한 필요성을 절감하고 있을 때에만, 회개하라는 외침이 마음속 깊숙한 곳까지 파헤쳐 놓는 것이다.

율법의 판결에 따라서 많은 사람들이 양심에 찔려서 회개하기도 했고, 잘못을 뉘우치면서 후회하기도 한다. 하지만, 양심적인 고백의 체험이나 반성하는 행동들을 실제로 표현했다고 하더라도, 결코 예수 그리스도의 참된 제자가 되는 것은 아니다. 세례 요한의 외침에 따라서, 많은 사람들이 요단강에서 세례를 받았지만, 그들이다 예수 그리스도를 받아들이지는 않았다. 가인, 에서, 가룟 유다 등은 율법에 따르는 행동을 모두 다 경험한 사람들이었다. 그들은 훗날 형제를 죽이고, 미워하고, 거짓말로 이득을 취한 자신들의 죄악을 깨닫게 되었다. 그러나 이런 사람들의 경우, 복음이 전파되었음에도, 소명이 유효적으로 작동하지는 못했다는 사실에 러더포드는 주목했다.[75] 그러나 러더포드가 열광주의자들처럼, 오직 성령의 내적 조명만을 강조하려는 것이 아니다. 그들은 구원의 수단들로써 율법도 버리고, 복음도 무시하면서 제멋대로 행동한다. 그들은 하나님을 만날 때 직접적인 감각에 의존하여야 한다고 말한다. 그러나 러더포드는 반복적으로 그리스도가 율법을 통해 도덕적 방법으로 이끌어 주시어서, 자신에게로 나아가도록 만들어주셨음을 지적하였다. 그리스도는 우리가 율법을 통과해서 믿음으로 나아가게 해주셨다. 이것이야말로 이성적이고 합리적인 방식이다.[76]

결국 유효적 소명의 효과는 어떻게 발생하는가? 러더포드는 하나님의 지혜이신 예수 그리스도께서 우리를 '이끌어 주신다drawing'라는 개념으로 풀이하였다. 참 지혜이신 분에 의해서, 죄인이 합리적으로 이끌림을 받고, 그분에 의해서 택한 자가 된다. 하지만 여전

75　Rutherford, *The Trial and Triumph of Faith*, 126.

76　Rutherford, *The Trial and Triumph of Faith*, 334.

히 조심해야 할 것이 남아 있다. 그리스도가 죽은 자를 살려내고, 소경의 눈을 열어서 보게 하신다고 했는데, 그냥 듣기 좋은 말로서 한 번 얘기한 것이 아니다. 또한, 연기자가 대본을 낭송하듯이 그저 입으로 아무런 효과도 없이 발언을 하는 것으로 그치는 것이 아니다. 거기에는 반드시 내적인 이끌어 주심이 수반된다. 복음을 전하는 사람에 의해서 '외적 소명external call, vocatio exter'이 전달되고, 성령의 역사로 인해서 주어지는 '내적 소명internal call, vocatio interna'이 일어난다.[77] 말씀이신 그리스도가 그들의 귀 속으로 던져지면서, 그들의 심장 한 가운데서 요동을 치는 것이다. 그리스도께서 망가진 시각신경을 치유하시므로, 사람이 알아야 할 것들에 대해서 눈을 뜨게 되는 것이다. 영혼의 재창조자이신 그리스도께서, 성령의 내적 조명을 통해서 깨닫는 능력을 불어넣어 주셔서 아주 쉽고 분명하게 이해하도록 만들어 주시는 것이다.

우리가 소명을 받으면, 단순히 무엇을 안다는 지식만을 새롭게 가지게 된다는 식으로 해석하는 것은 결코 충분한 것이 아니다. 그리스도가 지적하신 말씀에는 반드시 내적인 변화가 수반된다. 그 과정이 그리스도의 '이끌어주심'이고 그것이 바로 유효한 소명의 핵심이다. 그리스도가 선포한 말씀은 그의 자유하심에서 나오는 것이요,

---

77 J. van Genderen, W. H. Welema, *Concise Reformed Dogmatics* (Phillipsburg: PR, 2008), 584.

주권적 사랑에 의한 것이다.

러더포드는 '이끌어주심'에 대해서 말하면서, 다른 한편으로는 '소명' 혹은 '인도하심leading'을 설명하였다. 그리스도가 자신을 따라 오라고 초청을 하고, 문을 두드리신다. 동시에 강력한 손으로 친히 이끌어 주신다. 또한 자신과 함께 연합하여 살아가도록 인도하시는 중에, 죄인들이 제대로 반응하지 못하는 경우에는 보다 강력한 권능을 발휘하신다. 하나님으로부터 주어진 은혜가 역사하게 만드시면서, 그것을 죄인이 거부할 수 없다는 점에 대해서 분명하게 인식하도록 만드시는 것이다. 구원에 이르게 하는 것은 하나님의 사랑에서 나온 결정이기에 때문에, 사람이 결코 정복하거나 꺾을 수가 없다.

어떤 때에는 그리스도의 영원한 사랑에 대해서 "아니다"라고 단호히 거부하는 자들이 있는데, 때로는 하나님께서 그런 자들도 허용하시는 것처럼 보인다. 그러나 어떤 사람이 "나는 복음을 거부한다"라고 말했더라도, 결코 그런 사람의 말이 최종적인 선포가 될 수는 없다. 보다 더 강력하게 하나님께서 역사하시면 사람의 생애에 마지막 순간에라도 변화가 일어난다. 물론 하나님의 사랑이 너무나 크고 강력해서, 그의 부르심 앞에서 굴복하고 마는 것이다. 예수님이 십자가에 매달려서 처참한 죽음을 당하시던 순간에, 그 한 편에 매달려 있던 흉악한 강도마저도 회개하였다. 그 강도는 "오늘 네가 나와 함께 낙원에 있으리라(눅 23:43)"라는 용서와 구원의 선포를 듣게 되었다. 예수 그리스도가 베푸시는 사랑의 힘은 강력하고도, 거부할 수 없이 다가와서, 구원으로 이끌어준다.

　웨스트민스터 총회에 참석했던 토마스 가태커와 리처드 바인스Richard Vines(1600–1656)도 역시 반율법주의자들을 반박하면서, 여러 차례 신랄한 논쟁을 벌였다.[78] 이들은 당대 유명한 신학자들이었는데도, 순종을 설명할 때에는 주요 청교도 신학의 내용에서 크게 벗어나는 입장을 취했다. 가태커는 그리스도께서 십자가에서 죽으심으로 죄인들의 형벌을 감당하신 죄사함의 은총이 그리스도를 믿는 자들에게 전가된다고 말하였다. 즉, 그리스도의 수동적 순종으로 인해서 속죄를 받게 되는 것일 뿐이라고 주장했다. 그 이유는 그리스도의 능동적 순종을 받아들였을 경우에, 혹여 신자들로 하여금 더 이상 도덕법을 준수하지 않아도 된다는 빌미를 줄 수 있다고 우려하였던 것이다. 프란시스 테일러Francis Taylor(1589–1656)도 "만일 그리스도께서 나를 위해서 율법을 완전히 성취하셨다는 사실이 인정되면, 나는 더 이상 율법에 얽매이지 않아도 된다"라는 논리를 내세울 수도 있으며, 율법폐기론으로 이어질 수 있다는 점을 염려하였다.[79]

78　Thomas Gataker, *Antinomianism Discovered and Confuted: And Free-Grace As It is Held Forth in Gods Word* (London: 1652).

79　김재성, 『그리스도의 능동적 순종』(언약, 2021), 189. Como, *Blown by Spirit*, 93.

5   앤 허친슨의 반율법주의

우리가 앞에서 잉글랜드 반율법주의를 상세하게 살펴보았는데, 그와 거의 같은 현상이 비슷한 시기에 미국 땅에서도 일어났다. 1636년부터 1638년까지 뉴잉글랜드 청교도 회중교회들 사이에서도 반율법주의가 등장하였다. 뉴잉글랜드에서는 상당히 이색적인 반율법주의가 등장함으로 인해서 극심한 논쟁이 발생할 긴장을 불러일으켰다. 평신도가 교회의 직분자들에게 대항하는 사건을 처리하는 형식적인 구조에서 촉발되었지만, 예수 그리스도의 온전한 순종을 통해서 성취되는 행위 언약을 부정하는 입장이 확산되고 말았다.[80]

앤 허친슨 Anne Hutchinson(1591-1643)은 보스턴의 한 회중교회에서 성공한 상인으로 상당히 존경을 받던 한 성도의 아내였다. 비교적 부요한 생활을 하던 앤은 원래 잉글랜드 링컨셔에서 신앙을 가진 집안에서 성장한 후, 존 코튼 John Cotton(1585-1662)의 제자로 신앙생활을 하였다.[81] 코튼이 잉글랜드로 떠나가자, 다음 해 그녀도 14명의 자녀들을 동반하고 보스턴으로 이민을 갔다.

---

[80]   David D. Hall, *The Antinomian Controversy, 1636–1638*, A Documentary History (Durham [NC] and London: Duke University Press, 1990), 396.

[81]   Francis J. Bremer, *Anne Hutchinson: Troubler of the Puritan Zion* (Huntington, New York: Robert E. Krieger Publishing Company, 1981), 1-8.

존 코튼의 영적인 설교는 보스턴의 다른 목회자들과는 대조적인 면이 많았는데, 구원을 지켜내기 위한 신자의 행동, 즉 선행의 위치와 기능에 대한 설명이 쟁점으로 부상하였다. 코튼의 설교에서는 성도의 실천에 관한 설명이 적었고, 마땅히 죽어야 할 인간에게 주시는 하나님의 은총을 더 상세하게 풀이하는 내용이 많았다. 코튼의 설교는 당시 영향력이 컸던 토마스 쉐퍼드Thomas Shepard(1605 - 1649)의 회심 체험을 강조하는 설교와는 대조적이었다.[82] 앤 허친슨의 친척, 존 휠라이트John Wheelwright가 잉글랜드에서 건너가서 코튼을 지지하는 쪽에 합류하면서, 앤 허친슨의 주변에 상당히 많은 사람들이 모여들게 되었다.

앤 허친슨은 점차 값없이 주시는 은혜를 강조하는 설교에 더 기울었는데, 왜냐하면 그녀는 그동안 완고하게 정통 신학을 견지하던 뉴잉글랜드 목회자들과는 대립적이었기 때문이다. 앤은 주중에 자신의 집에서 성도들과의 친교 모임을 자주 가졌는데, 그 전 주일날 담임 목회자의 설교를 중심으로 토론회를 가졌다. 이 모임이 알려지면서, 보스턴 지역 목회자들과 앤 허친슨 배후에 있는 코튼 사이에 긴장이 발생하였다. 평신도가 성령의 체험을 통해서, 내적인 방편들과 보이지 않는 수단으로 신앙의 확실성을 발견할 수 있다고

---

82   M. Winship, *Making Heretics: Militant Protestantism and Free Grace in Massachusetts, 1636-1641* (Princeton: Princeton University Press, 2002).

하는 앤의 주장은 목회자들에게 도전적인 내용이었다.

평신도임에도 불구하고, 앤 허친슨은 믿음이라는 것은 외적으로 보이는 것들과는 무관하다는 판단을 하였다. 또한 목회자들이 행위 언약보다는 은혜 언약을 강조하지 않는다고 불평하였다. 이런 입장에 서게 된다면, 당시 뉴잉글랜드에서 외적으로 엄수되던 규칙들과 교회의 의무 조항들은 진정한 기독교 신앙을 판단하는 요소가 될수 없는 것이다. 이처럼 외적으로 규칙을 지켜나가는 것에 반대하는 입장을 반율법주의라고 부르는데, 결국 이런 입장의 앤 허친슨으로 인해 보스턴에 있던 회중교회가 청교도의 덕을 함양하기 위해서 가르쳐 온 모든 신학의 체계가 무너질 위기에 처하게 되는 것이다.

마침내, 1637년 오하이오 주의 뉴턴에서 뉴잉글랜드 청교도 회중교회의 총회가 개최되었다.[83] 총회에서는 앤 허친슨이 초대하는 식의 가정 모임을 금지한다고 결의하였다. 또한 그녀가 직접적으로 하나님의 계시를 받았다고 주장하면서, 그들의 정착촌에 대한 미래를 예언하였다. 이런 행동은 신학수업을 받고 엄격한 과정을 거쳐서 목회자로 인정을 받아서 목회하는 목회자들에는 충격적인 행위

---

[83] John Winthrop, Antinomians and Familists Condemned by the Synod of Elders in New England with the Proceedings of the Magistrates against them and Their Apology for the same: Together with a Memorable Example of God's judgements upon some of those persons so proceeded against (London: Printed for R. Smith, 1644).

였다. 따라서 총회에서는 그녀의 행동이 불경스러운 위반이므로 금지하였다. 그리고 일 년 후에, 윈스럽John Winthrop(1588~1649)의 주도 하에 보스턴 제일교회는 허친슨을 출교 조치했다. 앤 허친슨은 휠라이트와 함께 로드아일랜드의 로저 윌리엄스Roger Williams에게로 건너가서, 새로운 정착촌을 건설하다가 원주민들과의 전쟁에서 죽음을 맞이했다.

앤 허친슨의 사건은 회중교회 제도의 문제점을 그대로 노출하였다. 각 교회의 자율권과 재량권을 존중하다보니, 다른 목회자들의 자질이라든가, 다른 교회의 사건에는 전혀 개입을 할 수 없었다. 그러나 앤 허친슨의 사례를 처리하는 과정에서, 전국 총회의 모임과 결의가 필요하게 되었다. 결국 회중교회의 한계가 드러났던 것이다. 그 누구도 예상하지 못했던 사건이었지만, 회중교회의 체계에 대해서 심각한 우려가 제기되는 상황이 초래되고 말았던 것이다.

1641년, 매사추세츠주의 식민지 정착촌에 있던 록스버리에서 목회하던 존 엘리엇John Eliot(1604~1690)은 허친슨 사건을 계기로 깨달은 바를 반영하고자 교회 정치의 장로교회 형태를 채택하자고 주장했다. 한 교회의 일에 대해서 다른 교회가 참여하는 가능성을 열어두자는 것이다. 어떤 한 지역의 회중교회가 지나치게 그 교회만의 자율성을 왜곡하지 않도록 점검하고 균형을 유지하도록 해야 한다는 것이다. 피터 호바트Peter Hobart, 토마스 파커Thomas Parker, 제임스

노이스 James Noyes 등이 호응했다. 사실 엘리엇이 주장한 교회 제도에 관한 입장은 이미 잉글랜드 청교도들이 따르고 있었다. 다시 말하면, 1643년 런던에서 모인 웨스트민스터 총회의 참가자들이 교회 제도의 방안을 놓고서 토론할 때에, 장로교회의 주장들이 대세를 이루고 있었다. 스코틀랜드 장로교회 신학자 로버트 베일리Robert Baillie 가 회중교회를 주장하는 존 코튼에 대해서 비판하는 글을 발표했다.

뉴잉글랜드 회중교회는 웨스트민스터 총회가 의회의 소집에 따라서 개최되는 것에 대해서는 환영했지만, 장로교회 신학자들의 교회론이 대세를 이루는 것에 대해서는 크게 지지를 보내지 않았다. 뉴잉글랜드에서는 장로교회 체제를 받아들이면, 개별 교회의 자율권이 상실될 것에 대한 거부감이 컸다. 마침내, 1646년에 식민지 일반법정은 케임브리지에서 회중교회의 전국총회synod를 개최하도록 목회자들에게 선고했다.

1648년, 뉴잉글랜드 청교도 지도자들의 모임에서 리처드 매더Richard Matter와 존 코튼의 주도하에 작성된 '케임브리지 플랫폼 Cambridge Platform'이라는 교회 정치의 원칙들을 제정하였다. 이에 따라서, 매사추세츠주와 코네티컷주의 교회들은 총회의 결의를 따라가야 한다는 원칙을 세웠다.[84] 물론 각 교회의 자율성과 평신도들의 권

---

84 James F. Cooper, Jr. *Tenacious of Their Liberties: The Congregationalists in Colonial Massachusetts*. Religion in America (New York: Oxford University Press, 1999), 79-84. Williston Walker, *A History of the Congregational*

위를 그대로 인정하도록 하면서, 회중교회 제도의 위험성을 점검하도록 하였다.

'케임브지리 플랫폼'에는 신약성경의 근거를 제공하면서, 어느 특정한 도시에 어느 개별 교회라 하더라도 독립적인 원래 모습을 인정하자는 입장이다(4장 2항). 또한 각 교회의 성도들은 구약성경에 나오는 서로 간의 맹세를 함으로써 언약 관계에 참여하는 것이라고 강조했다(4장 3항). 그러한 회중교회적인 언약이 없다고 한다면, 상호 간에 교회의 권위가 발휘될 수 없음을 강조했다.

반율법주의적인 평신도, 앤 허친슨이 제기한 문제를 처리하고자 하는 한편, 초기 회중교회 지도자들은 이 선언서에서 교회마다 직분자가 없더라도 참된 교회가 존재할 수 있다고 주장했다. 케임브리지 플랫폼에서 청교도들은 칼빈의 교회 직분론에 따라서, 참된 교회의 직분자들, 목사, 장로, 교사, 집사들을 선출할 수 있다고 하였다(6장 1항). 하지만 그 후로 지금까지도 여전히 교회의 직분자가 없이 교회를 어느 정도까지는 운영할 수 있다고 믿고 있으며, 그러한 입장의 청교도들은 상하 명령체제로 구성되는 교회제도에 대해서는 완전히 반대의 입장을 취하고 있다. 더구나 '케임브리지 플랫폼'을 소집하는 주체가 목회자였으므로 뉴잉글랜드 지역의 교회 규

Churches in the United States. American Church History. 3. (New York: The Christian Literature Company, 1894), 114-221.

범을 제정하는 일은 평신도의 기여가 매우 적은 부분에 그쳤다고 볼 수 있다.

잉글랜드 청교도를 대표하는 신학자 존 오웬이 회중교회 제도를 옹호하였지만, 신학적으로는 정통 개혁주의와 칼빈주의 신학 위에 확고히 서서 목회 사역과 교수의 직무를 감당했다. 회중교회들은 신학적으로는 웨스트민스터 신앙고백서를 채택했지만, 교회정치 제도 면에서는 뉴잉글랜드에서 결정된 '케임브리지 플랫폼'을 따라갔다.

이처럼 잉글랜드 회중교회와 뉴잉글랜드 회중교회들 사이에는 깊은 연대의식이 발휘되고 있었다. 뉴잉글랜드 청교도들이 반율법주의자들의 문제로 긴장된 분위기 가운데서 자체적으로 해결책에 몰두하고 있는 한편, 그들은 어머니의 나라, 잉글랜드에서 진행되는 일들, 특히 청교도 전쟁에 관련된 사항들과 올리버 크롬웰의 '새로운 모델의 군대'가 승리하고, 웨스트민스터 의회가 교회의 총회를 소집하는 일에 대해서 큰 관심을 가지면서 동시에 촉각을 곤두세웠다. 만일, 청교도의 존재 이유를 과소평가하는 일이 벌어지게 되면, 뉴잉글랜드에서의 생활이 크게 위축될 수밖에 없기 때문이다.

1640년대에, 윌리엄 브래드포드William Bradford를 위시하여 뉴잉글랜드에 있던 청교도들 수 백여 명은 런던으로 돌아오라는 초대를 수용했다. 특히 잉글랜드 의회는 존 코튼에게 회중교회 제도에 관해서 설명해 줄 것을 요청하였다. 코튼은 이 초청을 거절했지만, 1642년에 발표한 책, 『특정한 가시적 교회의 참된 헌법The True Constitution of a Particular Visible Church』으로 자신의 입장을 표명했다. 1641년, 매사추세츠주에서는 잉글랜드에서 벌어지는 정치적인 상황을 지원하기 위해서, 약 40명의 지도자들(휴 피터Hugh Peter, 윌리엄 히빈스William Hibbins, 토마스 웰드Thomas Weld, 존 윈스럽 주니어John Winthrop Jr 등)을 급파했다. 휴 피터 목사는 의회파 군대의 군목으로 참전하면서 병사들을 격려하였고, 총사령관 올리버 크롬웰의 측근으로서 자문하는 일을 담당했다. 피터 목사는 만일 존 윈스럽이 잉글랜드로 되돌아간다면, 매사추세츠주에 남아 있는 주민들이 지도자를 잃고 두려워할 것이기 때문에 뉴잉글랜드에 그냥 남아 있으면서 주지사의 임무를 감당할 것을 강력하게 조언했다. 목회자들은 뉴잉글랜드에 정착하지 못하고 다시 되돌아가는 성도들이 많아질 것을 걱정하면서 '케임브리지 플랫폼'을 작성했던 것이다. 이러한 당시의 급박한 상황들을 보여주는 내용들이 '케임브리지 플랫폼' 13장에 담겨있는데, 회중교회의 언약을 지키기 위해서 교회의 성도들에게 자유함을 허용해야만 한다는 것도 강조되었다.

6 오웬과 백스터의 논쟁

웨스트민스터 총회 참석자들은 아니지만, 중요한 신학자들과 동시대를 살았던 존 오웬과 리처드 백스터 사이에 칭의론과 의의 전가 교리에 대한 논쟁이 있었다. 이들 두 신학자들은 상대방의 이름을 구체적이며 직접적으로 명시하여 공격한 것은 아니다. 그러나 독자들은 누구에 대한 공격인가를 충분히 알 수 있었다.

백스터가 구약과 신약의 엄격한 구분을 주장하면서, 그리스도의 능동적 순종을 거부하자 청교도들 사이에 격렬한 논쟁이 일어났다. 당시 가장 영향력이 컸던 청교도 신학자인 두 사람이 칭의 교리와 능동적 순종의 교리를 놓고서 정면 대립했다는 것은 참으로 안타까운 부분이다. 청교도 최고의 신학자로 손꼽히는 존 오웬은 능동적 순종과 수동적 순종의 교리를 적극적으로 채용했다. 그러나 오웬과는 정반대로, 리처드 백스터는 그리스도의 능동적 순종의 전가에 대해서 반대했다.

먼저 백스터의 주장들을 살펴보자. 그는 알미니안주의와 반율법주의를 모두 다 반대했는데, 그중에서도 1640년대에는 반율법주의에 대한 염려로 강박관념에 사로잡힐 정도도 위협을 받았다고 했다.[85] 그의 책 『칭의의 금언들Aphorismes of Justification』(1649) 에서, 백스터는 자신이 반율법주의에 대하여 반대한 근거를 브래

드쇼 William Bradshaw(1571-1618)와 알미니안주의자 그로티우스Hugo Grotius(1583-1645)에게서 가져왔다고 주장했다.[86]

백스터의 신율법주의neonomianism라는 명칭은 반율법주의자들이 내세웠던 극단적인 표현들에서 나온 것이다. 백스터는 반율법주의자들이 가르쳤던 언약의 무조건성을 근거로 삼고, 자신의 논지를 발전시켰다. 백스터는 "반율법주의자들이 그것을 부인하니, 우리가 그것을 증명해보자"라는 식으로 자신의 신학을 정립했다. 자신의 지역 교구 성도들에게는 매우 영향력이 있던 백스터였지만, 그의 신율법주의도 역시 청교도들로부터 격렬한 반대를 불러일으켰다. 백스터는 구약의 율법을 준수하라는 것이 아니라, 복음의 '새 율법'에서 제공되는 특권들을 지속해 나가려면 지속적인 순종의 행위가 요청된다고 주장했다. 그가 엄격한 주일성수와 실천 조항들을 강조한 것은 '변형된 칼빈주의'라는 비판을 받았다.[87]

백스터는 믿음을 가진 성도에게 요구되는 새 언약의 조건들, 사랑의 행동, 순종, 회개 등이 있음에 큰 의미를 두었다.[88] 이러한

---

85 Tim Cooper, *John Owen, Richard Baxter and the Formation of Nonconformity*, 75.

86 Hans Boersma, *A Hot Pepper Corn: Richard Baxter's Doctrine of Justification in Its Seventeenth-Century Context of Controversy* (Zoetermeer: Uitgeverij Boekencentrum, 1993), 200-206.

87 김재성, 『청교도, 사상과 경건의 역사』, 550-551.

순종과 조건들은 신자가 하나님의 말씀에 대해 반응하는 것인데, 이로써 은혜 언약 안에서 율법이 성취된다는 것이다. 다시 말해 그리스도가 모든 율법을 지켰지만, 우리도 역시 복음의 명령들을 지켜야 할 의무가 있다는 것을 백스터가 강조하는 것이다.[89] 하지만, 백스터는 복음과 율법의 의로움이라고 하는 두 종류의 순종을 너무나 엄격하게 분리시켰고, 율법의 의로움을 전가 받는다는 주장에 동의하지 않았다. 오직 그리스도의 의로움에 기초한 의로움을 전가 받는다는 것이다.

오웬은 그리스도의 능동적 의로움을 전가 받는 교리를 옹호하는 저술을 발표하였는데, 그 안에 백스터의 이름을 직접적으로 언급하지는 않고, 다양한 그룹들의 오류에 대해서 반박했다. 칼 트루먼 교수는 이 논쟁에서 당시 오웬이 처해 있던 시대적 상황을 설명했다. 즉, 오웬은 반율법주의자들에 대해서도 비판하는 한편, 백스터의 신율법주의에 대해서도 깊은 우려를 갖고 비판했다.[90]

첫째로, 오웬은 이 세상에서의 칭의justification in this life와 심판 날에 선포되는 칭의the sentential justification in the day of last judgement를 구별하지 않았다.

88　Baxter, *Aphorismes of Justification*, 149-155.

89　Baxter, *Aphorismes of Justification*, 262-276.

90　Carl Truman, "John Owen on Justification," in *The Doctrine of Jusfitication by Faith* by Owen (Grand Rapids: Reformation Heritage Books, 2006), iii-xxii.

왜냐하면, 최후에 선포되는 칭의라고 하는 것은 결국에는 이 세상에서 행한 것에 대한 선포이기 때문이다.[91] 이 세상에서의 칭의가 없는 자에게는 최후의 칭의도 주어지지 않을 것이기 때문이다.

또한 오웬은 백스터가 주장하는 두 가지 형태의 칭의에 대해서도 반대했다. 백스터에 의하면, 첫 번째 유형의 칭의는 율법적인 칭의인데, 그 안에서 그리스도의 순종이 전가된다. 또 다른 형태는 복음적 칭의인데, 그 안에서 믿음이 다른 덕목들을 수반하여서 위선과 불신실함에 대한 정죄를 당하는 것으로부터 우리를 의롭게 한다.[92] 백스터에 따르면, 어떤 사람이 믿음을 가졌다고 한다면, 그는 이 세상에 사는 동안에 의롭다고 인정을 받는다는 것이다. 오웬은 이것에 대해서 분리할 수 없다고 비판했다.

둘째로 오웬은 하나님께서 우리들의 행위와 순종에 대해서 복음에 따라서 심판하실 것이라는 주장을 거부했다. 백스터는 율법이 그러한 행위와 순종을 정확하게 측정할 것이라고 보았다. 그러한 주장은 율법과 복음의 혼돈이다. 하나님께서 복음에 따라서 의롭다고 하실 때에, 우리들의 순종하는 행위에 의존하지 않으시고, 오직 그

---

91 John Owen, *The Doctrine of Justification by Faith, through the Imputation of the Righteousness of Christ Explained, Confirmed, and Vindicated* (Grand Rapids: Reformation Heritage Books, 2006), 181.

92 John Owen, *The Doctrine of Justification*, 172-173.

리스도의 의로움에만 의존한다.[93]

　　백스터가 주장하는 매우 중요한 개념은 새 언약의 계명에 순종하지 않는 자들은 복음이 정죄한다는 신율법주의였다. 오웬은 이런 원리가 잘못된 것이라고 반대했다. 오웬은 복음이 결코 거짓된 참소로 정죄를 하지 않는다고 주장했다. 오웬이 성경에서 청취한 복음은 하나님이 택한 백성들을 의롭다고 하시고, 그들에게는 그 어떤 죄의 고발이 없다고 선포한다.

　　셋째로, 오웬은 백스터가 주장한 복음적인 의로움이라는 것에 대해서 비판했다. 백스터가 말하는 복음적인 의로움이라는 것은 결국 우리 안에 '내재적 의로움inherent righteousness'이며, 하나님 앞에서 그것으로 칭의를 얻으려고 한다면 허망하게 될 것이라고 했다. 하나님에게서 주어지는 그리스도의 '전가된 의로움'과 혼돈해서는 안 된다고 오웬은 비판했다. 백스터의 견인교리에는 우리들의 율법적인 의로움만이 있을 뿐이요, 그리스도의 의로움이란 사라지고 말았다. 백스터는 우리가 그리스도의 의로움을 전가 받는 것이 아니라, 그가 우리를 위해서 이룩한 것들의 열매들을 받는 것에 불과하다고 말하는 것이다. 따라서 그리스도는 사라지고, 우리를 위해서 그리스도가 행하신 것의 효과가 남아서 성화를 위해서 사용되는 것이다.

　　오웬은 그리스도의 능동적 순종 교리를 적극적으로 옹호하면

93　　John Owen, *The Doctrine of Justification*, 256.

서, 매우 중요한 원리들을 정립했다.[94] 오웬은 죄인이 하나님 앞에
섰을 때에 두 가지를 요구받는다고 설명했다. 첫째로, 그는 자신의
불의함이 용서를 받아야만 한다. 둘째로, 그는 하나님의 정의가 요
구하는 의로움을 가지고 있어야만 한다. 우리가 지니고 있는 '내재
적 의로움'은 아무리 최상이라고 해도 불완전하며, 하나님의 율법의
요구를 충족시키지 못한다. 따라서 하나님의 율법에 완벽하게 충족
되는 순종이 있어야 하고, 그것을 범한 자들 위에 떨어지는 죽음의
형벌이 있어야 한다. 이것을 인간이 성취하기는 불가능하다. 오직
"모든 율법을 성취하신 그리스도의 완벽한 순종과 의로움의 전가에
의해서" 하나님의 불변한 법이 성취된다.[95]

　　오웬의 원리들은 백스터와 반율법주의자들과는 전혀 달랐다. 오웬
은 구약 성경에 나오는 도덕법이 "의로움을 위하여 영원토록 변치 않는
유일한 규칙"이라는 점을 확고하게 정립했다.[96] 율법과 복음은 불가피하
게 차이가 크다. 하나님은 율법 안에서 보았을 때에는 아직도 불완전한
사람에 대해, 복음에 의해서 의롭고, 정당하며, 복을 받았다고 선언한다.
그렇게 선포하는 근거는 오직 그리스도의 순종이다. 오웬은 능동적 순종

94　De Campos, *Doctrine in Development*, 224.

95　John Owen, *The Doctrine of Justification*, 250.

96　John Owen, *The Doctrine of Justification*, 261; "The law abides and is not
　　　relaxed in any way...The law cannot be abrogated but continues as it did
　　　before the fall, although it has no salvific value."

과 수동적 순종의 이중적 의로움이 모든 허물에 대한 형벌로부터 신자를 자유롭게 만든다고 말했다.

또한 오웬은 이중적 의로움의 전가 교리를 확정하면서, 모든 율법을 지키신 순종은 중보자로서 그리스도의 자유함에 의한 자발적 낮아지심이라는 점을 정확하게 기술했다. 그리스도는 두 가지 본성을 가지셨고, 어떤 한 본성을 사용해서만 순종하신 것이 아니라 그리스도는 '총체적인 인격the whole person of Christ'을 가지고서 복종했다는 사실이다. 따라서 그리스도의 신성만 경배와 존귀한 영예를 받으시는 것이 아니다. 그리스도의 성육신 때처럼, 그리스도의 전인격이 경배의 대상이 되시는데, 그와 같이 그가 율법에 대해서 대속적인 복종을 하실 때에도 전인격을 모두 참여하신 것이다. 그가 순종하심에 있어서는 한 개인으로 사사로이 한 것이 아니라, 공적인 직분으로서 성취하신 것이다. 하나님과 사람 사이에 중보자로서 언약의 확실성을 이루시고자 율법에 복종하신 것이다. 그리스도의 두 가지 순종에 대한 오웬의 해석 원리들은 그 후에 정통 신학자들에게 큰 지침이 되었다.

청교도 신학자 클라크슨 David Clarkson(1622-1686)은 우리가 회개하고 순종을 해야만 우리가 새로운 의로움을 들어가는 약속들을 취득할 수 있다는 백스터의 주장을 거부했다. 클라크슨은 그리스도의 능동적 순종과 수동적 순종을 통해서 성취된 것들은 우리를 위한 것이지, 우리가 성취할 수 없는 것이라고 주장했다. 그리스도의 순종으로 우리가 진 빚을 대신 지불했다는 확실성을 가지고 살아가면서, 미래를 위해 부르심을 받았으므로 근면하게 살아야 한다고 강조했다.

앤서니 버지스가 『칭의의 참된 교리』에서 초기 종교개혁자들의 논의를 요약하였다. 버지스는 칼빈이 로마 가톨릭의 왜곡에 맞서 죄의 씻음을 위해서 칭의교리를 정립했다고 설명했다. 베자가 그리스도의 능동적 순종을 지지했으며, 우르시누스는 온건하게 설명했다고 지적했다. 그리스도의 순종을 능동적 순종과 수동적 순종으로 구분하는 것은 종교개혁의 시작과 함께 나온 것인데, 반율법주의자들로 인해서 논쟁이 되고 있음을 지적했다.[97]

백스터의 신율법주의를 가장 강력하게 비판한 청교도 신학자는 버지스였다. 먼저 백스터의 근거가 되는 그로티우스의 '도덕적 통치설'에 대해서 비판하였다. 그리스도가 지불한 것은 가치value일 뿐이며, 갚아야 할 동일한 분량의 빚tantumdem을 지불한 것이 아니라는 그로티우스의 주장을 거부했다. 그리스도가 죽으심으로 하나님께 만족을 드렸기에 우리가 형벌을 면하게 되었다는 '형벌 대속설'을 개혁주의 신학자들이 주장했는데, 알미니안주의자인 그로티우스는 이를 부인했던 것이다. 만일 그로티우스가 옳다면, 율법을 제시하신

---

97   Anthony Burgess, *The True Doctrine of Justification* (London: Paul's Church-yard, 1654), 341.

분과 율법의 진정성이 근거를 잃어버리고 말 것이다. 우리 구원의 확실성을 위해서 그리스도가 정확하게 죄 값을 지불한 것이 아니라면, 어떻게 법률이 확고한 원칙으로 세워질 수 있겠는가?

그리스도의 능동적 순종이 전가된다는 교리는 버지스를 비롯해서 정통 개혁주의 신학자들과 청교도들이 지지했다. 그러나 여러 그룹에서 이 교리를 반대했다. 버지스는 로마 가톨릭, 소시니안주의자들, 알미니안주의자들, 반율법주의자들, 피스카토르, 그로티우스, 포르베스, 웬델린 등 17세기 신학자들에 대해서 반론을 제기했다. 버지스가 가장 주목한 성경은 로마서 5장이다. 아담의 죄가 전가되듯이, 그리스도의 의로움이 전가된다는 것이야말로 가장 기본적인 원리라고 주장했다.[98] 아담의 후손들에게는 자연적인 계승을 따라서 그의 의로움과 축복이 전달되지 못했지만, 그리스도의 의로움을 전가 받는 원리는 아담처럼 육신적인 것이 아니다. 언약에 의해서, 그리고 영적인 전가에 의해서, 그리스도의 의로움이 우리의 것으로 간주된다.

성례들은 그리스도의 행하심과 소통하는 예식이 아니라, 그리스도 자신과의 교통이 이뤄지는 예식이다. 그 결과, 모든 혜택들이 주님 자신으로부터 흘러나온다. 버지스는 그리스도의 능동적 순종을 반대했던 피스카토르의 오류를 지적했다. 버지스는 그리스도가

---

98   Burgess, *The True Doctrine of Justification*, 330-352.

율법에 순종하여서 거룩함을 유지하였기에 우리를 위한 중보자로서 죽으시기에 합당한 자격을 갖추게 되었다는 피스카토르의 설명을 반박했다. 피스카토르의 주장에 따르면, "그리스도가 마지막 순종의 행위를 성취하기 전까지는 우리를 위한 중보자로서 자격을 갖추지 못했다"는 말이 되기 때문이다.[99] 버지스는 이것이야말로 "이상한 교리strange doctrine"라고 비판했다. 그리스도가 우리를 위해서 좋은 모범을 보여주려고, 그래서 다른 사람을 위해서 착한 일을 하고자 하는 사람은 율법에 순종해야 한다는 것을 보여주신 것이 아니다. 부모가 자식에게, 군주가 백성에게 좋은 일을 하듯이, 그리스도가 율법을 지킨 것이 아니다. 그리스도는 자기 자신을 위해서 자발적으로 율법에 순종해야만 했으며, 그 목적은 우리를 위하여 예비하신 약속을 이루시고자 함이었다.

---

99   Burgess, *The True Doctrine of Justification*, 343.

리처드 백스터

존 오웬

7 리차드 백스터의
개혁운동과 신율법주의

김재성 교수 (수도국제대학원 대학교, 전 부총장)

청교도 운동의 격동기와 백스터의 활약

리차드 백스터(1615 – 1691)는 청교도 운동의 절정기와 쇠퇴기가 펼쳐졌던 잉글랜드에서 성도들이 거룩한 삶을 살아내도록 지도하는 일에 일생을 바쳤다. 그는 1641부터 1642년까지 잉글랜드 키더민스터에서 목회하였고, 약 5년 동안 청교도 전쟁에서 군목으로 활약한 후, 다시 같은 교회로 복귀하여 1647 – 1661년까지 엄청난 목회적 성취를 이뤘다. 백스터는 듣는 이들의 양심을 회복시키는데 있어서 뛰어난 설교자였을 뿐만 아니라, 그는 키더민스터 지역 사회 전체로 하여금 목회자들이 주도하는 교회의 권징을 받아들이도록 하여 그 지역 사회 전체를 언약공동체로 변모시켰다.

백스터의 활동력은 대단했다. 왕정복고 이후에 그는 런던에서 집필에 몰두하여 168권에 달하는 활발한 저술 활동을 통해 교계에 영향을 끼쳤고, 그가 국교회를 거부하여 감옥에 투옥됐을 때에도 불사조와 같이 건강을 회복하기도 했다.[100] 이에 백스터는 사람들로부터 "하나님의 손에 들린 펜"이라는 극찬을 받았다.[101] 그럼에도 백스터는 펜이 무슨 칭찬과 영광을 받을게 있냐고 반문할 만큼 그는 오직 하나님께 영광을 돌리고자 했던 개혁주의 목회자였다.

백스터의 저서들 중에서 주요 작품들은 다음과 같다.

『그리스도인의 지침서』A Christian Directory(1673)에는 청교도들의 실제 생활, 체험, 경건, 양심 등에 관한 간추린 설명이 담겨있다. 『보편적 신학』Catholic Theology(1675)에서는 순수하고 평화적인 입장에서 칼빈주의, 알미니안주의, 루터파, 로마 가톨릭의 도미니크파와 예수회를 다룬다. 『기독교 신학의 방법론』Methodus Theologiae Christianae(1681)은 라틴어로 쓰였는데, 당시 대부분의 웨스트민스터 청교도 신학자들은 라미즘Ramism을 따라서 이분법적이었던 반면에, 백스터는 기독교의 진리를 서술하는 논증방식으로 삼분법을 택하였다. 『성도들의 영원한 안식』The Saints' Everlasting Rest(1650)은 청교도의 경건을 다룬 최고의 저서로 손꼽히는데 분량은 무려 8백 쪽에 달한다. 『개혁주의 목자상』Reformed Pastor(1656)은 일찍이 한국어로 번역되어 많은 영향을

---

100 J. I. Packer, *The Redemption and Restoration of Man in the Thought of Richard Baxter* (Vancouver: Regent College Publishing, 2001). Geoffrey Nuttall, *Richard Baxter* (London: Nelson, 1965).

101 김재성, 『청교도, 사상과 경건의 역사』 (서울: 세움북스, 2020), 535-556.

줬지만, 제목과 내용이 달라서 다소 오해를 불러일으켰다. 책의 제목만 보면 칼빈주의 목회자 상(想)을 기술하려는 것처럼 보이지만, 실제 내용은 교단과 교파를 초월하여 거의 모든 개신교 목회자에게 주는 지침서로서 활기찬 부흥 목회를 추구하고 있다. 『회심치 않은 자를 향한 초청』Call to the Unconverted(1658)은 전도용 책자로 수 만 부가 인쇄되었다.

백스터는 전형적인 장로교회 목회자와는 달리, 절대군주제와 국가교회 체제, 예식서, 주교체제 등을 호의적으로 받아들였는데, 그는 1662년 왕정복고와 함께 반포된 예식서에 대해서도 묵인할 정도로 개방적이었다. 하지만 그런 백스터도 청교도의 개혁운동과 성공회를 통일하고자 하는 "통일령"에 복종하도록 강요당하자 이를 거부했다.

백스터와 신학적 전쟁들

우리가 기억해야 할 것은, 당시 잉글랜드 청교도들이 다양한 신학사상에 물들어져 있었고, 칼빈주의가 핍박을 당하는 정치 상황 속에서 국교회가 점진적으로 재구성되는 중이었다는 점이다. 백스터는 이런 혼돈의 시대를 살아가면서 남다른 교리적 관점을 가지고 목회사역과 정치적 신념을 펼쳤는데, 그는 남들과 구분되는 자신만의 역할을 독특하게 수행했다.

먼저, 백스터의 신학사상 중에서 특히 구원와 칭의론에 대한 진술들은 당대 다른 청교도들과 상충됐다. 그래서 백스터가 주장한 신율법주의는 오류가 있다는 비판을 받았는데, 백스터의 견해를 옹호하는 입장에서는 그의 칭의론과 구원론의 내용들이 다소 불가피한 변화였다고 변호한다. 다시 말해, 그의 신율법주의는 백스터의 잘못이라기보다는 왕정복고 이후로 시대가 바뀌면서 청교도 신앙의 핵심이던 칼빈주의가 쇠퇴했던 현상의 하나일 뿐이라는 것이다.[102]

청교도의 교회개혁 운동은 극심한 정치적 격동기 속에서 명맥을 이어가다가, 또다시 1620년대와 1630년대에 중대한 핍박에 직면했었다. 이 핍박은 메리 여왕의 박해 때처럼 장로교회의 체제 유지와 칼빈주의 신학으로 개혁한 예배의 행위들을 총체적으로 흔들었다.[103] 1630년대에는 신학적으로 도르트 총회 이후 알미니안주의가 잉글랜드 성공회 안에서 확산되었는데, 특히 성공회 핵심 인물인 로드 대주교의 핍박은 견디기가 어려웠다. 이 시기의 박해를 피해서

---

102 Tim Cooper, "John Owen, Richard Baxter and the Battle for Calvin in Later-Seventeenth Century England," *Southern Baptist Journal of Theology*, vol., 20.4 (2016): 63-78

103 Tim Cooper, "Calvinism Among Seventeenth-Century English Puritans" in *The Oxford Handbook to Calvin and Calvinism*, ed., Carl R. Trueman and Bruce Gordon (New York: Oxford University Press, 2021), 325-338.

신대륙으로 건너간 청교도의 수가 매년 5만여명에 이를 정도였다. 또한 정치적으로는 찰스 1세와 전쟁을 치르며 의회파 군대의 희생이 컸는데, 1649년 1월 30일 찰스 1세를 처형하고 승리를 확정 짓기까지 무려 25만 명의 사망자가 발행했다.

한편으로는 호국경 올리버 크롬웰이 통치하던 1650년대에는, 잉글랜드 내부적으로 전쟁의 상처를 마무리하는 시기였으면서, 또 다른 한편으로는 국교였던 성공회의 개혁을 마무리하려던 기간이었다. 크롬웰은 청교도 혁명 와중에도 1643년 7월부터 "웨스트민스터 신앙고백서"와 표준문서들을 작성하는 동안에, 칼빈주의 신학을 통일된 교회의 근거로 활용하도록 만들려는 '비전'을 만들었다.

그러나 이 모든 것을 다 성공적으로 정착시키기에는 시간이 너무나 짧았다. 왜냐하면 아무도 예측하지 못한 상황이 발생했는데, 그건 바로 전쟁의 최고 지휘관이자, 국정의 최고 집행자였던 크롬웰이 갑작스럽게 말라리아 열병으로 사망한 것이다(1658년 9월 3일). 1662년 찰스 1세의 왕정복고와 함께, 2천여 명의 "비서명파"가 교회에서 축출당했다. 잉글랜드와 스코틀랜드에서 칼빈주의의 영광과 권위가 무너져 버렸다.[104] 청교도들은 십 여년 동안 왕당파와 싸워서 시민전쟁의 승리를 쟁취했으나, 정치적 혼란을 채 수습하기도 전

---

[104] Dewey D. Wallace, *Puritans and Predestination: Grace in English Protestant Theology 1525-1695* (Chapel Hill, NC: University of North Carolina Press, 1982), 127.

에 최고 사령관의 사망으로 인해서 모든 권력의 동력을 잃어버리고 말았다.

청교도들은 칼빈주의 신학을 근거로 "웨스트민스터 신앙고백서"와 표준문서들을 작성하고 교회 개혁을 성취했다(1643-1649). 그러나 한 세대가 지나고 찰스 2세의 왕정복고 이후에는 전쟁보다 더 심각한 일이 일어났는데, 그건 바로 국교회의 "서명파"와 "비서명파" 청교도들 간에 일어난 "신학 전쟁"theological wars이었다.[105] 1670년대 말까지 서명파는 반율법주의와 소시니안들을 비판하면서 동시에, 그들과 같은 개신교회의 칭의론을 공유하고 있던 비서명파마저도 비판했다. 이로 인해 비서명파의 목회자들은 정치적 박해를 견디기 어려웠다. 이런 격동의 전환점에서, 백스터는 자신이 목회하던 지역 사회에서 가장 큰 목회적 영향력을 발휘했다. 하지만 그는 그만의 독특한 신학사상 때문에 논쟁의 대상이 되고 말았다.

왕정복고는 모든 개혁 운동과 신학의 흐름을 역류시켰다. 정치와 교회가 함께 뒤엉켜서 소용돌이치던 폭풍 속에서 국교회가 내부적으로 "신학적 관용주의"latitudinerians를 타협책으로 채택하면서 소시니안주의가 확산되는 계기가 만들어졌다.[106] 소시니안주의는 이성

---

105 Christopher Haigh, "'Theological Wars': 'Socinians' v. 'Antinomians' in Restoration England," *Journal of Ecclesiastical History*, vol. 67 (2016): 341.

106 W. M. Spellman, *The Latitudinarians and the Church of England, 1660-1700* (Athens, GA: University of Georgia Press, 1993). Dewey D. Wallace,

적인 판단을 우위에 두면서, 예수 그리스도의 신성을 거부하고 정통 삼위일체 교리를 부정하는 사상을 퍼트렸다. 바로 이 "케임브리지 플라톤주의"는 사상적인 혼돈을 틈타서 확산되었고, 사회 전반에는 무질서, 배신, 광신주의 등 불경건한 행위들이 성행했다.

청교도 운동의 절정기와 쇠퇴기에 영향력을 발휘했던 백스터의 신학 사상은, 당대에도 논쟁의 대상이었지만 지금도 여전히 뜨거운 토론의 중심에 있다.[107] 백스터의 많은 저서들 안에는 혼합적인 신학과 자의적인 방법론들이 담겨져 있기 때문이다. 백스터의 기본적인 입장은 당시 여느 청교도 목회자들처럼 하나님의 작정교리, 속죄, 칭의에서는 칼빈주의 입장을 따르고 있다. 그러나 그 내용들을 면밀하게 살펴보면, 속죄의 범위에 관련해서 알미니안주의적인 요소들을 사용하면서, 자기 나름대로 보편 구원론의 개념을 개발했다. 그러나 그는 동시에 개별적인 선택 교리를 옹호하면서, 알미니안주의와는 차별화했다. 하지만 그는 유기의 교리를 거부하여 정통 칼빈주의자들로부터 항의를 받았다.

Shapers of English Calvinism, 1660-1714: Variety, Persistence and Transformation (Oxford: Oxford University Press, 2011). Nicholas Tyacke, "From Laudians to Latitudinarians," in *The Later Stuart Church, 1660-1714*, ed., Grant Tapsell (Manchester: Manchester University Press, 2012), 46-67.

107 Tim Cooper, *Fear and Polemic in Seventeenth-Century England: Richard Baxter and Antinomianism* (Aldershot: Ashgate, 2001).

백스터의 신학사상에 대한 심층 분석

첫째, 백스터는 젊은 날에 청교도 전쟁에 군목으로 참여하였다.

백스터는 1642년 10월부터 의회파 군대의 군목으로 약 5년 동안 참전하면서, 당시 사회 저변에 흐르는 왜곡된 현상을 뼈저리게 체험하게 되었다. 그는 영국 일반 역사에서 청교도 혁명, 혹은 시민 전쟁이라고 불리는 전쟁의 한 복판에서 젊은 날을 보냈는데, 백스터는 지역 전투부대의 군목으로 참전하여, 처참한 상황들 속에서 수많은 사람들의 죽음을 목격했다. 백스터에게 청교도 전쟁은 끔찍한 전쟁이었다.

찰스 1세가 스코틀랜드를 침공하던 1638년부터 1651년까지 진행된 청교도 전쟁에서 희생된 군인들의 수는 약 25만명이고, 총 868,000여 명이 사망했다. 당시 영국 인구가 대략 750만명으로 추산할 때에 약 11%의 인구가 전쟁과 질병으로 숨졌다.[108] 이런 처참한 댓가를 치르면서 청교도 혁명이 진행되는 동안에, 백스터는 여러 가지를 경험했다.

백스터가 전쟁 동안 경험한 가장 끔찍한 것은 청교도 군대 내에 확산된 반율법주의였다. 백스터는 어처구니 없는 현상들을 목격

---

[108] Charles Carlton, *Going to Wars: The Experience of the British Civil Wars, 1638-1651* (London: Routledge, 1992).

하게 되었다. 반율법주의자들은 구약의 율법을 지킬 필요가 없다고 선동하면서, 은혜의 복음을 받아들이는 사람은 도덕법을 어기고 죄를 짓는다는 생각에서 벗어나야 한다고 가르쳤다. 그 결과 교회 안에는 이상한 분위기가 감돌았는데 권위로부터의 해방을 추구하고, 세금을 강요하는 국가의 통치로부터의 자유를 주장하며, 자신들이 원하고 좋아하는 대로 살아갈 수 있다는 분위기가 교회 안에 뒤섞여 있던 것이다. 반율법주의자들이 가르치는 구원이란 오직 하나님의 은혜에 의한 것이요, 우리 자신의 회개와 순종과는 상관이 없는 그런 식의 구원이었다. 이로써 그들은 신자로서 경건한 삶의 의무와 조건들을 모두 무력화시켰다.[109]

다시 말하지만, 1640년대 청교도 전쟁 전후로 런던에서 확산된 반율법주의자들의 칭의론 안에는 성화와 성도의 경건한 분투와 노력이 없었다. 존 이튼은 그의 설교집을 통해서 반율법주의적 사상을 가르쳤는데, 그는 그리스도의 의로움을 전가받는다는 칭의교리를 지나치게 확대시켰다. 상술하자면 자신들의 죄에 대한 형벌을 그리스도가 대신 받았고, 그들은 오직 그리스도의 의로움만을 전가받았다고 주장했다. 택함을 받은 자들은 그리스도가 죽음을 맞이하자마자 곧바로, 하나님의 시야 안에서 의인으로 간주되었다는 것이다. 이러한 율법폐기론자들의 무례하고 방자한 교리를 구체적으로 막아낼 방

---

109 김재성, 『반율법주의와 웨스트민스터 총회』 (고양: 언약, 2023), 44.

안이 필요하다고 여긴 백스터는 새로운 신앙체계를 고안해 냈다.[110]

청교도 교회의 재건과 성도들의 신앙적인 열성을 이끌어내기 위해서, 백스터는 다소 타협적인 신학과 수정된 교리들을 발전시켜 나갔고, 기존의 청교도들이 강조했던 것과는 전혀 다른 신학적 기초를 제기했다. 전쟁이 끝난 후, 백스터는 키더민스터에서 개혁의 정신과 칼빈주의 신학의 유산을 공유하는 지역공동체를 구성하였고, 청교도 진영의 지도자들로서 한 시대를 지도해나갔던 걸출한 인물 급으로 영향력을 발휘하였다. 하지만 그의 동료들은 그를 각각 다르게 평가했는데, 그 이유는 백스터가 동료들과 결이 다른 신학적 입장을 가졌기 때문이다. 그렇다면 그가 동료들과 다른 신학적 입장을 가진 이유는 무엇이었을까? 전쟁이 끝난 후 목회자로 복귀한 백스터는 지역 사회의 상처를 치유하면서 각기 다른 교파들 사이에 화합과 일치를 이끌어내는데 역점을 두었기 때문이다.

백스터는 분명 당시 칼빈주의 정통 신학과는 다소 거리가 있었다. 그는 1643년 7월 1일부터 약 6년간 121명의 성직자들이 모여 작성한 "웨스트민스터 신앙고백서"와 표준문서(대교리문답, 소교리문답, 권징조례, 예배모범) 작성 작업에 참여하지 못했다. 백스터는 존 오웬과 마찬가지로 이 중요한 신학자들의 모임에 추천을 받기에는

---

110   Baxter, *Aphorisms of Justification*, 108, 127.

아직 잘 알려지지 않았던 젊은 목회자였기 때문이다.[111]

웨스트민스터 신앙고백서가 작성될 당시에는 정통 교리를 체계화하는 과정에서 쟁점으로 대두된 다양한 신학적 주제들이 있었다. 알미니안주의, 반율법주의, 로마 가톨릭주의, 에라스투스주의, 소시니안주의 등의 너무나 많은 신학사상들 속에서 신앙고백서는 정통 기독교 신학을 집약시켰다. 또한 신앙고백서는 루터를 비롯한 유럽 대륙의 종교개혁 사상에 기본적으로는 동의하면서도, 이를 보다 성경적으로 체계화하는 칼빈주의 신학을 근간으로 삼았다.[112] 칼빈주의 청교도들은 우리들의 구원을 위한 근거들과 내용들이 우리 자신들 속에 있지 않으며, 오직 믿음을 통해서 은혜로만 주어진다는 것을 강조했고, 또한 믿는 자들에게만 그리스도의 의로움이 전가됨으로써 구원을 얻는다고 가르쳤다. 이런 부분에 있어서, 청교도들은 철저히 펠라기우스주의에 반대하였다.

하지만, 백스터는 전쟁 후 1650년대에 키더민스터 장로교회

---

111 Robert Letham, *The Westminster Assembly: Reading Its Theology in Historical Context. The Westminster Assembly and the Reformed Faith* (Phillipsburg: P&R, 2009), 235.

112 Chad Van Dixhoorn, *The Minutes and Papers of the Westminster Assembly, 1643-1653*, 5 Volume Set (Oxford: Oxford University Press, 2012). idem, *God's Ambassadors: The Westminster Assembly and the Reformation of the English Pulpit, 1643-1653* (Grand Rapids: Reformation Heritage Books, 2017).

를 목회하면서도, 자기 교구 안에서 범교단적 차원의 연합활동에 치중했다.[113] 키더민스터에서 가장 핵심적인 교회 목회자인 백스터는 장로교회, 회중교회, 감독교회, 국교회 등 여러 형태의 교회들이 기본적인 부분에 합의하고 상호 협력하면서, 평화를 유지하도록 유도했다. 이 기본적인 부분의 합의란, 삼위일체 교리와 그리스도의 신성을 기본으로 지켜야 한다는 합의였다. 따라서 백스터의 신학과 정서는 당대 청교도 지도자들이 목숨을 걸고 교리에 대한 치열한 토론과 성경적 검증을 거듭해서 만들어진 인앙고백서의 성격과는 사뭇 달랐던 것이다.

그러나 왕정복고 이후, 1660년대 다시 복구된 잉글랜드 국교회의 신학적 기류는 완전히 달라졌다. 로드 대주교의 시행령으로 되돌아가면서 잉글랜드 국교회는 또 다시 예정론을 거부하였다. 예를 들면, 런던의 칼빈주의자 존 굿윈 John Goodwin은 칼빈주의 예정교리를 떠나서 알미니안주의를 받아들였다.[114]

백스터는 당시 칼빈주의자들이 하나님의 새 언약에 담겨진 조

---

113 *Christian Concord: or The Agreement of the Associated Pastors and Churches of Worcestershire* (1653). *The Agreement of Diverse Minsters of Christ in the County of Worcester* (1656).

114 John Coffey, *John Goodwin and the Puritan Revolution: Religion and Intellectual Change in 17th Century England* (Woodbridge: Boydell Press, 2006), 207-14.

건들을 간과할 위험에 처해있다고 주장했다. 그에 따르면 칭의란 하나님의 사랑에 대한 인간의 반응으로서 믿음의 순종을 요구한다는 것이다. 또한 그리스도의 속죄는 그의 고난 당하심을 통해서 그 성격이 규정되는 것이 아니라, 율법을 어긴 것에 대해 받아야 할 형벌을 당하신 것이라고 백스터는 주장했다. 이것은 알미니안주의자들 중 일부가 제시한 도덕적 통치설과 동일한 의미일 수 있다. 도덕적 통치설이란 그리스도는 구체적으로 자기 백성들, 즉 죄를 범한 성도를 위해서 죽으신 것이 아니라, 일반적인 의미에서 죄에 대해서 죽으신 것이라고 해석하는 입장이다. 이 입장을 따르면 대속적 속죄의 혜택들은 소수에게만 제한적으로 적용되는 것이 아니라, 자신들의 구원을 원하는 모든 사람들이 접근 가능하게 되어 그 길이 열려있다는 의미가 된다. 다시 말해, 속죄는 소수에게만 제한적인 것이 아니고, 그리스도를 믿으려 하는 모든 사람들에게 가능하게 되었다고 백스터는 해석했다. 또한 백스터는 칭의 사역에서 성도들에게 전가되는 의로움은 그리스도의 의로움이 아니라, 그리스도를 믿는 성도들 자신의 믿음에 따라서 주어지는 은택이라고도 주장했다. 따라서 모든 죄인은 그리스도를 믿음으로 회심의 과정을 거쳐야 하는데, 다시 말해 스스로 전력을 다해서 구별된 기능을 해야만 한다고 보았다.

둘째, 백스터의 신율법주의는 어디에서 왔는가?

백스터의 신학 사상과 실천 목회는 대학교의 저명한 신학자들에게서 온 것이 아니다.

백스터는 지역교회의 목회자에게서 배운 내용을 토대로, 오직 자기 스스로 독서와 은혜 체험을 통해서 자신만의 신학체계를 형성하였다. 백스터는 대학교육을 전혀 받지 않았고, 독학으로 청교도 목회자가 되었다. 그는 매우 드물게도 케임브리지 대학교 출신이 아니면서도, 청교도 혁명기에 현장 목회자로 인정을 받았다. 백스터는 목회를 통해 탁월한 지도력을 발휘해서 키더민스터 지역사회를 통합시켰고, 특별히 그는 뛰어난 설교를 통해 큰 영향력을 발휘했다.

당시는 극심한 전쟁과 혁명이 시기였으므로, 지역 교회를 담당할 청교도 설교자들이 많이 필요했었다. 이에 백스터는 케임브리지 대학교 출신의 설교자와 비슷한 신학과 어휘를 구사하면서도 힘있는 설교를 했고, 일주일 중 이틀은 전적으로 심방을 다니면서 현장 목회에서 지도력을 발휘하였다. 모든 지역 주민들은 백스터가 직접 찾아와서 해답을 제시해 주는 목회적 돌봄에 감동을 받았다. 처음에는 열에 한 가정이 교회에 나왔으나, 나중에는 열에 아홉 가정이 모두 다 교회로 모여들었다. 백스터가 목회하던 키더민스터 지역에는 약 4천명 내외의 주민들이 살았던 것으로 추산되는데, 백스터는 그 지역에 설교와 심방 목회로 큰 영향을 끼쳤다.

백스터의 삶을 분석해보면 그만의 신학 체계는 자신의 관점과 견해가 효력을 발휘하는 목회 현장 속에서 만들어진 것들이었다. 따라서 그는 다른 청교도 지도자들처럼 유럽 개혁주의 신학자들의 저서들과 당대 여러 신학적 흐름들을 공부하며 자신의 신학 체계를 차분히 점검하는 작업을 전혀 하지 않았다. 하지만 백스터는 목회 현장에서 자신의 지시와 교훈들을 성도들에게 적용시키는데 탁월한 능력을 발휘했다. 그는 목회자로서 일주일에 이틀 동안을 심방과 현장 교육에 전념했다. 그는 그 때마다 성도들의 문제점들을 지적하였는데 '나는 옳고, 네가 틀렸다'는 식으로 교육과 상담을 겸하는 권징과 치리를 했다. 그러나 그의 목회가 대성황을 이루게 되면서, 사람들은 점차 그의 독자적이고도 독단적인 확신을 더욱 신뢰하게 되었다. 아마도 이런 식의 권징과 치리의 배경에는 백스터가 다른 청교도 신학자들처럼 케임브리지 대학교에서 토론과 타협의 과정을 전혀 습득하지 않았기 때문일 수도 있다.

백스터에게는 웨스트민스터 신앙고백서와 그 당시 청교도들의 신학적인 토대가 전혀 없었다.[115] 그는 케임브리지 대학교를 중심으로 체계화된 칼빈주의 신학을 전혀 중요하게 여기지 않았다. 백스터는 장로교의 대표적인 목회자였지만, 케임브리지 대학의 토마스 카트라이트가 장로교회 체계를 지키고자 옥고를 치르고 투쟁했던 방식과는 전혀 다른 방식을 취했다. 백스터는 성공회, 주교제도,

---

115 김재성, 『반율법주의와 웨스트민스터 총회』, 102.

왕권통치설, 에라스투스주의(왕의 교회지배) 등에 대해 개방적이었고 우호적이었다.

　　백스터는 목회 현장에서 인간의 책임성을 강조하는 칭의론을 발전시켰기 때문에, 그가 나름대로 변형시킨 교리적 기초들은 당대 청교도의 주류이던 칼빈주의의 확고한 입장과는 달랐다. 백스터가 신학적 개념을 규정하고 종합적으로 구조화시키는 방면에서 다른 청교도들과 큰 차이가 있었는데, 당시 윌리엄 퍼킨스에게 영향을 받은 청교도들은 종교개혁의 신학적인 공통분모인 믿음으로 말미암은 구원의 칭의교리를 받아들이면서도, 칼빈이 발전시킨 그리스도의 의로움을 전가받는다는 교리를 강조했던 것이다.

　　청교도 전쟁과 왕정복고의 혼란된 상황을 경험했던 잉글랜드 교회 안에는 신학적인 논쟁들이 치열했었다. 청교도 설교자로 활약했던 백스터의 신학은 기본적으로 칼빈주의에서 근거하면서도 보다 더 합리적으로 이해될 수 있는 방안에 중점을 두었다. 백스터는 나름대로 구원론을 정리하면서 아미로주의를 따랐다. 그리스도의 속죄의 범위에 대해서, 택함을 받은 자들에게만 한정되는 특정한 범위가 아니라, 가설적 보편속죄론 hypothetical universalism을 선호하고 주장했던 것이다.

　　백스터는 그리스도의 죽으심을 보편적 속죄로 제시하면서, 엄격하게 형벌 대속적이라고 규정하지 않고 율법의 법적인 만족이라고 규정하였다. 다시 말해 그리스도의 죽음은 택함을 받은 죄인들을 위해서 형벌을 받으신 인격적이고 대속적인 죽으심 아니라, 하나님 나라의 통치자인 그리스도께서 죄인들의 죄값을 지불하신 승리라고 이해했다. 백스터는 그리스도의 죽으심에 의해서, 하나님께서는 옛 율법을 파기한 자들이 죄를 뉘우치게 하여 용서를 베푸시고자 새로운 율법을 제정하셨다고 가르쳤다. 새 율법에 순종할 때 회개와 믿음이 성도의 개인적 구원을 가져오는 의로움이 되며, 유효적 소명이 작동되어지고 은총의 유지가 보전된다는 것이다. 백스터는 "심령–사역"heart-work과 "하늘의 사역"heaven work이 이러한 삶의 거룩성을 추구하게 만든다고 설명했다.[116]

위와 같이 복음의 이해와 구조를 주장한 백스터의 칭의론을 "신율법주의"Neonomianism라고 부르는데, 구조적인 면에서 본다면 "아미로주의"Amyraldian에다가 알미니안주의가 주장하는 "새 율법"을 결합한 것이다. 아미로주의의 "가설적 보편구원론"은 속죄의 범위에 있어서 예수 그리스도의 죽으심은 모든 사람들을 위한 것이며, 다만 구원을 적용받는 것은 오직 믿는 자들에게만 한정된다는 입장이다. 1630년대에 프랑스 신학자 아미로Moïse Amyraut(1596 – 1664)가 주장하면서 논쟁의 되자, 개혁 교단 총회에서 이단으로 배척하였다,

---

116 Richard Baxter, *Poetical Fragments* (1681). J.I. Packer, *Rediscovering Holiness* (Ann Abor: Servant Publications, 1992), 22-23. 백스터를 지지하며 따랐던 목회자들은 Roger Morrice, William Bates, John Howe, Daniel Williams 등이다.

아미로는 스코틀랜드 장로교단에서 문제가 이미 되었던 카메론 John Cameron의 제자였다.[117] 백스터는 전혀 인정하려 들지 않았지만, 이러한 복음의 구조는 인간의 책임성을 강조하게 되면서 자연스럽게 율법주의적인 경향으로 흐르게 되었다. 이에 그는 동시대인들로부터 많은 비판을 받았다.

백스터는 그의 칭의론에서 성화를 달성하려는 지침들을 결국 새롭게 제정된 "새 율법"new law이라고 평가하고 있다(신율법주의). 백스터는 옛 율법을 어긴 자들이 회개하고 용서를 받도록하기 위해서 하나님께서 새 율법을 주신 것이라고 주장했다. 믿음과 회개는 반드시 순종해야할 새 율법들이며, 성도의 개인적이며 구원에 이르는 의로움은 보전하시는 은혜에 의해서 유지된다. 요약하자면 백스터는 아미로주의에다가 알미니안주의가 가르치던 "새 율법"을 결합시킨 것이다.[118] 다행스럽게도, 백스터의 이러한 혼합적인 교리들과 오점 투성이의 교훈들은, 신학교수로서 체계적으로 저술하거나 가르친

---

117 김재성, 『개혁신학의 전통과 유산: 개혁신학의 광맥』 개정판 (킹덤북스, 2012), 2부 7장, "낮은 칼빈주의와 아미랄디즘," 443-457. Michael Lynch, "Amyraldianism and English Hypothetical Universalism: What's the Difference?," www.modernreformation.org/resources/articles/ amyraldianism-and-english-hypothetical-universalism-whats-the-difference.

118 Joel Beeke, *Meet the Puritans*, .Hans Boersma, *A Hot Pepper Corn: Richard Baxter's Doctrine of Justification in its Seventeenth-Century Context of Controversy* (Zoetermeer: Boekencentrum, 1993).

것이 아니라, 성도들의 성화를 진작시키기 위해서 사용했으며 경건 생활을 격려하는 저서에서 풀어냈다는 점이다.

백스터는 하나님의 오류가 없는 선택을 인정하면서도, 언약의 조건과 인간의 책임을 강조함으로써 보다 이성적이고, 신인협력적이며, 도덕적인 방향으로 칼빈주의를 재구성하였다.[119] 심지어 백스터는 훗날 유니테리안주의자들이 주장하는 자연신학에 기초하여 합리성을 주장하기도 했는데, 개혁신학을 자신의 필요에 맞춰서 변형시켰고, 그러한 영향이 크게 발휘되었다.[120]

당대에 백스터의 신율법주의에 대해서 가장 냉철하게 비판한 청교도 신학자는 앤서니 버지스(1600-1663)였다. 케임브리지 대학교 출신으로 웨스트민스터 신앙고백서 작성에 참가했던 버지스는, 백스터가 근거로 삼고 있던 알미니안주의자 휴고 그로티우스(1583-1645)의 "도덕적 통치설"에 대해서 철저히 비판했다.[121] 버지스는 백스터가 부인하던 그리스도의 속죄 교리인 "형벌 대속설"을 강력하게 주장했고, 그리스도의 능동적 순종의 교리야말로 구원의 확실성을

---

119 Jonathan Moore, *English Hypothetical Universalism: John Preston and the Softening of Reformed Theology* (Grand Rapids: Eerdmans, 2007), ch. 7.

120 Wallace, Puritans and Predestination, 182-189.

121 Anthony Burgess, *The True Doctrine of Justification* (London: Paul's Churchyard, 1654).

제공하는 확실한 원리라고 강조했다.[122]

셋째, 백스터의 가정생활과 성격적 특징들

백스터가 키더민스터 중심으로 목회하면서 그 안에 다른 교파의 목회자들과 서로 협력하고 일치를 도모했다. 하지만 이는 백스터가 목회하던 지역의 정치적인 상황을 고려할 필요가 있는데, 철저히 청교도와 의회파를 지지했던 당대 다른 청교도들과는 달리, 백스터가 살던 지역은 왕당파를 지지하는 곳이었기 때문에 목회 양상이 달랐던 것이다. 결국 그는 다른 청교도들의 신학과 다른 입장을 취했고, 특히 오웬과의 신학적인 충돌에서는 추호의 양보나 타협을 하지 않았다.

한 사람의 생각과 사상은 지난 날의 체험과 경험들 속에서 빚어진 것들이다. 특히 성장기에 형성된 관점들은 매우 중요한데, 어린 시절에 보았던 사실들을 통해서 사물을 판단하게 되고, 개인적으로 살아온 지난 날의 기억과 인상들은 항상 중요한 판단에 영향을 끼치게 된다.

백스터는 자신의 생애에 대해서 매우 상세하게 적어놓은 자서전을 남겼다.[123] 외아들로 태어난 백스터는 아홉 살 때까지 할아버

---

122 김재성, 『그리스도의 능동적 순종』(고양: 언약출판사, 2021).

123 Richard Baxter, *Reliquiae Baxterianae, or Mr. Richard Baxter's Narrative of*

지와 할머니의 보살핌 가운데서 성장했다. 어머니는 만성적인 질병으로 고생했고, 아버지는 도박에 중독되서 아들의 학업을 돌보지 않았다. 발달 심리학적으로 볼 때에, 세 살 때의 성격 형성은 평생을 좌우한다. 아마도 백스터는 외로운 아이로 고독한 소년기를 보냈을 것이며, 차츰 혼자서 모든 결정을 내리는데 익숙해졌을 가능성이 크다. 그리고 청교도 신앙을 가진 부모에게 돌아온 후에는, 백스터가 살았던 곳은 왕당파 지역이었기에 백스터의 가족은 정치적인 견해가 달랐던 이웃 주민들과 긴장 관계에 놓여 있었다.

백스터는 지역 목회자의 도움으로 신학에 관심을 가졌고, 26세에 잉글랜드 국교회에서 성직자로 안수를 받았다. 그는 40대 후반까지 독신으로 지내다가 결혼했고, 결혼 후에는 자녀가 없었다. 이런 독립적인 환경에서 살았기에, 백스터의 날카로움을 무디게 해줄 사람이 주위에 거의 없었다. 형제자매도 없고, 대학 동기생이나 동창생이 없었다는 것은 다른 사람과의 충돌이나 타협을 하지 않으면서 독자적으로 살았다는 것을 의미한다. 따라서 백스터의 성격이나 특징이 매우 공격적이고 자기 중심적이다는 평가를 받게 된 것은 결코 우연이 아니었다. 실제로 그의 동료는 그가 "너무 독단적이고,

the Most Memorable Passage of His Life and Times, ed. Matthew Sylvester (London: 1696).

너무 자신에 가득 차 있다"라고 조언했는데[124], 백스터는 자기 반성이나 후회를 하지 않으려 하고, 자신의 약점에 대해서는 전혀 들여다 보려고 하지 않는다는 것이다.

백스터는 교회가 통일된 신앙의 내용을 담아서 신조와 신경들을 만들어내는 것에 대해서도 달가와 하지 않았다.[125] 그는 초대교회의 니케아 신조에서부터 칼케돈 신경까지 간단한 내용들로 되어져 있는데 반해, 종교개혁자들의 해설은 너무 복잡하다고 생각했고, 새로운 신앙고백서가 오히려 기독교인들 사이 분열을 초래하게 만들었다고 평가했다. 왜냐하면 교리를 명쾌하게 정립할수록, 교회는 도리어 나뉘어지게 된다고 생각했기 때문이다. 백스터는 "성경의 충분성"을 중요한 원리로 채택하면서 이 원리를 필요 이상으로 강조했다. 그는 모든 성도들이 성경에 대해서 동의하기 때문에, 오직 성경의 언어들로만 신앙고백서가 채워져야 된다고 주장했다. 기본적으로 백스터는 오웬이 중심이 되어서 영국 교회의 신앙고백서를 통일하려는 입장에 대해서 반대했다.

---

124 John Humfrey to Richard Baxter, May 11, 1654. cf. Cooper, *When Christians Disagree*, 51, n.14.

125 Richard Baxter, *Aphorisms of Justification*, sig.a2v. 독자에게 쓴 편지.

백스터와 오웬의 신학적 충돌

　백스터의 신학 사상에 담긴 여러 면모들을 정확하게 이해하려면, 먼저 청교도 운동의 절정기에 큰 문제가 되었던 "반율법주의"에 대한 이해가 필요하다.[126] 백스터에게는 반율법주의자들의 행태와 표현들이 가장 큰 문제였고, 그는 이에 대응하는 목회활동에 전념하면서 큰 열매를 맺었다고 할 수 있다.

　또한 백스터의 신학사상을 객관적으로 평가하기 위해서는 당대 최고 신학자로 활약한 존 오웬과 논쟁한 내용들을 살펴보아야만 한다. 백스터는 모두 다섯 권의 책에서, 직접적으로 오웬의 표현들이 반율법주의와 관련이 있다고 비판했다.[127] 오웬도 이에 대응했는데, 그는 세 번이나 백스터를 직접 거명하여 반론을 제기했다. 그러나 백스터는 심지어 오웬이 사망한 이후까지도 여전히 실명을 거론하며 비판하는 책을 출간했다.[128] 필자는 이미 앞 장에서 오웬과 백

126　김재성, 『반율법주의와 웨스트민스터 총회』 (고양: 언약, 2023).

127　Tim Cooper, *When Christians Disagree: Lessons from the Fractured Relationship of John Owen and Richard Baxter* (Wheaton: Crossway, 2024), 57.

128　Richard Baxter, *An Account of Reasons Why the Twelve Arguments Said to Be John Owen's Change Not My Judgment about Communion with Parish Churches* (London: 1684).

스터의 신학논쟁을 전체적으로 간략하게 설명했지만,[129] 백스터의
신율법주의는 당시 오웬 및 주요 청교도 신학자들이 주장하는 구원
론과 칭의론과는 매우 큰 차이가 있다.

오웬의 안목에서 볼 때에, 점차 알미니안주의가 확산되어가면
서 하나님의 주권에 대한 강조가 희석되는 상황을 크게 걱정하였다.
실례로 백스터가 목회적 영향력을 발휘하고 있던 곳에서는 인간의
책임성을 크게 강조하였고, 이에 따라 전통적 칼빈주의 신학의 영향
력이 크게 감소했는데, 이에 오웬은 칼빈주의 신학이 백스터 때문에
퇴보에 이르게 되었다고 판단했던 것이다.[130]

이에 맞서서, 백스터는 왕정복고 이전부터 반율법주의의 성행
을 방지해야만 한다고 강력하게 주장했다. 물론 백스터도 반율법주
의자들이 알미니안주의와 비슷한 주장을 하는 것에 대해서 오웬과
똑같은 거부감을 가지고 있었다. 하지만 백스터가 강구한 반율법주
의에 맞서는 방안은 칼빈주의를 수정해서라도 구원의 과정 속에서
인간의 행위와 지켜야 할 조건들을 강화하는 것이었다.[131] 그러나

---

129 김재성, 『반율법주의와 웨스트민스터 총회』, "오웬과 백스터의 논쟁," 102-111을
볼 것.

130 Isabel Rivers, *Reason Grace and Sentiment: A Study of the Language of
Religion and Ethics in England 1660-1780*: Volume I Whichcote to Wesley
(Cambridge: Cambridge University Press, 1991), 100, 126, 144, 163.

131 Stephen Hampton, *The Anglican Reformed Tradition from Charles II to*

이러한 백스터의 방안은 오웬이 보기에는 문제가 있었다. 오히려 오웬은 구원론에서 인간의 책임성을 강화하기보다, 구원의 전 과정을 주권적으로 통치하시는 하나님께 중심을 두어야 한다고 주장했다. 오웬이 보기에는 하나님의 변함없는 작정을 부정하는 자들이 자유의지를 주장하는 알미니안주의로 보였던 것이다.

오웬은『그리스도의 사망 안에서 죽음의 죽음』(1648)을 발표했다. 이 책은 알미니안주의, 반율법주의, 소시니안주의에 대항하는 성경적인 진리들을 담고 있는 대작이다. 특히, 반펠라기안주의에 관련한 비판서로서 최고의 신학적 성취로 인정받고 있는 정통신학의 최고 저작물이다.[132] 오웬은 이 책에서 십자가 위에서 피흘린 그리스도의 속죄가 과연 어떤 성격을 갖고 있는가에 대해서 정확하게 설명했다. 그리스도는 죄에 대한 만족을 통해 자신을 희생하셨고, 죄인들이 하나님께 대해서 지고 있던 채무를 변상하셨다. 그리스도는 각 개인이 감당해야 할 특정한 죄들에 대한 책임을 아주 정확하게 모두 다 지불한 것이다. 오웬의 주장에 따르면 그리스도가 감당하신 정죄는 결코 일반적인 채무 감당이라고 볼 수 없는 것이다. 이것이 오웬의 구원론에서 매우 중요한 기본적 관점이며, 그의 확고한

George I (Oxford: Oxford University Press, 2008).

132　Carl Trueman, *John Owen: Reformed Catholic, Renaissance Man* (Aldershot: Ashgate, 2007), 33.

결론의 근거였다.

오웬은 웨스트민스터 신앙고백서에서 "구속언약"covenant of redemption이라고 표현된 교리를 곧바로 구원의 서정의 출발점이라고 인식했다. 오웬은 웨스트민스터 총회의 대표자로 참가한 것은 아니지만, 그는 철저히 웨스트민스터 신앙고백서의 내용을 지지했고 칭의론에 대해서도 수긍했다. 그러나 백스터의 칭의론은 웨스트민스터의 칭의론과는 상당히 달랐다. 웨스트민스터 신앙고백서에는 행위 언약, 은혜 언약, 구속 언약이라는 개념을 통해서 구원론이 제시되었다. "구속언약"이란 성부와 성자 사이에 맺어진 협약으로써 그리스도께서 죄인들이 범한 죄악에 대하여 정확하게 죄값을 지불하신다는 내용이다. 즉, 중보자로서 성자가 지정되었고, 성부가 구원하기로 선택한 자들을 위해서 그들의 죄를 처벌받게 하신 것이다. 아담의 범죄로 무너진 행위 언약에 대한 후속된 조치가 "은혜언약"이다.[133] 은혜언약은 그리스도 안에서 하나님의 약속인데, 특정한 숫자에 속하는 자들에 한해서 구원하시기로 예정하신 약속이다. 이 언약에는 조건들이 있지만 하나님께서는 택함 받은 자들 안에서 이 조건들이 성취되어지도록 작정해 놓으셨다. 따라서, 이 은혜언약은 하나님께서 영원 전에 오류가 없이 불변하는 작정들 가운데서 이루

---

133 John Owen, *The Death of Death in the Death of Christ* (London, 1648), book 3, chap. 1, in Owen, *Works*, 10:236-40.

시는 것이므로, 택함 받은 자들에게는 구원이 보장되었다.

이러한 설명은 오웬이 젊은 시절에 런던에서 만난 무명의 청교도 설교자를 통해서 얻었던 확신과 위로의 내용들이었다. 그가 회심 체험을 했던 내용들이 나중에 구체적으로 신학적인 체계를 갖추게 된 것이라고 할 수 있다.[134] 오웬은 그 때 구원의 확신과 위로를 체험했고, 그 이후로 결코 이 내용을 잊지 않았다. 죄인의 구원은 자신만의 노력으로 확실하게 얻어지는 것이 아니라, 전적으로 그리고 오류가 없는 하나님의 주권과 권능에 속한 것이다. 이로써 오웬은 하나님께서는 택함 받은 자들의 구원을 성취하고자 그리스도 안에서 모든 과정과 내용들을 준비하신 것이라고 확신하게 되었다.

그러나 백스터는 보편속죄론을 선호하였고, 전통적인 칼빈주의 제한 속죄의 개념을 거부했다. 이로 인해 동시대 최고의 칼빈주의 신학자로 인정을 받았던 오웬과의 치열한 논쟁을 피할 수 없게 되었다.

두 사람의 격렬한 논쟁에 포문을 연 것은 백스터였다. 백스터의 구원론과 속죄교리는 『칭의의 금언들』(1649)에 담겨져 있는데, 바로 이 책에서 오웬을 실명으로 거명하면서 공개적으로 비판했다. 하지만 이 책은 내용 면에서 오웬으로부터 비판을 피할 수 없는 부분들이 너무나 많았다. 오웬이 지적한 바와 같이, 알미니안주의와 유

134　김재성, "존 오웬의 교회론과 신학사상," 『현대개혁주의 교회론』 1권, 978.

사한 부분들 너무나 두드러졌기 때문이다.[135]

어떻게 해서 백스터가 『칭의의 금언들』이라는 저서를 발표하기에 이르렀을까? 그는 1545년 6월, 청교도 전투 현장을 방문한 후에, 최전선에서 죽음에 불안해 하던 병사들을 위로하는 군목으로 참여했다. 백스터는 1547년 2월에, 치명적인 질병으로 거의 사망의 문턱에 이르렀다가 몇 달간의 회복과정을 거치면서 극복했다. 그러한 자신의 체험을 담아서 장례식장의 설교처럼 쓴 저서가 『성도들의 영원한 안식』(1647)이다. 그 후에 키더민스터 교회 목회자로 다시 복귀하였고 첫 번째 출간한 책이 『칭의의 금언들』이다.

1649년 경에 이르면서, 백스터의 명성이 교회 주변 지역에서 널리 알려졌다. 이런 자신감에 근거하여, 백스터는 『칭의의 금언들』을 내놓았다. 그러나 이 책은 당대 신학적인 논쟁들은 평정할 수 있는 학문적인 수작이라기보다는 일종의 제안서와 같았다. 하지만, 백스터가 나름대로 이 책을 저술하게 된 동기는 바로 그가 청교도 전쟁에서 만났던 반율법주의자들의 무례한 행동 때문이었다. 당시 많은 반율법주의자들이 영원한 선택을 받았다는 교리에 근거하여 무도한 행동들을 자행했던 것이다. 백스터는 바로 그런 자들을 목격

---

135 Richar Baxter, *Aphorisms of Justification* (London, 1649). 이 책은 칼빈주의 칭의론의 변형으로 지탄을 받고 있는데, 웨슬레에게 영향을 주었다는 평가를 받고 있다. Joseph W. Cunninghma, "Justification by Faith': ' Richard Baxter's Influence upon John Wesley," *The Asbury Journal*, 67:2 (2012):8-19.

하면서 큰 충격을 받았고 이를 교정하려는 의도에서 이 책을 출판한 것이다.

첫 부분 십여 쪽에서는 칼빈주의 구원의 교리가 요약되어 있었는데, 이 부분에서는 하나님께서는 자신의 택함을 받은 자들에게 오류가 없이 구원을 약속하셨다는 것을 강조했다. 그러나 나머지 부분들, 무려 325쪽에 이르는 제안적인 내용들은 정반대였는데, 택함받은 자들은 하나님의 구별된 특별은총의 빛 가운데서 하나님을 기쁘시게 해 드리는 삶을 살아야 한다고 주장했다. 물론 이 대목은 "반율법주의자들"에게 향하는 비판이었다.[136] 그들은 하나님께서 구원을 위해서 모든 조건을 다 충족시켰으므로, 우리 자신들의 행위나 노력들은 아무런 의미가 없으며, 구원을 얻는 자격에 있어서는 현재 행동에 따르는 처벌은 전혀 없다고 주장했기 때문이다.

백스터는 『칭의의 금언들』을 출판하기 전에, 한 동료 목회자에게 원고를 보냈다. 그런데 그 동료 목회자는 백스터의 원고에 대해서 불만을 표시하면서, 16가지의 질문을 제기했다. 그리고 백스터는 이에 대한 답변들을 부록에 넣었는데 그 분량이 188쪽에 이른다.[137]

---

136 Richard Baxter, *Plain Scripture Proof of Infants' Church Membership and Baptism* (London: 1651), 191, "I wrote that book especially against the Antinomians."

137 Richard Baxter, *Aphorisms of Justification*, appendix, 123-124.

또한 이런 출판 준비과정에서 백스터는 동료 목회자와의 편지를 통해서 오웬의『그리스도의 사망 안에서 죽음의 죽음』이 1648년 2월에 출판되었음을 알게 되었다. 그러나 백스터는 오웬의 책도 읽지 않은 채 자신의 입장을 옹호하는 책을 출판했는데, 그는 결국『칭의의 금언들』의 부록 부분 123쪽에다가, "오웬 씨의 마음을 잘 이해할 수 없다"고 실명을 언급하면서 비판하기에 이르고 말았다.[138] 백스터는 오웬에 대한 자신의 공개적인 비판이 얼마나 그에게 큰 상처가 될 것인가를 전혀 고려하지 않았던 것이다.

백스터는 오웬을 비판하면서 우리는 너무나도 쉽게 자신들의 죄를 지나치게 그리스도에게 부과하지만, 이에 반해 그리스도의 의로움은 너무도 쉽게 우리의 것으로 전가받는다고 주장했다. 이런 방식은 "우리 자신들의 책임성"을 소홀히 취급하게 하는 것이며, 십자가 위에서 일어난 사건에만 초점을 맞추는 것이라고 비판했다.[139] 이에 반해 오웬은 그가 자주 드는 예를 들어 설명했다. 한 죄수가 감옥에 갇혀있다고 할 경우에, 그의 죄를 배상하는 비용이 납부되는 순간에 그는 바로 풀려나게 된다. 이와 같이 어떤 죄인이 실제로 범죄의 행동을 실행하기도 전에, 그 사람의 죄값이 이미 지불되었다는 소식이 바로 복음이라고 했다.

---

138   Richard Baxter, *Aphorisms of Justification*, appendix, 137.

139   Richard Baxter, *Aphorisms of Justification*, appendix, 141.

백스터는 이런 오웬의 비유가 타당치 않다고 비판했다. 물론 백스터도 그리스도의 죽으심이 죄값을 치르기 위한 대속적 형벌이라는 성격을 받아들였다. 그러나 백스터 주장에 따르면 하나님께서는 그리스도의 죽으심으로 인해서 죄인들에게 용서와 사면을 제공하는 새 언약을 체결하셨는데, 이 때 백스터는 새 언약의 조건들을 강조했다. 다시 말해 구원의 조건으로써의 회개와 믿음, 그리고 이 언약에 대한 신실한 순종이 요구된다고 강조했다. 또한 백스터는 그리스도를 모든 인간을 위한 승리자로, 그리고 하나님의 나라를 통치하시는 분으로 강조했는데, 그렇게 부족함 없으신 하나님께는 굳이 꼭 죄인으로 하여금 감옥에서 죄값이 치러졌음을 알게하실 필요는 없다는 것이다. 만약 오웬의 주장을 따라 그리스도께서 십자가 위에서 죽으실 때에 죄인의 죄값이 치러졌다면, 이제 하나님께서 즉각적으로 죄인을 석방하는 것을 막을 수 없게 된다는 점에 대해서 백스터는 이의를 제기했다.

백스터가 처음으로 오웬을 비판할 무렵, 오웬은 청교도 진영에서 가장 중요한 신학자이자 설교자로서 국가적으로 큰 영향력을 발휘하고 있었다. 오웬은 1649년 8월부터 10월까지 올리버 크롬웰의 요청으로 북아일랜드 더블린에서 트리니티 대학교를 개혁주의로 바꾸는데 진력을 다했고, 이어서 크롬웰의 군대와 함께 1650년 7월부터 12월까지 스코틀랜드에서 군목으로 활약했다. 오웬은 그동안에 백스터의 비판을 무력화시키기 위하여 『그리스도의 죽음에 관하여』

를 출판했다. 이 소책자는 앞서 발표한 저서『그리스도의 사망 안에서 죽음의 죽음』(1648)와 제목이 아주 비슷하기 때문에 혼돈하지 말아야 한다.『그리스도의 죽음에 관하여』는 오로지 백스터의 오류를 비판하기 위해서 따로 저술한 소책자이기 때문이다. 이 책자를 출간한 후, 다음 해에 오웬은 옥스퍼드 대학교의 교무처장으로 부임했고 이어서 부총장으로서 개혁신학의 정착에 힘을 쏟았다.

오웬은『그리스도의 죽음에 관하여』에서 말하길, 청교도 전쟁은 하나님의 복음을 지키기 위해서 정당한 조치였으며, 이를 통해서 알미니안주의 교리가 확산되는 것을 방지하는 성과를 냈다고 평가했다. 오웬은 "하나님의 주권적이며 구별된 사랑과 유효적인 은혜와 상반되는 것들, 예를 들어 죄악된 대립, 죄악들, 부서진 본성을 갱신하고자 하는 이들은 별로 없었다"라고 평가했는데, 오웬은 여기에 해당되지 않는 사람이 백스터라고 지적했다.[140]

그러나 오웬은 십자가 위에서 정죄를 당하신 그리스도가 택함을 받은 각각의 성도들을 위해서 율법이 요구하는 것들을 정확하게 성취하신 대속적 죽음을 강조했다. 다시 말해 그리스도가 일반적인 대표자로서 죄에 대해서 죽으신 것이 아니라고 지적했는데, 이는 백스터의 견해를 정면으로 비판한 것이다. 또한 이 책에서 오웬은 말

---

140   John Owen, *Of the Death of Christ* (London: 1650. rept., Edingurgh: Banner of Truth, 1983), 10:431.

하길 "내가 단 한번도 받아들이지도 않았고, 동의하지도 않은 것을 마치 나의 견해로 단정하여 나를 비판하는 것은 견딜 수 없는 일이다.…그런 견해의 옹호자로서 비판을 당하는 것은 내게는 상당히 무례한 일이다"라고 응수했다.[141] 이 소책자에는 오웬의 상한 심정이 고스란히 표현되어져 있다. 특히 오웬이 자신의 심경을 표출하고자 선택한 단어들은 심각하게 내상을 입은 자의 입장에서 내놓는 일종의 해명이자 공격이었는데, 요지는 백스터가 오웬 자신의 책이나 문장에서 어떤 부분들은 의도적으로 생략도 하고, 왜곡된 구조로 비틀었다는 것이다. 오웬이 비판한 바 백스터는 잘못된 곳에다가 발을 맘대로 들여놓은 것이다.

백스터와 오웬 사이에 벌어진 첫 번째 논쟁의 요점을 다시 요약할 필요가 있다. 이 둘이 논쟁한 핵심 원인은 과연 죄인이 의롭다고 인정을 받는 칭의의 시점이 언제냐를 놓고서 대립한 데 있다. 칼 트루먼 교수는 두 사람 사이의 칭의론 논쟁을 정리하면서, 오웬의 칭의론이 가장 기초로 삼고 있는 것은 구원의 서정과 역사에 결정적으로 영향을 끼치는 삼위일체론적 신론과 구속 언약에 있다고 지적했다. 오웬은 영원한 칭의라는 용어를 사용했지만, 결코 반율법주의자들처럼 현재 행위에 대해서 무관심하려는 일종의 핑계로서 제시한 것이 아니다.

---

141   John Owen, *Of the Death of Christ*, 10:449.

"전가에 의하여 의롭다함을 얻는다라는 개신교의 칭의론은 항상 영원한 칭의를 지향하는 것이라고 비난을 받았다. 왜냐하면 당시 중세 후기 신학자들은 하나님의 절대권능과 하나님의 규정된 권능을 구별하면서, 실제적 의로움의 우선권과 어떤 특정한 사람을 의롭다고 선언하는 것을 필연적으로 분리시켰기 때문이다. 하나님의 뜻 가운데서 선언하는 것을 과연 어디에 위치시켜야 하느냐는 것은, 의롭다함을 얻는 사람의 내적인 가치에 대한 문제가 아니라, 칭의와 결정적으로 죄를 제거하는 시간상의 요소들과 칭의 사이에 연결을 어떻게 만드느냐에 달려 있는 것이다."[142]

다시 정리하자면, 칭의의 외부적인 전가는 지금 죄인의 내부에 어떤 일이 일어나느냐에 달려있는 것이 아니다. 모든 믿는 자는 한 번에 의롭다함을 얻었다고 말할 수도 있는 것이고, 십자가 상에서 의롭다하심을 얻었다고 할 수도 있으며, 이 세상이 창조되기 이전에 이미 일어났다고도 말할 수 있을 것이다. 이런 식으로 오웬이 "복음 안에서" 의롭다하심이 일어났으며 택함을 받은 자는 이미 모두 다 의롭다하심을 얻었다고 주장하자, 이에 백스터는 오웬을 비판하면

---

[142] Carl Truman, "John Owen on Justification," in *Justified in Christ: God's Plan for Us in Justification*, ed. K. Scott Oliphant (Ross-shire: Mentor, 2007), 91.

서, 칭의와 시간적인 요소들에 대해 의문을 제기한 것이다.

백스터는 우리가 지속적으로 의롭다하심을 얻도록 실천해야 한다고 맞섰다. 백스터는 칭의를 얻는 "내재적 조건들"intrinsic conditions 을 강조하려 했던 것이다. 주권적으로 시행되는 영원한 칭의를 받아들이게 되면, 예수 그리스도가 시간 속에서 택한 백성들을 위해서 죽으심으로 의로움을 전가시킬 필요가 없게 된다고 백스터는 주장했다. 그러나 영원한 칭의라는 개념은 하나님의 주권에 관련한 문제가 아니라, 하나님의 의로움과 정의를 성취하는 그리스도의 대속적 죽음과 그 적용에 관한 문제였다.

오웬은 결론적으로 칭의는 택함을 받은 자들이 의롭다고 선언되는 문제일 뿐만 아니라, 그리스도의 죽으심과 그 죽으심으로 인한 의로움의 전가를 요구한다고 설명했다. 그러나 죽으심으로 인한 의가 전가될 때에, 곧바로 모든 택함받은 자들에게 동시에 전가되는 것은 아니라고 보았다. 그래서 오웬은 "영원한 칭의"라는 용어에 대해서 반대하였다. 즉 오웬은 칭의를 구속 언약에 근거하여 주장했지만 결코 하나님의 율법을 희생시키는 것은 아니었다.

오히려 영원한 칭의라는 단어를 왜곡해서 사용한 것은 반율법주의자 토비아스 크리스프였다.[143] 크리스프의 저서는 1640년대에

---

143   Tobias Crisp, *Christ Alone Exalted* (London: 1643).

세 권 출판되었는데,[144] 이것에 대해서 사무엘 러더포드는 웨스트민스터 총회 석상에서 말하기를, 영원한 칭의는 반율법주의자들의 기초로써 가장 위험스러운 징표라고 지적했다.

객관적으로 사태의 전말을 살펴보면, 이 논쟁의 단초는 백스터가 먼저 『칭의의 금언들』(1649)의 부록에서 오웬을 실명을 거론하며 비난한 것이었다. 이로써 백스터는 돌이킬 수 없이 위험스러운 지역에 들어가 헤매는 것과 같은 행동을 시작한 것이다. 백스터는 서로 잘 알지도 못했던 사이인데, 굳이 오웬에 대해서 비판할 일이 무엇 때문이었을까? 또 오웬을 만나고 난 후에도 여전히 상대방을 비판하였던 이유는 무엇이던가? 한번 신뢰가 무너지자, 연속해서 서로 상대방에 대해서 비난을 이어갔는데, 애시당초 백스터가 어찌하여 이처럼 불편하고도 불확실한 관계를 만들었는지 안타깝기만 하다.

오웬의 『그리스도의 죽음에 관하여』는 백스터를 향한 집요한 비판서였다. 오웬이 자신에 관해서 이처럼 신랄한 비판을 남겼다는 것을 알게 된 백스터는 즉각적으로 이를 맞받아치는 저서를 출간하지 않았다. 다만 백스터는 그 뒤로 수십 여년이 흘러서 오웬이 사망한 뒤에, 지난 날 자신의 표현에 대해서 약간 후회의 심경을 피력했다. "내가 오웬 박사와 너무 공개적으로 관여를 했었고, 그의 한 두

---

144 Samuel Rutherford, *A Survey of the Spiritual Antichrist* (London: 1648).

군데 문장들이 반율법주의와 가깝다[145]"라고 언급하며, 그때는 자신이 너무나 젊어서 다른 사람들도 자신처럼 비판을 받아야 한다고 쉽게 생각했었다는 것이다. 백스터는 다른 사람들의 오류를 지적하는 것이 "오히려 그들이 한번 말했던 것에 대해서 더욱 더 열정적으로 주장하도록 만들어버렸다는 점"을 생각하지 못한 것이다.[146] 백스터는 오웬과 부딪히면서 이런 혹독한 상황들을 깨닫게 되었다. 그리고 얼마 동안 원래 자신의 성격과는 달리 조용하게 보냈다.

필자가 이 두 사람 사이의 논쟁에서 가장 주목하는 대목은 바로 그 다음 단계에서의 충돌이다. 처음 단계에서는 출판된 책을 통해서 양측이 서로를 비판했었다면, 한 차례 대면하여 만나게 되었을 때에 화해 혹은 타협을 할 수는 없었을까? 정말 다행히도 이 두 지도자들이 서로 얼굴을 대면하여 인사하고 교제할 기회가 일생에 딱 한번 있었다. 하지만 이때는 전혀 상대방을 인정하지 않았다.

청교도 전쟁에서 승리한 후, 국가 전체적으로 교회에 관련한 정책에 자문하기 위해서 1654년, 11월 4일 웨스트민스터 대사원의 부속건물에 있던 회의실, "예루살렘 챔버스"에서 중요한 지도자들의 회합이 있었다. 이곳은 웨스트민스터 신앙고백서 작성 기간에 중

---

145 Richard Baxter, *Reliquiae Baxteriane*, or *Mr. Richard Baxter's Narrative of the Most Memorable Passage of His Life and Times*, ed., Matthew Sylvester (London: 1696), 1:107.

146 Richard Baxter, *Reliquiae Baxteriane*, 1:107.

요한 모임과 준비 기도회가 있었던 장소로서 지금까지도 보전되어 오고 있으며, 중요한 회의가 열리는 곳이다. 12월 12일까지 한 달여 지속된 모임에서, 오웬과 백스터뿐만 아니라 교계 지도자들이 참가했다. 그러나 이미 두 사람은 저서를 통해서 비판했던 처지라서, 회의석상에서도 각각 자신들의 입장과 의견들을 갖고 대립했다. 이 자문위원회에서는 존 오웬이 주도적으로 영향을 끼치고 있었기 때문에, 사실상 백스터가 제시한 의견은 관철시킬 수 없었던 상황이었다. 오웬이나 백스터나 모든 위원회의 참가자들은 영국교회의 통합을 위한 방안을 모색했었다. 이 때 백스터는 사도신경, 주기도문, 십계명만을 기본적인 신앙의 헌장으로 제정하자고 주장했다. 그러나 다른 참가자들은 이 세 가지 문서들만으로는 영국교회의 신앙원리를 충족시킬 수 없다고 판단하여, 백스터의 제안을 받아들이지 않았다.[147] 왜냐하면 신앙 헌장이란 것이 이렇게 최소한의 내용만 담게 된다면, 심지어 삼위일체 교리를 부정하는 소시니안들마저도 서명하게 될 것이라고 염려했기 때문이다.

훗날 백스터는 자신의 생애에 관한 이야기들을 전하면서, 특히 이 모임에서 자신이 느낀 것들에 대해서 자세히 기록해 놓았다.[148] 런던 자문위원회 모임이 끝나고, 키더민스터로 돌아간 백스터는 새

---

147 Richard Baxter, *Religuiae Baxterianae*, 2:198, 204.

148 Baxter, *Reliquiae Baxterianae*, 2:198-204.

로운 저서에서 또 다시 논쟁을 확대시켰다. 1655년에 『리차드 백스터의 신앙고백』이 나왔는데, 무려 오백 쪽에 달하는 대작으로, 그 이전에 출판했던 『칭의의 금언들』을 여기에 모두 담고 더 보충을 했다. 그러나 백스터는 이 책에서 오웬을 "내가 아는 한, 가장 깨어있고, 박식하신 분이 신학을 이런 식으로 표현했다"면서, 오웬을 조롱하고 비판했다.[149] 백스터는 오웬의 책 『그리스도의 죽음에 관하여』에 나오는 문장을 인용하면서 직접적으로 비판했는데, 그 이유는 그것이 그에게 가장 중요한 문제이기 때문이라고 말했다.

반면에 오웬은 『그리스도의 죽음에 관하여』에서 영원 전부터 칭의가 확정되었다는 주장을 부인하면서, 그리스도가 "십자가 위에서 죽으실 때 택자들도 함께 죽었으므로, 그리스도의 공로가 택함을 받은 자들에게 전가된다"라고 했다. 당시 반율법주의자들은 하나님께서 영원 전부터 선택하실 때에 성도들의 칭의가 확정되었다고 주장하면서 전혀 성화의 노력을 기울이지 않았다. 그리고 백스터는 이 부분을 가장 민감하게 생각하고 있었는데, 바로 오웬의 저서에서도 이런 반율법주의자들의 논지가 그대로 발견된다고 재차 비판한 것이다. 백스터가 말하길 "이것이 바로 모든 논쟁의 핵심이며, 많은 위험스러운 오류의 뿌리이다. 나는 기독교 신앙을 가장 명쾌하게 타파

---

149 Richard Baxter, *Richard Baxter's Confession of Faith* (London: 1655), 219.

하고 있다고 생각한다"라고 말했다.[150]

필자가 판단하기에, 백스터의 비판이 너무나 지나쳤다. 왜냐하면 오웬도 백스터같이 계속해서 반율법주의를 비판했기 때문인데, 따라서 오웬을 반율법주의자로 치부한다는 것은 부당한 비판이다.

결국, 오웬도 결코 그냥 물러서지 않았다. 오웬도 칭의론에 관련된 세번째 책을 출판하였는데, 이번에는 아예 책 제목에다가 백스터가 이전에 주장한 것들을 철저히 논박한다는 선언을 명시적으로 표기해 버렸다.[151] 책 제목이 『그리스도의 죽음과 칭의에 관하여: 백스터 씨의 이전 비판에 제기된 것에 관련한 교리』(1655)였다. 백스터의 책이 출간된 지 수 개월 내에 매우 신속하게 쓴 비판서였다. 이 소책자에는 그 당시 오웬이 얼마나 깊은 상처를 받았는가를 금방 알아차릴 수 있는 직접적인 표현들이 많다. 자신을 반율법주의로 비판한 백스터의 이름을 직접 제목으로 표기하였을 정도로 대담하게 공격했고, 내용에서도 철저히 신율법주의를 비판했다. 백스터의 비난

---

150 Richard Baxter, *Richard Baxter's Confession of Faith*, 266. Owen, *Of the Death of Christ,* in Owen, *Works*, 10:468.

151 John Owen, *Of the Death of Christ, and of Justification: The Doctrine concerning them formerly delivered vindicated from the Animadversions of Mr. R. Baxter* (London: 1655); *The Works of John Owen*, ed. William H. Goold, 16 vols. (1850-1853; repr., Edingurgh: Banner of Truth, 1983), 12:591-616.

으로 인해서 손상된 자신의 명성과 학문에 대해서 최고 수준의 논문으로 오웬이 응수한 것이다. 오웬은 당대에 그 누구도 감히 덧붙일 수 없을 정도의 단호한 문장과 표현들을 쏟아부었다.

『그리스도의 죽음과 칭의에 관하여』(1655)는 소책자이지만, 전개된 내용들과 인용구들은 오웬이 당대 최고의 신학자임을 확실히 입증하고도 남는다. 전체 내용과 논지들은 백스터가 상상도 하지 못했던 고대 신학자들과 종교개혁자들의 인용구로 가득 채워져 있고, 오웬의 엄청난 독서량과 탁월한 신학적 지식을 마음껏 자랑하는 것들이 차고도 넘친다. 오웬은 수많은 헬라어 성경 구절들을 자유롭게 인용하여 논박했고, 크리소스톰과 어거스틴 등 초대 교부들의 문장들을 수없이 인용하면서 비판했다. 성경구절은 특별한 본문의 지적 없이 모두 다 헬라어로 썼다. 또한 라틴어로 표현한 인용들이 넘치는 가운데, 자신의 주장을 압축하는 부분만 영어를 사용했는데 헬라어, 라틴어, 영어를 자유자재로 구사하여, 원어에 무식한 자들의 허를 찌르고자 하는 의도가 확연히 드러나 있다. 이 글은 영어로 된 글이지만, 헬라어와 라틴어의 구절들이 더 많다고 할 정도다.

오웬은 옥스퍼드 대학교에서 청소년기에 십 년 이상을 수학했었고, 그 후에 이 글을 작성할 당시에는 교수부장으로서 신학을 강의하고 있었으므로, 중요한 문장들을 암기하고 있었을 것이다. 그리고 오웬은 마치 백스터에게 이렇게 응수하는 것같다. "그대처럼 무식한 사람이 용감하게 칭의를 거론하는 신학자들의 세계 안에 들어와서 감히 칼을 들고 공격하느냐?! 도대체 내가 누구인줄 알고 감히 비판을 하다니 기가찬다. 네가 이제까지 나를 비판했으니, 지금부터 진짜 뜨거운 신학의 맛을 보라!"라고 말이다. 오웬은 공손한 표현없이 상대를 찌르듯이 진리의 내용들을 선언하였다. 이는 백스터에게 더 이상 칭의 교리에 대해서 책을 낼 정도로 지식을 가졌다고 말하지 말라고 경고하는 것과 같았다. 도대체 헬라어와 라틴어를 모르면 조용히 입을 다물고 있어야지, 왜 감히 신학도 제대로 모르는 자가 감히 비판하는 책을 발표했느냐고 따져 묻는 듯 하다.

더구나 오웬은 백스터를 만났다고 분명히 밝혔다. 따라서 자신을 반율법주의로 비판하는 백스터의 주장에 대해 펄쩍 뛰면서 반박했다. 오웬은 믿음과 회개, 선행과 순종을 구원의 과정에서 필수적인 조건들로 가르치는 백스터에 대해서 조목조목 비판했다. 백스터가 자신의 전제들에 매몰되어서, 자신이 알고 있는 것에 대한 주장만을 설명했다는 것이다. 다시 말하지만, 심히 모욕감을 느낀 오웬은 자신을 비난한 백스터가 도리어 지나치게 자만하여, 우월의식, 다른 사람들과의 경쟁심, 자기기만 등에 사로잡혀 있다고 비판했다.

또한 오웬 자신은 다윗에게 보냄을 받아서 저주를 퍼부은 시므이와 같이 목소리를 발휘하려는 것이 아니라(삼하16:5–14), 단지 겸손하게 만들고자 비판하는 것이라고 반박했다(고후12:7). 압살롬의 반란 때문에 잠시 피신하던 다윗은 시므이의 저주를 하나님으로부터 온 것으로 받아들였고, 사도 바울은 그가 받은 환상과 계시로 인해서 교만하지 않게 하시려고 하나님께서 사탄의 가시를 사용하셨다고 말했던 것처럼 지금 오웬은 백스터를 겸손케 하는 역할을 하고 있던 것이다.

오웬은 특히, 이 소책자의 첫 서두에서, 백스터가 반율법주의에 대해서 하고 싶은 비난을 자신에게 퍼부었다고 지적했다.[152] 백스터가 자신을 "반율법주의 군대의 일원으로 몰아넣어 버렸다"라고 거듭해서 불만을 토로했다.[153] 선택이 영원 전에 있었고, 그리스도의 죽으심으로 말미암으며, 그들이 믿기 이전에 이런 일들이 일어났다는 표현을 했는데, 과연 이런 내용들이 반율법주의와 비슷하다고 하더라도, 과연 자신이 복음을 뒤집었다고 비판할 수 있겠느냐고 따져 물었다. 오웬은 영원 전으로부터의 칭의, 그리스도의 십자가 안에서 주어진 칭의를 주장하면 모두 다 반율법주의가 되는 것이 아니라는 점을 주장했다. 또한 자신이 어떤 칭의교리를 새로 개발한 것이 아니라, 개혁신학의 입장과 보편적인 관점을 따르고 있음을 역설했다.

오웬은 거대한 교회 역사 속에서 발전되어 내려온 신학의 흐름과 내용을 잘 모르는 백스터로부터 심각한 모욕을 당했다고 생각

---

152 Owen, *Of the Death of Christ, and of Justification*, 12:592, "the aspersion of me for an Antinomian."

153 Owen, *Of the Death of Christ, and of Justification*, 12:601, "I am enrolled into the troop of Antinomians."

했다. 따라서 이 소책자에서 철저히 헬라어 원문 성경과 초대 교부들의 라틴어와 신학적으로 중요한 구절들을 인용하면서 주요 논점들을 펼쳐나갔다. 오웬이 자신의 칭의론으로 주장하는 내용들이 무엇인가를 제시하였고, 백스터가 이런 내용들에 대해서 어찌하여 흔쾌히 동의하지 않았는지 의문을 제기했다. 오웬의 논지를 따라가면, 백스터의 문제점들이 선명하게 드러난다.

다음은 오웬이 칭의론의 핵심을 서술하면서, 백스터가 주장하던 신율법주의에 담긴 "조건들"에 대해서 비판한 것들이다;

1. 우리 주 예수 그리스도를 믿음으로 받아들이는 자들은, 그리스도를 신뢰하고 순종하는 자들에게 주시는 것, 즉 의롭다 하시는 믿음 또는 <u>믿음으로 의롭다 함을 얻는다.</u>[154]

2. 의롭다 하심을 얻게 하는 그 믿음은 우리가 다른 사람의 의로움이나 또는 <u>다른 수단을 손으로 붙잡는 것이 아니다.</u> 우리 속에 있는 의로움을 전부 내버려야만 한다.

3. <u>믿음, 회개, 순종이 우리들의 칭의를 제공하는 것이 아니요,</u> 유효적이거나 공로적인 근거가 될 수 없다.

---

154 Owen, *Of the Death of Christ, and of Justification*, 12:597.

4. 하나님 앞에서 우리들의 칭의에 있어서, 믿음(또는 회개)의 참된 사용은 그것들이 하나님의 지정하심에 따라서 사용된 조건이기 때문이다. 우리는 믿음으로 의롭다 함을 얻었고, 따라서 의로움은 우리에게 전가된다.

5. 우리의 칭의는 죄의 책임에서 면제되는 것이요, 그에 합당한 형벌로부터 자유롭게 되는 것이며, 그 외에는 아무것도 아니다. 우리들의 중생은 우리들이 면제받게 되는 조건이요, 여러 가지 면에서 우리들의 의로움이다.

6. 우리가 이 면제에 이르게 되는 방법은 이것이다. 하나님의 유일하신 아들, 예수 그리스도가 잃어버린 자들, 죄악된 인류에게 그의 사랑과 은혜를 보이고자 보냄을 받으셔서, 죽음에 이르기까지 순종하셨다. 그 순종의 보상으로 존귀케 되셔서, 자신이 구원하시고자 하는 자들을 용서하고자 신적인 권한을 행사하시는 것이다. 그가 단번에 순종과 믿음의 조건을 충족하심에 근거하여 모든 [믿음을 가진] 사람들에게 일반적 적용이 가능하게 되었고, 각각의 사람들을 실제로 의롭게 하셨다.

7. 바울은 법적인 방식과 율법의 완전한 행위가, 즉 선행의 은혜와 용서를 얻는 방법이 아니라는 것에 대해서 언급했고, 야고보는 복음의 새로운 순종의 행위에 대해

서 가르쳤다.

8. 우리의 믿음과 순종을 부인하는 것은 바로 그것이 우리들의 <u>칭의의 조건</u>이 되기 때문이다. 우리에게 <u>전가된 그리스도의 순종에 의해서</u> 우리가 의롭게 된다고 주장하는 것은 모든 순종을 무너뜨리는 방식이 될 수 있고, 세상에서 모든 거룩함과 의로움으로부터 벗어나게 하는 것이다.

9. 우리들의 <u>믿음, 회개, 순종</u>은 우리들의 <u>칭의 지속되어지는 열매들이</u> 아니고, <u>칭의가 주어지기 그 이전에 조건들이다.</u>

10. 그리스도의 죽으심은 우리들의 죄가 용서를 받은 동력적인 원인이며, 어떤 의미에서 우리들의 <u>죄를 사하시는 조건</u>이다.

11. <u>죄의 사면과 용서</u>는 오직 <u>그리스도의 죽으심의 직접적인 효과들</u>이다.

이상 열 한가지 주장들은 오웬이 직접적으로 백스터에 대해서 반박하는 것들이다. 필자가 보다 더 정확하게 강조하기 위해서 밑줄을 그었을 뿐이다.

백스터의 신율법주의는 칭의를 얻기 위한 조건들로 믿음, 회개, 순종을 강화시켰다. 이와는 정반대로, 오웬은 그리스도가 이들 칭의의 조건들을 모두 다 성취하였다고 강조했다.

이 소책자의 끝부분에서, 오웬은 백스터가 공격했던 내용들에 대해서 반박했다. 로마서 8장 28-30절에 근거하여, 영원 전부터 실제로 의롭다하심을 얻는다는 주장을 오웬은 전혀 하지 않는다고 말했다. 자신에 대한 오해를 확실하게 매듭지었다. 이 구절들을 통해서, 성부와 성자 사이에 택하신 자들을 위한 "구속 언약"을 믿는다고 주장하면서, 백스터에게 반격을 가했다.[155] 이미 웨스트민스터 신앙고백서에서 "구속 언약"을 정립했으므로, 더 이상 자신의 문장에 대해서 트집을 잡는다거나 논쟁을 일으키지 말라는 의미가 담겨져 있었던 것으로 보인다.

백스터는 웨스트민스터 신앙고백서의 칭의론과 언약사상에 대해서 깊은 연구를 하지 않았거나, 내심으로 찬동하지 않았던 것으로 보인다. 웨스트민스터 신앙고백서 7장에는 "구속언약", "행위언약", "은혜언약"이 핵심이다. 하나님께서 친히 인간에게 낮아지셔서 역사 속으로 찾아오셨고 divine condescension, 처음에는 아담과 그리고 그의 후손들에게, 마지막으로는 예수 그리스도 안에서 언약을 맺으셨다. 언약은 삼위일체 하나님께서 의롭고 평화로운 새 창조를 통해서 그의 영원한 영광의 깊이를 보여주는 개념들이다.[156] 오웬은 언

---

155 Owen, *Of the Death of Christ, and of Justification*, 12:615.

156 Sinclair B. Ferguson, *The Trinitarian Devotion of John Owen*, Long Line of

약에는 성부 하나님의 영광을 드러내려는 목적이 담겨져 있으며, 그 작정의 핵심은 그리스도라고 강조했다. 하나님의 작정은 최종적으로 "하늘에 있는 것이나 땅에 있는 것이나 다 그리스도 안에서 통일되게 하려 하심이라(엡 1:10)"라고 강조했다.[157]

그럼 이러한 호된 공격을 당한 후에 백스터는 어떻게 대처했던가?

백스터는 곧바로 이 소책자에 대해서 반격을 하지 않았다. 아마도 그에게는 이 소논문의 헬라어와 라틴어 인용 등 본문의 내용을 전부 다 이해하기가 무척 어려웠을 것이다. 오웬의 결정적인 비판이 출판된 지 두 해가 지난 후에, 이 책에 대한 백스터의 응수가 나왔다.

1657년에 백스터의『성례에 대한 확실한 논증, 그리고 보이는 기독교의 참된 본질』이 출판되었는데, 이 책에서 오웬을 다시 공격했다.[158] 백스터는 개인적으로 심하게 공격을 받았다고 불평하면서,

---

Godly Men Profile (Orlando: Reformation Trust, 2014). idem, *Some Pastors and Teachers: Reflecting a Biblical Vision of What Every Minster Is Called to Be* (Edinburgh: Banner of Truth, 2018).

157 John Owen, "Christologia: Or A Declaration of the Glorious Mystery of the Person of Christ-God and Man," in *The Works of John Owen*, 1:62-64.

158 Richard Baxter, *Certain Disputations of Right to the Sacraments, and the True Nature of Visible Christianity* (London: 1657).

"사탄의 전달자가 나를 때려눕혔다"라고 오웬의 비판을 무참하게 비난했다.[159] 오웬의 "책략적인 원한"ingenious malice으로 인해서, 백스터 자신의 비판이 전혀 이해를 받지 못했다는 것이다. 백스터는 이전부터 인용했던 똑같은 문장을 지속적으로 활용하며 오웬을 비판했다. 즉 오웬이 칭의에서 영원이란 시간을 언급하는 것 자체가 영원으로부터 칭의 교리를 발전시킨 것이라고 비판한 것이다. 그리고 백스터는 전혀 엉뚱하게도 자신이 승리하였다고 선언하였다. 그리고 결국 이런 단어들과 문장들은 오웬을 또 다시 격노케 하고 말았다. 마음에 품고 있는 생각이 단어들에 담겨져서 밖으로 표현되는 것이다. 사람의 말은 상대를 격노케도 하며 죽이기도 한다.

물론 오웬이 구원에 있어서 영원한 작정의 시간을 언급하기는 했지만, 각 개인에게 의식으로 적용될 때 고려할 사항들이 있음을 추가적으로 설명했다. 오웬이 언급한 영원 전에 있었던 성부와 성자 사이의 "구속언약"은, 결코 반율법주의자들이 영원한 선택을 근거로 아무런 회개와 선행의 노력이 필요 없다고 주장한 왜곡과는 전혀 상관이 없는 내용이다.[160]

백스터는 오웬과의 대립 관계가 심각했었더라도, 아마도 다시

---

159 Richard Baxter, *Certain Disputations*, 486.

160 John Owen, *The Doctrine of Justification by Faith*, vol. 5 of *The Works of John Owen*, ed. William H. Goold (Edinburgh: Banner of Truth, 1965), 5:129.

타협을 할 수 있기를 기대했던 것으로 보인다. 어쩌면 오웬과 백스터는, 넓은 의미에서 볼 때에, 칭의에 관한 합의에 도달할 수도 있었을 것이다. 그래서 백스터는 "우리가 서로 날카롭게 충돌하는 것에서 가까워지고, 만일 합의를 한다면, 매우 화가 나는 일이지만, 우리는 서로 일치할 수 있을 것이다."고 썼다.[161] 그러나 백스터가 최상의 결과로 희망했던 일은 일어나지 않았다. 만일 이 두 사람이 자신들의 입장에서 물러나서 파선된 관계를 다시 복구시키게 되더라도, 백스터에게는 "화가 나는 합의"angry agreement라고 느꼈던 것이다.

나름대로 성공한 목회자 백스터였지만, 당대 최고의 신학자 오웬의 공격과 비판을 이겨낼 수 없었을 것이다. 백스터의 신율법주의는 오웬의 청교도 신학과 칭의론에 충돌할 수 밖에 없었다. 그럼에도 백스터가 지적받은 사항들을 수정하거나, 타협적인 제안을 하지 않았던 이유는 어디에 있었을까? 극단적인 비판과 상대방을 비난하는 인쇄물을 출판하기까지 대립적이 되었던 이유들을 찾아보자면, 결정적으로 대처방안이 달랐기 때문이다.

가장 분명한 것은 백스터가 청교도 전쟁의 현장에서 얻은 '트라우마'가 깊었다는 사실이다. 그는 반율법주의에 물든 병사들의 나태함에 치를 떨었고, 어떤 개인적인 관계라도 희생하면서까지 진리를 옹호하고자 다짐했던 것이다. 그러한 백스터가 반율법주의와 비

---

161 Richard Baxter, *Certain Disputations*, 483.

숫한 주장을 하는 오웬의 문장을 읽게 되었던 것이다. 당대 최고의 신학자 오웬의 책에 있었던 구절을 백스터는 그냥 지나치지 않았다. 백스터는 반율법주의에 대한 공격의 대상을 우회해서 오웬으로 표적을 옮긴 것이라고 볼 수 있다. 그러나 안타까운 것은 오웬도 역시 반율법주의에 빠진 자들의 만행과 악행에 대해서 심각하게 우려했었다는 사실이다. 그래서 백스터가 자신에 대해서 반율법주의와 유사하다고 비판하는 것들을 결코 받아들일 수 없었다.[162]

문제는 백스터였다. 논쟁의 시작은 백스터가 오웬을 비판하면서 시작된 것이다. 만약 백스터가 먼저 오웬을 실명으로 언급하지 않았더라면 오웬도 그냥 지나쳤을 것이다. 또한 백스터가 책을 출간하기 전에 의문을 제기한 백스터의 친구 목회자의 말을 백스터가 수용했다면, 그런 논쟁은 없었을 것이다. 결국 이 모든 사태는 백스터의 수정된 칼빈주의 신학 때문에 풍파가 일어난 것이다. 만약 이런 과정들로 대립적인 관계가 형성되지 않았더라면, 이들 두 사람은 보다 건설적인 동지로서 청교도 교회를 위해서 협력했을 것이다.

---

162   Tim Cooper, *When Christians Disagree*, 23.

백스터의 마지막 비판과 결론

앞에서 이미 설명한 바와 같이, 백스터와 오웬은 한 차례 대면하여 만났다. 1654년 11월에 런던에서 소집된 자문위원회에 참석했었다. 그러나 백스터는 여기서도 자신의 제안이 관철되지 못했고, 오웬에게 참패를 당했다고 생각했다.

키더민스터의 목회자로서 교구 목회를 담당했던 백스터는 자신의 기질을 발휘해서 일정 부분 탁월한 지도력을 발휘했었다. 하지만, 다른 신학자들과의 관계에서는 자신의 견해만을 단호하게 옹호하려 했다. 백스터는 토론이나 논쟁 시에, 겸손함이나 은혜에 넘치는 표현들을 하지 않았다. 물론 당대 최고의 신학자로 존중을 받은 존 오웬도 지나친 표현을 백스터에게 사용했던 아쉬움은 있다. 오웬에게는 당대 최고 권력자들에게 자문하는 국가적인 권위가 주어져 있었고, 최고의 학문을 자랑하는 옥스퍼드 대학교 부총장으로 신학적인 탁월함을 인정받는 자리에 있었다. 그러나 그런 오웬도 옥스퍼드 대학교의 성공회 신학을 완전히 청교도 신학으로 바꾸는데는 실패하고 말았다. 사도 바울과 바나바는 선교여행 도중에 서로 의견이 달라서 갈라섰지만, 결과적으로는 하나님의 섭리 가운데서 복음이 편만하게 전파됐으므로 때로는 의견충돌도 좋은 결과를 도출할 수 있다. 그러나 청교도 혁명의 절정기에 일어난 오웬과 백스터의 충돌은 끝내 타협과 화합에 이르지 못했다. 백스터는 오웬이 죽고난 이후에도 끝까지 오웬에 대한 비판을 멈추지 않았다.

1660년 왕정복고 이후 청교도들은 교회와 강단을 잃어버리면서 상황은 어려워졌다. 오웬과 백스터는 국교회의 통일된 헌장에 서명하지 않았지만 청교도들은 국왕에 대한 충성심이 없는 자들로 탄압을 받았다. 1670년대 청교도들은 모든 것을 잃어버렸다. 오웬과 백스터는 둘 다 런던에서 집필에 집중했지만 둘 사이에는 전혀 교류가 없었다. 하지만 국교회로부터 갖은 핍박을 당하던 장로교회와 회중교회가 하나로 다시 연합하도록 두 사람이 마지막 영향력을 발휘할 기회가 있었다. 오웬은 백스터의 제안서를 냉정하게 되돌려 보냈다. 이렇게 끝까지 이 두 사람은 화해를 이루지 못했다. 또한 백스터의 마음 속에도 먼저 세상을 떠난 오웬에 대한 분노가 여전히 사라지지 않고 남아있었다.

오웬은 1683년 8월 24일 하나님의 부름을 받았다. 그 다음 해에 출판된 책에서, 백스터는 오웬의 명예를 추락시키려는 비난을 담았다.[163] 오웬이 자신의 지난 날을 반성하는 문장을 그대로 인용해서 백스터가 자신의 책에 옮겨놓았다. 백스터는 오웬이란 사람이 편협하고, 다혈질이며, 지독한 권위주의자였음을 드러내고자 했다. 한

---

[163] Richard Baxter, *An Account of the Reasons Why the Twelve Arguments Said to Be John Owen's Change Not My Judgment about Communion with Parish Churches,* book 3 in *Catholick Communion Defended aginst Both Extreams* (London, 1684), 21.

걸음 더 나아가, 오웬은 한편으로는 삼위일체 이단 아리우스주의라고 하는 소리를 듣는 자이며, 다른 한편으로는 반율법주의자들의 견해를 자주 표명했다고 백스터는 다른 사람들의 비판을 인용하는 형식으로 비판했다.

또한 오웬이 죽은 후에 백스터는, 오웬이 올리버 크롬웰의 아들인 리차드 크롬웰이 퇴진하도록 촉구했다고 비난했다.[164] 그러나 백스터의 주장처럼 실제로 오웬이 그런 역할을 해냈는지는 사실 여부를 확인할 수 없다. 이는 정치적으로 가장 첨예한 사항이었기 때문에, 호국경 리차드 크롬웰이 권좌에서 물러나는데 오웬이 어떤 역할을 했는지 알 수 없다. 리차드 크롬웰이 아버지의 자리를 물려받았지만, 그가 퇴진하도록 오웬과 그의 지원 세력이던 군대 지휘관들이 압력을 가해서 스스로 포기하도록 만들었는지는 전혀 알 길이 없다.[165]

어쩌면 백스터가 그렇게 오웬을 비판한 이유는, 과거에 오웬이 올리버 크롬웰이 왕의 자리에 취임하는 것에 대해서 반대하였던 적이 있었기 때문에, 또 다시 그가 왕권의 지위를 세습하는 중대한 실수를 범했다는 비난 여론을 확산시키고자 백스터가 이런 문장을 남겼을지도 모른다. 오웬이 과연 리차드 크롬웰에게 어떤 조언을 했는

---

164   Richard Baxter, *Reliquiae Baxterianae*, 1:101.

165   Tim Cooper, *When Christians Disagree*, 116.

가에 대해서는 아직까지 그 어떤 객관적인 증거도 찾아볼 수 없다. 그 당시나 지금이나, 오웬에 대한 백스터의 지독한 비난에 동의할 사람은 없을 것 같다.

1691년 12월 8일 새벽에, 백스터도 76세로 세상을 떠났다. 오웬이 소천한지 8년 후였다. 사실 백스터의 인생은 후반부 31년 동안 비국교도로 살면서 힐들었다. 모든 청교도들은 박해 속에서 고통스러운 핍박을 당했다. 왕정통치와 국교회의 체제 아래서 사는 것은 그 이전의 전쟁 때보다 더 어렵고 고통스러웠을 것이다. 키더민스터 교회당 앞에는 백스터의 공로와 성취를 기념하는 동상이 지금까지도 우뚝 세워져 있다. 그가 강단에서 높이 들어올린 손은 엄청난 성취와 목양적 업적에 어울린다. 동시에 그가 남긴 글과 체험과 경험과 기억들 속에는 비판적 충돌이 아로새겨져 있다. 백스터의 신학사상에 대해서 공감하는 쪽보다는 비판하는 자들이 더 많았으므로 힘들었을 것이다.

성경은 완전한 진리의 말씀이지만, 사람의 부족함 때문에 완벽한 신학과 공평한 관점과 공정한 평가를 한다는 것이 어렵다. 인간은 "사각지대"blind spot의 결점과 오점을 가졌기 때문에, 오직 하나님만을 바라보아야 하며 주 예수 그리스도의 은혜와 성령의 인도하심에 의지해야만 한다. 청교도 혁명은 정치와 권력의 전쟁이면서도, 동시에 "신학적 전쟁"이었다. 시민 전쟁에서 수많은 사람들이 목숨을 잃었듯이, 진리의 싸움에서도 역시 심각한 상처가 발생했다. 생사 여부를 놓고서 쟁투하던 시기였기에, 청교도 신학자들도 관용과 포용력을 발휘하지 못했다.

모든 사람에게는 "사각지대"가 있으며, 자신만의 한계가 있기 마련이다. 저명한 신학자든지, 유명한 목회자든지, 하나님의 아는 지식을 모두 다 소유할 수는 없다. 성경을 기록한 선지자들과 사도들이 많았다는 것이 함의하는 바는, 하나님의 진리와 지혜가 오직 한 두 사람에게만 주어진 것이 아니라는 사실이다. 한 사람에게 하나님을 아는 지식을 몽땅 다 주시지 않았다. 따라서, 신학자와 목회자는 자신의 한계를 인정해야만 한다. "사각지대" 혹은 자신이 볼 수 없는 "뒷모습"에 대해서 지적을 당할 때는 겸손해야만 한다. 교회에서 절대 진리를 선포하는 설교자라 하더라도, 다른 사람들의 관점에 대해서 존중하여야만 한다. 다른 사람의 견해를 평가하면서, 최대한 공정하도록 노력해야 한다. 또한 관대한 안목으로 바라보아야 한다. 적대적인 심리상태로 상대방의 신학적인 제안을 비판하거나 저울질해서는 결코 합의된 결론을 도출할 수 없는 것이다.

8 오늘날에도 반율법주의가 있는가?

무엇 때문에 잉글랜드의 과거 사건에 대해서 역사적으로, 신학적으로 이토록 자세히 연구하고 살펴보아야 하는가? 그것에 대해 이렇게 치밀하게 분석하는 이유는 지금도 반율법주의가 성행하기 때문이다. 물론, 전 세계적으로 정통 개혁주의 신학을 따르는 교회에서는 그 누구도 반율법주의를 따라가지 않는다. 칭의와 성화의 교리를 균형 있게 배우기 때문이다. 그러나 오늘날에도 반율법주의는 교묘한 방식으로 옷을 갈아입고, 현대 교회의 강단을 통해서 왜곡된 주장을 마치 참된 복음인 양 퍼트리고 있다.[166]

현대 교회에 스며들어 있는 반율법주의자들은 자유롭고도 매력적이며 은혜로운 주제들을 제시한다. 사실 반율법주의가 일반 성도들에게는 훨씬 더 호소력이 있고, 듣기에 좋다. 그저 주일에 오전 예배에 한 번 참석하는 정도의 기독교 신자들은 반율법주의자들의 본질을 제대로 파악하기가 힘들다.

반율법주의자들은 기독교 신자의 높은 영광과 고결한 이상, 칭

---

[166] Harley J. Schwartz, "Sons Without Discipline: The Deficient Holiness of 17th Century Antinomianism," (Reformed Presbyterian Theological Semianry, 2022), 1-20.

의, 은혜, 하나님의 사랑, 그리스도와의 연합 등을 자주 언급한다. 그리스도의 복음으로 살아가는 성도들에게는 영광스러운 성공과 승리가 곧 찾아올 것이라고 선포한다. 성도들은 죄와 더불어 심각하게 싸워야 한다는 청교도의 메시지보다 복음의 은혜와 가까이 다가오는 믿음의 승리에 대해서 더 듣고 싶은 것이다. 반율법주의자들은 예수 그리스도가 모든 것이라고 말한다.[167] 그리스도가 모든 것을 성취하셨으므로, 복음은 좋은 것이며, 안전한 것이라고 말한다. 그러나 존 오웬은 그리스도가 "죄의 죽음"을 해결하였기에, 성도들은 예수 그리스도를 따라가면서 더욱 더 죄와의 영적인 싸움을 심각하게 실천해야만 한다고 가르쳤다.

반율법주의자들은 율법이 우리들에게 바른 삶을 안내해 준다는 정도까지는 인정한다. 그러나 우리들 중에 그 누구도 율법의 요구에 완전히 복종하지는 못한다는 것이며, 천 명에 한 명도, 만 명에 한 명도 완전하게 지키지 못한다는 식으로 성화의 삶을 과소평가해 버린다. 더구나 그 율법은 구약시대에 한정됐다고 강변한다. 그러나 우리가 완전히 율법을 다 지킬 수 없다면, 우리는 날마다 회개해야 하고 주님의 말씀과 성령의 도우심으로 온전하게 되려고 분투하고 노력해야만 한다.

---

167 Tullian Tchividjian, *Jesus + Nothing = Everything* (Wheaton: Crossway, 2011), 11.

반율법주의는 신학체계로서는 불량품이다. 이튼의 선언에만 매달리는 가짜 복음이다. 이튼의 설교에는 성경 전체를 통해서 제시되는 종합적인 신학 체계가 없다. 이튼이 남긴 매우 지엽적인 부분에만 매달리는 것이다. 특히, 구원론에서도 오직 칭의만을 강조하면서, 성화의 해결방안을 제시하지 못했다. 반율법주의자들의 오류에 맞서서 정통 개혁주의 신학자들이 정반대의 가르침을 제시하지 않을 수 없었다. 개혁주의 정통 신학에서는 성화를 이룩하지 못한 성도들이 그리스도의 의로움을 믿음으로 전가 받아서 의인으로 인정을 받는다는 것을 강조한다. 믿음으로 주님과 연합한 자들에게는 "이미" 완성된 성화를 인정받으며, 동시에 "아직" 이뤄져야 할 성화가 남아 있다. 그러나 반율법주의에는 이러한 복합적인 성화의 개념이 전혀 없다. 존 머레이 교수는 "결정적 성화"라는 표현으로 그리스도와의 연합에서 이미 최종 선언이 내려져 있음을 강조했다.[168] 그리고 우리는 날마다 존 번연이 '기독'의 삶으로 제시했던 것과 같이, '점진적 성화'의 실제 진행에 진력하여야 한다.[169]

웨스트민스터 신앙고백서에서는 믿는 자들은 "실제로, 그리고 인격적으로 성화된다"라고 가르친다(13장 1항). 비록 불완전하더라

---

168 John Murray, "Definitive Sanctification" and 'Progressive Sanctification,' in *The Collected Writings of John Murray*, Vol.2: 278-299.

169 John Bunyan, *Pilgrim's Progress* (Grand Rapids: Baker, 1973).

도 선한 일을 행할 수 있으며, 율법의 지도를 받아서 성화가 망가지지 않도록 살아간다.

참된 성도라고 한다면, 하나님을 진심으로 사랑하며, 그의 율법을 지키고 순종해야만 한다.

"우리가 하나님을 사랑하고 그의 계명들을 지킬 때에 이로써 우리가 하나님의 자녀를 사랑하는 줄을 아느니라 하나님을 사랑하는 것은 이것이니 우리가 그의 계명들을 지키는 것이라 그의 계명들은 무거운 것이 아니로다(요일 5:2-3)"

반율법주의자들은 입으로는 항상 그리스도를 높이고 칭의에 대해서 강조하지만, 문제는 율법과 계명의 안내를 받아서 성취되어 나가야 할 성화를 희석시켜버린다는 점이다.[170] 부모들은 자녀를 훈계와 교훈으로 양육해야 한다(엡 6:4). 하나님께서도 성도를 자녀로 대하심으로 지켜야 할 규칙과 기준을 알려주고, 도덕적인 교훈을 주며, 이를 어겼을 때에는 단도직입적으로 심각하게 깨우쳐주는 일을 하신다. 우리 주님께서는 형으로서 제자들을 이끌며 은혜로운 품성들을 갖춰 나가도록 지나치거나 과도하게 책벌을 하지는 않으셨다.

---

170 Elyse M. Fitzpatrick and Jessica Thompson, *Give Them Grace: Dazzling Your Kids with the Love of Jesus* (Wheaton: Crossway, 2011), 13.

그러나 반역하고 거역하는 악한 영들과 불순종의 무리에게는 단호하게 책망하셨다.

끝으로 현대 미국의 반율법주의자들에 대해서 살펴보자.

미국에서 1980년대 말에 일어난 '주되심 구원 논쟁 the lordship salvation controversy'에서 믿음과 행위 사이의 관련성에 관한 심각한 토론이 있었다. 반율법주의자들이 주장한 내용과 매우 비슷한 논지를 주장하는 세대주의 신학자들이 논쟁을 불러일으켰다.

이는 초교파 복음주의 설교자로 전 세계에 영향을 끼친 존 맥아더 목사와 그의 책, 『예수를 따르는 복음』으로 인해서 촉발되었다.[171] 맥아더 목사는 기본적으로는 밥존스 대학을 졸업한 근본주의 목회자인데, 로스엔젤레스에서 '그레이스 커뮤니티 교회Grace Community Church'를 개척하여 대교회로 부흥시켰다. 그리고 그는 '마스터스The Master's기독교 대학교'와 '마스터스 신학대학원'을 설립하는 등 큰 영향력을 발휘하고 있다.

이러한 맥아더 목사에게 비판을 가하면서, '주되심 구원 논쟁'을 촉발시킨 신학자들은 일부 골수파 세대주의자들이었다. 세대주의도 여러 그룹이 있다. 맥아더 목사는 누구든지 그리스도를 주님이

---

171 John F. MacArthur, Jr., *The Gospel According to Jesus* (Grand Rapids: Zondervan, 1988).

자, 구세주로 고백하면 값없이 주시는 구원을 얻는데, 거룩한 생활을 지속적으로 유지한 성도에 한해서만 장차 주님의 임재하심에 들어갈 것이라고 주장했다(벧후 2:20). 맥아더 목사가 강조한 바, 거룩한 생활을 지속적으로 유지해야만 천국에 들어갈 수 있다는 것은 청교도들의 성화와 성도의 견인교리에 속한다. 맥아더 목사가 주장한 핵심 내용은 로마서 10장 9절, "네가 만일 네 입으로 예수를 주로 시인하며 또 하나님께서 그를 죽은 자 가운데서 살리신 것을 네 마음에 믿으면 구원을 받으리라"는 복음이다. 사실 이 구절은 예수 그리스도를 믿는다고 고백을 할 때에, 예수님께 주인과 종의 관계로 복종함을 의미한다.

존 맥아더 목사가 '주되심 신학'에 대해 강조하면서 성도의 지속적인 율법 준수의 필요성을 발표하자, 주로 강경파 세대주의자들이 벌떼같이 일어나서 공격했다. 달라스 신학교 찰스 라이리Charles Ryrie와 제인 하지스 Zane Hodges 등은 자신들을 '자유 은총 신학자들 Free Grace Theologians'이라고 표방하면서 반론을 제기했다. 이들은 구원을 얻는 것은 오직 믿음으로만 끝이 나는 것이지, 성화의 유지를 강조할 필요가 없다는 것이다. 이들은 맥아더 목사의 주장을 공로주의라고 비판했다. 이들 '자유 은총 신학자들'은 구원을 얻은 데 있어서 값없이 선물로 받은 믿음만 필요하다는 것이다. 그 어떤 인간의 성화 과정에 속하는 선행과 참여를 부정하고, 개혁주의 신학과 청교도에서 강조하는 성화와 성도의 견인 교리를 부정한다. 이들은 칼빈주의 개혁신학에서 강조하는 성화와 견인의 교리가 사람의 행위 속에서 구원받은 증거를 찾으려 하는 것이라고 비판한다.

세대주의는 영국에서 존 넬슨 다비John Nelson Darby와 플리머스 형제단에 의해서 체계화되었다.[172] 영국에서 동시대를 살았던 스펄전Charles H. Spurgeon목사가 다비와 세대주의를 비판했다.[173] 구속역사의 진행과정을 엄격하게 7세대dispensation로 구분한다(언약 신학의 통일성과 다양성을 강조하는 개혁주의 신학자들과 장로교회에서는 세대주의를 거부한다).[174] 세대주의는 웨스트민스터 신앙고백서에 담긴 언약 신학과 그리스도의 능동적 순종과 전가 교리를 거부하고 비판한다.[175] 미국에 퍼진 세대주의는 1910년대 근본주의 운동을 통해서 성경적 복음주의로 자리를 잡았고, 제리 폴웰Jerry Lamon Falwell과 같이

---

172 Charles C. Ryrie, *Dispensationalism* (Chicago: Moody Publishers, 2007). Mark Sweetnam, *The Dispensations: God's Plan for the Ages* (Scripture Teaching Library, 2013).

173 Charles Spurgeon "Mr. Grant on "The Darby Brethren,"" Sword and Trowel, (June 1869). Archived from the original on 20 December 2016. Spurgeon, *Darbysm and its new Bible* (London: Macintosh, 1874).

174 김재성, 『개혁신학의 광맥』 (킹덤북스, 개정판, 2016), 543-555. John Henry Gerstner, *Wrongly Dividing the Word of Truth: A Critique of Dispensationalism* (Soli Deo Gloria Publications, 2000), 61. R. Todd Mangum, *The Dispensational–Covenantal Rift* (Eugene: Wipf & Stock, 2007).

175 Joel Beeke & Paul Smalley, *Reformed Systematic Theology* (Wheaton: Crossway, 2020), 562.

기독교인의 권리 운동을 통해서 정치적인 보수주의로 크게 영향력을 발휘하였다.

웨스트민스터 캘리포니아 신학대학원 마이클 호튼Michael Horton 교수와 개혁주의 신학자들은 '자유 은총 구원론'을 주장하는 달라스 신학교 라이리와 하지스 교수에 대해서 '반율법주의'라고 강력하게 비판했다.[176] 특히, 호튼 교수에 의하면, 이들 자유 은총 신학자들이 발표한 책의 제목은 겉으로 복음을 표방하고 있으며, 오직 은혜만을 강조하기 때문에 실상을 잘 파악하기 어렵다고 지적했다. 절대로 그들을 출판하는 책의 겉표지로 판단해서는 안 된다는 것이다.

지금 미국에서 반율법주의를 주장하는 자들이 표방하는 '자유 은총 신학'은 세대주의 신학을 표방하고 있는 달라스 신학교에 속한 교수들이 주축을 이루고 있다. 그 밖에도 로스엔젤레스 라미라다에 있는 탈봇 신학교, 사우스 캐롤라이나의 밥존스 대학교와 필라델피아 성경 대학 P.B.U.에서 케언 대학교Cairn University로 이름을 변경한 학교 등이 세대주의를 확산시키고 있다. 최근에 침례교 개혁주의 신학자 웨인 그루뎀 교수가 '자유 은총 신학'을 비판하면서, 다시금 미국 복음주의 신학자들 사이에서 논쟁이 되고 있다.[177]

---

176 Michael Horton, *Christ the Lord: the Reformation and Lordship Salvation* (Eugene: Wipf & Stock, 1992), 15. Horton, *God of Promise: Introduction Covenant Theology* (Grand Rapids: Baker, 2006).

177 Wayne Grudem, *Free Grace Theology: 5 Ways it Diminishes the Gospel*

오늘날의 반율법주의는 '자유 은총 신학'이다. 이들은 이미 앞에서 충분히 설명한 이튼의 반율법주의처럼, 그리스도의 능동적 순종과 전가교리를 거부한다. 구약 율법 시대의 방식이 아니라, 신약 시대 이후에 살아가는 자들은 오직 은혜로만 구원을 얻는다고 믿는다. 맥아더 목사와의 논쟁을 계기로, 달라스 신학교를 중심으로 하는 세대주의자들은 거대한 흐름을 조성하였다. '자유 은혜 협의회 Free Grace Alliance'와 '은혜 복음 협의회Grace Evangelical Soceity'를 결성하였다. 앤더슨 David Anderson 교수는 달라스 신학교에 있다가 2001년에 휴스턴 신학교를 '은혜 신학원Grace School of Theology'이라고 개명한 후, 구원 얻는 믿음의 교리를 강화하였다.

다시 분명히 강조하고자 한다. '자유 은총 신학'을 주장하면서, 반율법주의를 주장하는 현대 신학자와 목회자들은 주로 세대주의 신학을 주장하는 이들이다. 이런 '자유 은총 신학'에 대해서 철저히 조심하고, 경계해야만 한다. 필자는 개혁주의 정통 신학과 칼빈주의 입장에 서서, 이들의 신학적인 '입장'에 대해서 비판하는 것이지, 결코 그들의 '인격'에 관해서 비난을 하려는 것은 아니다. '자유 은총 신학'을 주장하는 신학자들은 다음과 같다:

찰스 헨리 매킨토시Charles Henry Mackintosh, 로버트 고벳Robert

(Wheaton: Crossway, 2016).

Govett, 루이스 스페리 체이퍼 Lewis Sperry Chafer, 스코필드 C. I. Scofield, 워 치만 니 Watchman Nee, 버넌 맥기 J. Vernon McGee, 찰스 라이리 Charles Ryrie, 로버트 라이트너 Robert Lightner, 에버렛 해리슨 Everett Harrison, 메릴 웅거 Merrill Unger, 제인 호지스 Zane C. Hodges, 로버트 윌킨 Robert Wilkin, 찰스 스 탠리 Charles Stanley, 제리 버넌 로이드 Jerry Vernon Lloyd, 토니 에번스 Tony Evans, 척 스윈돌 Chuck Swindoll, 로버트 티메 Robert Thieme, 윌리엄 뉴얼 William Newell, 랜스 레이섬 Lance Latham, 데이비드 앤더슨 David Anderson, 래 리 모이어 Larry Moyer, 얼 라드마허 Earl Radmacher, 찰스 빙 Charles Bing, 켄 윌 슨 Ken Wilson, 조지프 딜로우 Joseph Dillow, 프레드 체이 Fred Chay, 폴 태너 J. Paul Tanner, 랄프 아널드 Ralph Yankee Arnold, 숀 라자르 Shawn Lazar, 드와이 트 펜터코스트 J. Dwight Pentecost, 하워드 헨드릭스 Howard Hendricks, 로이 주크 Roy Zuck, 래리 모이어 Dr. Larry Moyer, 존 월보드 John Walvoord, 케네스 에이츠 Kenneth W. Yates, 펨버 G.H. Pember, 랑 G. H. Lang, 에드윈 윌슨 Edwin Wilson, 케네스 도슨 Kenneth Dodson, 네이버 R. E. Neighbor, 팬톤 D. M. Panton, 앤디 우즈 Andy Woods, 존 니에멜라 John Niemelä, 에리히 자우어 Erich Sauer, 데니스 록서 Dennis Rokser, 앤서니 배저 Anthony B. Badger, 프레드 라이브 랜드 Fred Lybrand, 마크 베일리 Mark Bailey, 힉슨 J. B. Hixson, 토마스 스테갈 Thomas L. Stegall, 잭 하일스 Jack Hyles

그리스도의 능동적 순종과 그 전가의 교리를 반대하는 한국 교 회의 일부 목회자들이 세대주의자들이 아닌가를 철저히 점검해 보아야만 한다. 한국 교회에는 세대주의를 가르치는 신학교는 없지만, 부흥사들을 통해서 세대주의 종말론이 광범위하게 퍼져 있다. 그리고 한국의 목회자들과 성도들은 미국에서 나오는 '자유 은총 신학'과 세대주의를 선전하는 성경 주석들, 스코필드 성경 해설서, 신학 저서들에 대해서 세밀하게 주의하기를 바란다. 복음을 믿으면, 순종도 필요 없고 성화의 과정도 의무가 아니며, 절대적으로 자유하다고 주장하는 자들의 말에 속아 넘어가서는 결코 안 된다. 이들의 칭의 교리는 '오직 믿음으로만!' 이라고 하는데, 성경에서는 회개와 분리된 믿음을 가르치지 않는다(눅 24:47, 행 2:38, 행 20:21).

제 2 장

그리스도의 '온전한 순종' :
웨스트민스터 표준문서에 담긴
능동적 순종

웨스트민스터 총회는 단순히 반율법주의자들을 조사한 뒤 이단이라고 정죄하는 것으로 그치지 않았다. 이들이 제기한 문제를 보다 더 명쾌하게 해결하기 위해서, 총회가 작성하는 '신앙고백서'와 '대소교리문답서'에 명시적으로 반영하였다.

1643년 9월 6일, 웨스트민스터 총회에서는 칭의 교리를 수정하는 토론을 했다. 그리스도의 속죄와 구원론의 칭의 교리를 전면 재천명하되, 예수 그리스도의 '온전한 순종 whole obedience'이라는 용어의 채택 여부를 놓고서 뜨거운 논쟁이 있었다. 한 주간의 토론 후에, 1643년 9월 12일, 압도적인 찬성으로 능동적 순종의 의미를 반영하여 '온전한 순종'으로 표기할 것을 결의했다. 반대한 회원은 당시에 매우 영향력이 컸던 토마스 가태커를 포함해서 세 명뿐이었다.[1] 그러나 '신앙고백서'의 칭의 교리, 제11장 3항에서는 '온전한 순종'이라는 용어가 빠지고, '대교리문답서' 70번 문항에서만 '완전한 순종'이라고 표기되었다. 왜 이런 결과가 나왔는가는 정확히 알 수는 없다. 1646년에 제출된 최종 보고서에서는 신앙고백서 칭의 교리 제11장에 '온전한 순종과 만족'으로 표기되었다.

다만 웨스트민스터 총회의 신학자들은 반율법주의자들의 주장이 더 이상 확산되지 않도록 하기 위해서, 능동적 순종과 수동적 순종이라는 용어를 채택하지 않았다. 반율법주의에 문호를 열어줄 수 있는 용어와 표현에 신중을 기했던 것이다. 웨스트민스터 총회에서 대다수의 참가자들이 지지하고 있었지만 반율법주의자들의 강조에 휘말리지 않으려 했기 때문이다.[2] 이튼과 반율법주의자들이 성도는 전혀 계명에 순종할 필요가 없다고 주장하고 있었으므로, 그리스도께서 우리 죄인들을 대신하여 완전히 율법의 순종을 성취하셨다고 하는 '능동적 순종'을 강력하게 표방하게 되면, 얼핏 그들의 입장을 지지하는 것으로 오해가 될 수 있었던 것이다.[3] 웨스트민스터 총회의 청교도들은 그리스도를 믿는 우리 성도들이 더 이상 도덕법을 지키지 않아도 된다는 반율법주의자들의 주장에 휘말리지 않으려 조심했던 것이다. 그러나 반율법주의자들은 그리스도의 능동적 순

---

1 Van Dixhoorn, "Reforming the Reformation," 1:321, 3:77,

2 Jeffrey K. Jue, "The Active Obedience of Christ and Westminster Standards," 119.

3 W. Gamble, *Christ and the Law*, 88.

종을 전가받는다는 교리를 거부했다.

웨스트민스터 표준문서에 '온전한 순종'이라는 단어는 직접적으로 그리스도의 '능동적 순종'을 의미하는 것이요, 또한 수동적 순종과도 분리시킬 수 없다.[4] 그리스도의 피 흘리신 속죄도 역시 죽기까지 순종하신 것이며, 그와 동시에 그가 성취한 모든 의로움은 율법의 성취에 해당하는데, 이것이 믿음을 통해서 성도에게 전가된다. 반율법주의자들을 비롯한 일부는 '그리스도의 수동적 순종'만이 성도에게 전가되는 의로움이라고 주장했던 것을 완전히 거부한 것이다.

그리스도의 능동적 의로움이란 생애 동안 하나님의 율법을 완전히 지켰다는 것을 의미하고, 수동적 의로움이란 십자가 위에서 주님이 보혈을 흘려서 율법의 저주에 해당하는 죄 값을 지불하신 고난을 의미한다. 그리스도의 순종과 희생은 당시에 확산된 반율법주의와 율법주의자들의 오류를 동시에 해결하는 방안이었다.

---

4   Van Dixhoorn, "Reforming the Reformation," 1:293.

1 조사위원회와
반율법주의자들에 대한 정죄

웨스트민스터 총회의 참석자들은 1640년대에 런던에서 확산
되고 있던 반율법주의자들의 영향을 알고 있었다. 반율법주의자들
이 퍼트리는 주장들이 런던의 성도들 사이에 큰 혼란을 불러일으키
고 있었기에, 더 이상 방치하거나 허용할 수 없는 상태였다. 혼란스
러운 시기에 권위와 질서를 무너뜨리는 자들을 참된 기독교 신자로
허용될 수는 없었다. 다시 말하면, 정치적으로나 신학적으로나 반
율법주의는 엄청난 문제를 야기한다. 만일 그들의 주장대로 살아간
다면, 시민들은 도덕법을 지키지 않게 될 것이다. 사실상, 그 영향
력이란 공중질서와 시민의 책임까지도 부정하게 할 정도였다. 그렇
게 되면, 국가와 시민사회에는 대혼란이 일어나며, 심각한 질서의
위기가 올 것이라고 하는 우려가 대단히 컸다. 신학의 오류로만 그
치는 것이 아니라, 사회적인 혼란에 대한 우려가 팽배했고, 증폭되
고 있었다.[5]

웨스트민스터 총회에 참석하고 있던 신학자들은 당시에 많은

---

5 Mark Jones, *Antinomianism: Reformed Theology's Unwelcome Guest?* (Phil-
lipsburg: P&R, 2013), 7. W. Gamble, *Christ and the Law*, 14.

문제를 야기하고 있는 반율법주의자들의 문제를 처리하기 위해서 조사에 착수하도록 의회에 청원서를 제출했다. 의회에서도 반율법주의자들의 주장이 심각한 교리적 위반이라는 것을 파악하였고, 위원회를 구성하여 조사하도록 의결하였다. 이미 1630년대에 최고법원에서 몇 사람의 반율법주의자들에게 설교권을 박탈한다는 판결을 내린 바 있었다.

　　1643년 9월 12일, 웨스트민스터 총회는 반율법주의에 대한 심의를 시작했는데, 가태커는 이들을 전체 총회 앞에서 심의하자고 주장했다. 그러나 조사위원회를 꾸려 이들을 심의하는 것이 더 현실적인 방안이라고 판단하여 몇 명의 대표자들이 추천되었다. 위원회에 추천된 분들은 당시에 영향력이 있었던 장로교회 신학자들이었다. 에드먼드 캘러미Edmund Calamy, 나자로스 시먼Lazarus Seaman, 토마스 굿윈Thomas Goodwin, 프랜시스 셰닐Francis Cheynell, 토마스 가태커 Thomas Gataker, 하버트 팔머Herbert Palmer, 찰스 헐레Charles Herle, 대니얼 피틀리Daniel Featley, 토마스 템플Thomas Temple, 존 라이트풋John Lightfoot 등이다. 이들 외에도 평신도 귀족들과 정치인들(토마스 힐Thomas Hill, 제러마이어 휘태커Jeremiah Wittaker 등)과 하원의원 11명도 충원되었다.[6]

---

[6]　Van Dixhoorn, "Strange Silence of Prolocutor Twisse: Predestination and Politics in the Westminster Assembly's Debate over Justification," *Sixteenth Century Journal* 40 (2009): 395-418.

반율법주의자들의 신학사상을 검증하는 위원회에 첫 소환장을 받은 목회자는 런던 성 마틴 오르가스 회중교회의 목회자 자일스 랜달이었다. 사무엘 러더포드가 랜달을 이단 그룹의 '주모자 ringleader'라고 지목한 바 있었다. 첫날에는 주로 랜달이 설교한 내용에 대해서 확인하는 질문들이 있었고, 다음 날에는 랜달이 동료 반율법주의자 존 심슨과 함께 출석했다. 그들에게 던져진 질문들은 다음과 같다.

지금도 여전히 구약의 율법에 대해 성도들이 순종해야만 하는가? 성경적인 구원의 교리에서 구약과 신약의 연속성에 관한 것을 받아들이는가? 지금도 성도가 죄에 대해서 용서를 비는 회개와 간구를 겸손하게 해야만 하는가?

조사위원회의 첫 번째 모임에서 반율법주의자들에게 던진 질문은 구약과 신약의 대조와 엄격한 분리를 주장하는가에 대한 것이다.[7] 조사위원회에서는 반율법주의자들에게 구약 성경에 있는 계명들은 오직 유대인들에게만 적용되어지는 것이며, 신약 시대에는 율법을 지키도록 하는 조치가 필요 없는가를 따져 물었다. 지금도 성도들이 도덕적인 규칙을 지켜야 하느냐는 것이다. 베드로가 믿음이

---

7   W. Gamble, *Christ and the Law*, 62.

연약해져서 예수님을 부인한 이후에 통곡하며 회개를 했는데, 이런 모습이 잘못되었냐는 것이다. 반율법주의자들은 베드로가 회개한 것은 자신의 두려움에서 나온 것이라고 대답했다.

조사위원회는 반율법주의자들에게 살인죄나 성범죄를 자행하는 경우에도 그리스도 예수 안에 있으므로 아무런 회개가 필요치 않느냐고 질문했다. 랜달과 심슨은 이 질문은 너무나 특수상황에 해당하는 것이라서 답변을 하지 않았다. 오히려 성도는 결코 살인이나 강간과 같은 성범죄를 범하지 않는다고 주장했다. 하나님의 사랑이 그들의 모든 율법적인 동기보다 더 위에서 지배한다는 것이다. 이들은 한 번 구원을 받으면, 성도는 사랑에 의해서 지배를 받게 되기에 결코 그런 죄악들에 빠져들지 않는다고 답변했다. 조사 위원회는 이들의 대답을 어리석고 받아들일 수 없는 주장이라고 반박했다.

조사위원회의 위원장으로 활약했던 토마스 가태커는 랜달과 심슨의 대답이 너무나 모호하고 사리에 맞지 않는다는 것을 지적했다. 모든 사람은 자신의 죄에 대해서 책임을 져야만 한다. 반율법주의자들은 하나님께서는 정확하게 심판하신다는 사실을 부정했다.

웨스트민스터 총회가 기초로 삼고 있던 신학적인 근거는 잉글랜드 성공회가 채택해 온 '39개 조항'이었다. 아직 새로운 신앙고백서가 만들어지기 이전이었으므로, 잉글랜드의 통일된 기준은 여전히 그 이전의 교리헌장을 활용할 수밖에 없었다.

1644년 9월 20일, 토마스 템플이 웨스트민스터 총회에 조사위원회의 결론을 보고했다. 템플은 잘못된 교리들을 결코 그냥 넘어가서는 안 되며, 하나님의 진리와 명예를 위해서 단호하게 조치를 취해야 한다고 역설하였다. 위원회가 총회에 제시한 내용들은 성경에 위배되면서, 동시에 '39개 조항'에 어긋나는 부분들이었다. 가장 강조했던 부분은 구약의 율법을 신약 시대의 성도들이 도덕법으로 지킬 필요가 없다는 주장에 관한 것이다.

반율법주의자들의 오류와 왜곡으로 지적된 부분들은 같다. '하나님의 자녀는 죄에 대해서 용서를 비는 기도를 올릴 필요가 없다. 즉, 죄에 대해서 용서를 비는 것은 하나님을 망령되이 취급하는 것이라고 주장했다. 다윗이 자신의 죄를 고백한 것은 그의 연약함에서 나온 것이라고 말한 것이다.' 위원회는 이에 대해 거짓된 해석이라고 판정했다. 조사위원회에서는 이미 그 이전에 제출하였던 청원서와 유사한 최초의 판정을 총회에 제출하였다.

1. 창조주 하나님의 주권에 속한 영광에 대해서 경멸하였다.
   하나님의 율법, 섭리, 그리고 의로우심을 깎아내리고, 하나님은 죄를 아예 쳐다보지도 않고, 형벌을 가하지도 않는다 하여, 우상처럼 만들었다.
2. 값없이 주시는 은혜와 칭의의 거룩한 교리를 왜곡하였다.

3. 기도와 겸손으로 장차 심판들에 대해서 대비해야 할 하나님 나라를 없애버리고 말았다.
4. 시민법적인 계명들에 대한 순종에 대해서 직접적으로 손상시켰다.
5. 모든 인간 사회의 결속을 해치고 말았다.
6. 교회 안에서 분열을 강하게 조장하였다.
7. 소란을 조장하여 위험에 빠지게 한다.
8. 수많은 성도들을 혼란에 빠트렸다.
   하나님의 도덕적 율법을 내버리게 만들고, 그리스도 안에서 믿음으로 얻는 칭의와 성화, 값없이 주시는 은총의 교리를 왜곡하였다.[8]

웨스트민스터 총회에서는 과연 이단을 정죄하는 권한이 있는지, 그리고 반율법주의가 이단에 해당하는지를 놓고서 논의를 계속했다. 참여자 중에 존 셀던John Selden은 '에라스투스주의(국왕이나 시민 정부의 권위에 교회가 복종해야 한다는 견해)'를 따르고 있던 하원의원이었고, 그는 신학자가 아니라서, 군주와 정부만이 이런 문제들에 대한 판결과 정죄하는 권한을 가지고 있다고 주장했다. 회중교회 신학자 굿윈과 버지스는 이단의 문제는 개인별로 정죄를 해야만 할 것

8　Chad Van Dixhoorn, "Reforming the Reformation," 1:59.

이고, 교회는 오직 영적인 권한만을 가지고 있어서 웨스트민스터 총회에서 판결을 내리는 것은 불가하다고 강연했다. 가태커, 템플 등장로교회 신학자들은 반율법주의는 이단이므로, 신학위원회의 성격을 지니고 있는 웨스트민스터 총회에서 결정을 해야 한다고 주장했다. 그 후로 거의 1년 여 동안 반율법주의 문제에 대한 토론이 중단되었다가, 1644년 9월 5일에 최종보고서를 채택했다. '겸손한 조언'이라는 형식으로 반율법주의의 중요한 문제점을 지적하면서, 재세례파의 유아세례 반대에 대해서 논박하는 내용들도 함께 다뤘다. 마침내, 1646년 5월 2일에, 웨스트민스터 의회는 그동안 총회에서 신학자들로 구성된 조사위원회가 보고한 내용들을 그대로 수용하였듯이, 반율법주의에 대해서도 최종 이단으로 판정하여 '신성모독과 이단들에 맞서는 판결에 대한 선언'을 발표하였다.[9] 그리스도의 능동적 순종에 반대하는 참석자들은 3-4명이었고, 100명의 참석자들이 이단 판정에 찬성했다.[10]

웨스트민스터 총회에서는 반율법주의자들의 문제점과 왜곡에 대해서 오랫동안 논의를 거듭했고, 당사자들을 조사하는 신중한 점검을 했으며, 이단적인 주장인가에 대해서도 여러 차례 토론한 후에

---

9 C. Firth and R. Rair, eds., *Acts and Ordinaces of the Interregnum, 1642-1660* (London: His Majesty's Stationary Office, 1911), I:1133-6.

10 Van Dixhoorn, *Minutes and Papers*, 2:107.

최종적으로 의회가 이단적인 가르침이라고 선포했다.

다시 요약하자면, 반율법주의자들은 칭의 교리와 죄의 본질에 대해서 왜곡하였다. 구원에 있어서 믿음과 행위에 대한 교훈들을 잘못 제시한 것이며, 신약과 구약의 연속성과 통일성을 거부한 것이다. 그리스도의 복음 안에 담긴 하나님의 은혜는 믿음으로 말미암아 값없이 죄사함을 얻는다는 구원론이 개혁주의 신학의 본류에 해당한다. 하지만, 이런 주장에 동의를 한다고 하면서도, 왜곡된 칭의론이 만들어졌다. 웨스트민스터 총회에 참석했던 개혁신학자들은 반율법주의자들이 구원의 교리와 성경적 해석을 완전히 왜곡하였다고 판정을 내리고, 이런 위험스러운 이단을 제거하기 위해서 바른 교리를 집약시켰다.

웨스트민트서 총회 안에서 토론하는 것으로 그치지 않고, 개혁주의 신학자들은 앞다퉈서 어째서 반율법주의가 이교도적인 사상인가에 대해서 발표하였다. 물론, 총회에서는 반율법주의를 주장하는 목사들의 주장들을 철저히 검증하였고, 1646년에 이단적인 구원론이라고 판결을 내렸다.[11]

잉글랜드 국왕 찰스 1세가 통치하는 동안에도, 개혁주의 신학자들은 성도들이 칭의를 받았음에도 여전히 죄에 의해서 오염되었

---

11   W. Gamble, *Christ and the Law*, 3. Sinclair Ferguson, *The Whole Christ: Legalism, Antinomianism, and Gospel Assurance-Why the Marrow Controvesy Still Matters* (Wheaton: Crossway, 2016).

으며, 그리하여 때로는 하나님의 징계를 피할 수 없다고 보았다. 이 징계는 성도로 하여금 겸손하게 만들며, 회개에 이르게 촉구한다. 그러나 반율법주의자들은 칭의의 본질에 대해서 왜곡했고, 죄에 대한 형벌도 부정했다. 또한 구약과 신약을 완전히 갈라놓았다. 칭의와 성화를 구별하지 않은 채 섞어 놓았다. 믿음에 의한 칭의를 혼돈 속으로 집어넣었다.

청교도에는 여러 부류가 있었지만, 이튼의 반율법주의는 큰 혼란을 야기했다. 그는 행위에 근거한 공로주의를 철저히 부정하면서, 자신이 마르틴 루터의 칭의론을 따르고 있다고 주장하였다. 그러나 거기에 그치지 않고, 한걸음 더 나아갔다. 웨스트민스터 총회 석상에 여러 명의 반율법주의자들이 소환되었고, 그들과 논쟁이 있었다.

반율법주의자들은 구약과 신약이 현저히 다르다고 주장했다. 그러나 웨스트민스터 총회에서는 구약과 신약은 유일한 중보자 그리스도에 의해서 제시된 영원한 생명을 동일하게 제공하고 있다고 선포했다. 창세기 3장 15절, 22장 18절을 포함하여, 여러 성경구절이 인용되었다. 사도행전 26장 22-23절, 베드로후서 3장 2절, 누가복음 24장 44절, 로마서 3장 31절, 갈라디아서 3장 21, 23-24절 등이 관련 성경으로 제시되었다.

웨스트민스터 총회에서 토론하는 과정에서 반율법주의자들이 다양하다는 것을 알게 되었다. 이튼의 가르침에, 자신들의 견해를 덧붙여서 가르치는 자들도 있었다. 1640년대에 드러난 사실은 이튼이 개혁주의 성례론을 따랐으며, 유아세례를 시행했다는 것이다. 그러나 다른 반율법주의자들은 유아세례도 거부하고, 개혁주의 성례론에 대해서도 비판적이었다. 상당히 잘 알려진 반율법주의 설교자들(헨리 덴 Henry Denne, 사무엘 리처드슨 Samuel Richardson, 핸저드 놀리스 Hanserd Knollys, 로버트 타운 Robert Towne 등)은 이튼의 언약적 기초 이해에는 동의를 하지 않았지만, 기본적으로는 이튼의 구조를 따랐다. 이들은 구약의 율법은 지독하고 잔인하여 은혜 언약의 일부가 아니라고 주장했다. 할례와 유아세례의 연속성도 부정했다. 언약 백성에 참여하는 상징이 할례가 될 수 없으며, 그리스도가 오심으로써 달라졌다는 것이다. 그리스도는 복음의 시대를 새롭게 펼쳤으므로, 구약의 시대와 그 시대의 백성들은 은혜로운 언약에 실제로 참여한 것이 아니라고 주장했다.

2 기독론에 담긴
'온전한 순종'과 '죽으심'

이제부터는 실제로 웨스트민스터 표준문서들 속에 반율법주의자들과 관련된 교리들이 어떻게 정리되었는가를 살펴보자.

먼저 그 내용들은, 웨스트민스터 신앙고백서의 기독론이 펼쳐지는 제8장 '중보자 그리스도'에 대한 설명에서 민감하게 반영되었다. 예수 그리스도의 인격과 사역을 통해서 성취된 구속 사역들을 설명하는 가장 중요한 부분에 보면, 그리스도의 대속적 사역이 두 가지로 정리되었다. 율법에 대한 순종과 십자가의 죽음이다. 중보자로서 그리스도의 구속 사역의 두 가지 내용을 정확하게 표현했다.

제8장 5항, 주 예수는 **완전하게 순종하시고**, 그가 영원하신 성령을 통하여 하나님께 단번에 **자신을 제물로 드림으로써** 그의 아버지의 공의를 충분하게 **만족시키셨으며**(롬 5:19, 히 9:14, 16, 10:14 엡 5:2, 롬 3:25-26), 성부께서 그에게 주신 모든 자들을 위하여 화목뿐만 아니라, 하늘나라에서 얻을 영원한 기업을 값 주고 사셨다(단 9:24, 26, 골 1:19, 20, 엡 1:11, 14, 요 17:2, 히 9:12, 15)

성도들의 신앙교육을 위해서 작성된 '대교리문답서the Larger Catechism'(1646)에서도 기독론과 칭의론에서 '그리스도의 온전하신 순종 obedience'과 '죽으심death'에 관련된 교리가 여러 곳에서 언급되었다. 그리스도의 능동적 순종과 수동적 순종이라고 직접적으로 표시하지는 않았지만, 각각의 사항들에 대한 교훈들을 구별해서 가르치도록 문항을 작성했다.

웨스트민스터 '대교리문답서'의 기독론에서도 역시 동일한 내용으로 요약되어 있다. 그리스도의 사역을 가르치는 설명을 보면, 능동적 순종과 수동적 순종의 교리가 담겨져 있다. 다만, 용어는 사용하지 않고 내용을 담아놓았다.

먼저, 그리스도의 인격과 사역을 다루고 있는 부분에서 능동적 순종을 찾아볼 수 있다. 제48문에서는 먼저 능동적 순종의 교리를 따로 설명한다. 그리스도의 겸손과 낮아지심에 대한 질문에서 율법을 완벽하게 성취하였다는 능동적 순종의 교리를 서술한다.

제48문: 그리스도께서 그의 지상 생활에서 어떻게 자기를 낮추셨는가?

답: 그리스도께서 그의 지상 생활에서 자기를 낮추신 것은 **율법에 복종하여 율법을 온전히 이루심으로** 인간 본성에게 공통적으로 있는 일이나 특히 그의 낮아지심에서 따랐던 세상의 모욕, 사단의 시험, 육신의 연약성 등과 맞서 싸우신 것이다.

그리고 다음 문항에서 따로 그리스도의 수동적 순종의 내용들을 설명한다. 위에 나오는 능동적 순종과 구별해서 따로 십자가에서 피를 흘리시고 죽으심과 장사지냄까지 제49문항과 제50문항에 각각 서술되어 있다.

제49문: 그리스도께서 그의 죽음에서 어떻게 자기를 낮추셨는가?

답: 그리스도께서 그의 죽음에서 자기를 낮추신 것은 가룟 유다에게 배반당하시고 그 제자들에게도 버림받으시고 세상의 조롱과 배척을 받으시고 빌라도에게 정죄 받으신 후 핍박하는 자들에게 고난을 받으시고 죽음의 공포와 흑암의 권세와 싸우시며 하나님의 무서운 진노를 느끼시고 견디시고 **자기 생명을 속죄 제물로 내놓으시고 고통과 모욕과 저주된 십자가의 죽음을 참으심에서였다.**

제50문: 그리스도께서 죽으신 후 그의 낮아지심은 어떻게 이루어졌는가?

답: 그리스도께서 죽으신 후 그의 낮아지심은 **장사됨과 죽은 자의 상태를 계속하시고 제 삼일까지 사망의 권세 아래 계신 것이니** 이를 다른 말로 "그가 지옥으로 내려가셨다"라고 표현한다.

위에 나오는 그리스도의 낮아지심은 율법에의 온전한 복종과 십자가상에서 죽으심과 장사지냄이다. 이렇게 그리스도의 구속 사역에서 순종으로 주어지는 의로움을 설명하였고, 이어서 칭의론 부분에서는 이 의로움이 어떻게 성도들에게 전가되는지를 가르친다. 그 내용에 '그리스도의 순종과 대속 the perfect obedince, and full satisfaction', '순종과 죽으심 obedience and death'이 각각 따로 서술되어져 있다. 이렇게 기독론을 정리하게 된 것은 대니얼 피틀리Daniel Featly(1582-1645) 의 적극적인 찬성으로 많은 신학자들에게 끼친 영향이 크다.

3 칭의론에 담긴
능동적 순종

웨스트민스터 신앙고백서의 칭의교리를 살펴보면, 역시 성도가 그리스도로부터 전가를 받게 되는 혜택을 두 가지 측면으로 구별해서 설명한다. 특별히 칭의교리를 정리한 제11장 1항, 3항에서는 앞에서 이미 다뤘던 능동적 순종과 수동적 순종의 내용을 각각 담아서 '온전한 순종과 죽으심'이라고 서술하였다. 역시 여기에서도 반율법주의자들의 왜곡 때문에 혹시라도 오해를 불러일으킬 가능성을 배제하기 위해서 '능동적 순종'과 '수동적 순종'이라는 단어를 직접적으로 사용하지는 않았다. 능동적 순종을 충분히 표현하자는 다수의 청교도들이 이 개념에 유보적인 소수의 청교도들을 배려하여 이 용어를 사용하지 않은 것이다. 또한 그리스도의 능동적 순종을 전가받는다는 교리에 반대하던 자들도 '온전한 순종'으로 부드럽게 표현하는 것에 찬성했다.[12] '온전한 순종'을 설명하는 문장들 속에는 두 가지 순종의 개념들이 명시적으로 적혀 있지는 않지만, 그 내용은

---

12 W. Gamble, *Christ and the Law*, 142,n.42. Van Dixhoorn, "Reforming the Reformation," 1:326-30. J. R. Daniel Kirk, "The Sufficiency of the Cross (1): The Crucifixion as Jesus' Act of Obedience," *Scottish Bulletin of Evangelical Theology* 24, no. 1 (2006): 37.

충분하게 담겨 있다.

제11장 1항, 하나님께서는 유효하게 부르신 자들을 또한 값없이 의롭다고 칭하신다. 이 칭의는 의를 그들에게 주입해 줌으로써가 아니라, 그들의 죄들을 용서해 주시고 그들의 인격을 의로운 것으로 간주하여 용납해 주심으로써 되는 것이다. 또한 그들 안에서 이루어진 어떤 것이나, 또는 그들에 의해서 되어진 어떤 것 때문이 아니라, 오직 그리스도 때문이며, 믿음 자체, 믿는 행위, 또는 어떤 다른 복음적인 순종을 그들의 의로 돌림으로써가 아니라, **그리스도의 순종과 만족을 그들에게 돌림으로써** by imputing the obedience and satisfaction of Christ unto them, 부르심을 입은 그들은 그리스도와 그의 의를 믿음으로 받아들이고 의존할 때 의롭다 함을 받는 것이다. 그 믿음은 그들 자신에게서 나온 것이 아니고, 그것은 하나님이 주시는 선물이다.

제11장 3항, 그리스도께서는 **순종하시고, 죽으심으로써** by his obedience, and death, 의롭다 함을 받는 모든 사람의 빚을 완전하게 갚아 주셨고, 그들을 위하여 자기 아버지의 공의에 대해 합당하고, 참되고 충분한 속상 satisfiaction(혹은 만족)을 드렸다. 그렇지만, 그들을 위하여 그리스도께서 아버지로 말미암아 보냄을 받으셨고, 그들 대신으로 그의 **순종과 만족** obedience and satisfaction(혹은 속

상)이 받아들여졌으며, 또한 이 모든 것이 그들 안에 있는 어떤 것 때문이 아니라, 값없이 되어진 것이기 때문에, 그들의 칭의 는 오직 값없는 은혜로 되어진 것이다. 이로써 하나님의 엄정한 공의와 그의 풍성한 은혜가 죄인들을 의롭다 하시는 가운데서 나타나도록 하셨다.

앞에 인용한 웨스트민스터 신앙고백서의 핵심문장, 필자가 강 조한 부분만을 다시 한 번 살펴보자. 이 본문에 나오는 '순종과 죽으 심'이라는 문구가 원래는 다음과 같이 되어 있었다.

> "Christ by **his obedience, and death,** did fully discharge the debt of all those that are thus justified,"

그러나 훗날에 스코틀랜드 장로교회의 개정판에서는 중대한 변화가 일어났다. "Christ by **his obedience and death**"로 고쳐진 것이다. 가운데 있던, 구분을 위해서 사용했던 **콤마(,)**가 사라졌다.[13]

살펴본 바와 같이, 신앙고백서의 원문에서 의도적으로 콤마(,) 를 넣어서 구분을 하고자 한 것은 그리스도의 중보자 사역의 내용으

13　J. Fesko, *Death in Adam, Life in Christ: the Doctrine of Imputation*, 95.

로 다뤄진 두 가지를 각각 따로 구별해서 인식시키고자 함이었다. 그리고 그것을 적용하는 구원론에서도 역시 그리스도의 '순종'과 '죽으심'을 나눠놓는 것은 매우 의미심장한 표현이다. 그냥 한 문장으로 읽는 것과는 달리, 죄인을 구원하시고자 그리스도께서 수행하신 각각의 중보자 사역에서의 내용들을 깊이 인식하면서, 능동적 순종과 수동적 순종의 측면들을 드러내고자 하는 의지가 표출된 것이다.

1643년 9월 4일, 총회에서는 '온전한 whole'이라는 수식어를 넣어서 '온전한 순종'으로 표기할 것인가 아니면 그냥 '순종'으로만 넣을 것인가에 대해서 논의가 많았다. 왜냐하면 '온전한 순종'이란 용어 안에는 그리스도의 수동적 의로움 뿐만 아니라 능동적 의로움을 전가 받는다는 함의가 담기기 때문에, 이 내용을 담느냐 마느냐가 논의가 된 것이다.[14]

이 용어의 대안을 모색하던 중에 또 다른 표현으로는 '간주된 의로움 accounted righteous'라고 하자는 대안도 나왔다. 가태커는 '간주된 의로움'이라는 것은 너무나 모호한 표현이라고 반박하면서 이의를 제기했다. 이 용어는 칭의보다는 성화의 과정에 대한 표현으로 더 타당하다는 것이다. 가태커는 칭의, 의로움, 전가, 순종에 대해서 정확한 개념들을 제시했는데, 훗날 그가 작성한 원고는 아들에 의

---

14   Lightfoot's Journal, 2:47.

해서 출판되었다.[15] 기본적으로 가태커는 '온전하신 순종'이라는 용어에 능동적 순종과 수동적 순종의 개념들이 모두 다 포함되는 것에 동의하지 않았는데, 그는 그 근거로 고린도후서 5장 21절을 인용했다. "우리를 대신하여 죄로 삼으신 것은 우리로 하여금 하나님의 의가 되게 하려 하심이라"

　　가태커가 이렇게 주장하게 된 것은 그 당시 상황 속에서 절충적인 방안을 찾으려 했기 때문이었다. 그는 반율법주의자들에 대한 염려와 걱정 때문에, 그리스도가 율법을 지키신 능동적 순종이 성도들에게 전가된다는 논지를 강력하게 내세우지 않았던 것이다.[16] 이미 앞에서 충분하게 설명한 바와 같이, 반율법주의자들은 더 이상 율법을 지키지 않아도 된다고 가르쳤다. 그런데 만약 이런 상황에서 예수 그리스도께서 우리를 대표해서 모든 율법을 다 지켰고 그 의로움이 성도에게 전가된다고 하게 되면, 이러한 자들에게 날개를 달아주는 꼴이 되기 때문이다. 가태커가 취한 이러한 입장 때문에 웨스트민스터 총회에서는 그 후 계속해서 논쟁이 지속되었다.[17]

　　그러나 가태커의 주장에 동조하는 신학자들은 아주 적었다. 웨

15　Thomas Gataker, *An Antidote against Errour concerning Justification or the True Notion of Justification, and Justifying Faith* (London: 1670). Van Dixhoorn, "Reforming the Reformation," I:28, 3:61.

16　Gamble, *Christ and the Law*, 98.

17　Compos, *Doctrine in Development*, 214-221.

스트민스터 총회에서 그의 의견에 찬성한 사람은 두 명이었다. 리처드 바인스와 프랜시스 우드코크Francis Woodcoke(1616-1649)정도였다. 이들이 주장하는 바는, 만일 그리스도의 완벽한 의로움이 성도들에게 전가된다면, 반율법주의자들이 가르치는 바와 같이 하나님은 더 이상 택한 백성들의 죄를 보실 수 없다는 논리적 귀결이 될 수 있다는 것이다. 다시 말해, '완전한 순종'이란 용어를 쓰게 되면, 결국 반율법주의자들의 주장처럼 율법은 더 이상 반드시 지켜야 할 성도의 도덕법이 될 수 없다는 것이다. 왜냐하면 그리스도께서 율법의 요구를 따라 자기 백성 대신 죽으심으로 인하여 그들의 의로움을 모두 성취하셨기 때문이다. 뿐만아니라 이들은 그리스도께서도 십자가의 보혈에 의해서 충분히 하나님의 용서를 받아낼 수 있는 대속을 이루셨기 때문에, 칭의를 위해 그의 생애 기간에 율법을 완전히 지키실 필요도 없었다고도 주장했다.

　웨스트민스터 총회에 참석한 대다수의 신학자들은 가태커의 주장에 동조하지 않았다. 토마스 굿윈을 비롯하여 압도적인 다수의 신학자들(대니얼 피틀리, 조지 워커George Walker, 찰스 헐레, 조슈아 호일Joshua Hoyle, 존 윌켄슨Jhon Wilkenson, 나자로스 시먼, 피터 스미스Peter Smith 등)이 앞장서서 가태커의 의견에 반대했다. 토마스 굿윈을 비롯한 이들 대다수의 신학자들은 아담을 예표로 제시하면서, 그리스도의 능동적 순종과 수동적 순종이 성도들에게 전가되어야 할 필요성이 있다고 주장했다.[18] 그리스도의 순종은 아담의 불순종에 대한 해결책이다. 아담은 하나님과 언약적 관계 속에서 창조되었고, 완전한 순종을 해야만 했었다. 아담의 불순종으로 첫 언약의 관계가 파괴되었지만, 하나님은 이 세상 안에 죄가 현존하고 있으므로 당신의 정의를 만족시키기 위해서 여전히 사람의 완전한 희생 제사를 요구하셨다. 따라서 칭의는 이중적인 구조로 구성되었다. 한편으로는 죄를 멀리 밖으로 벗어던지게 하는 것이요, 동시에 의로운 행동을 안으로 가져오는 것이다. 그리스도는 둘째 아담으로 오셔서, 완전한 희생 제사를 올리면서 동시에 완벽하게 순종하는 중보자가 되어야만 했다. 하지만 반율법주의자들은 끝까지 그리스도가 완벽하게 율법을 지켰다는 사실이 필요하지 않다는 주장을 하여 다수의 신학자들에게 비판을 받았다.

다니엘 피틀리는 두 권의 저서에서 칭의론에 담긴 세 가지 개념들과 그리스도의 두 순종, 전체 율법을 지키신 일반적 순종과 십자가에서 생명을 바치신 특수한 순종을 설명했다.[19] 피틀리는 그리스도가 성도들의 칭의를 위해서 요구되는 의로움을 성취하기 위해서 모든 율법을 완벽하게 지키셨다고 풀이했다. 그리스도는 성도들

---

18 Van Dixhoorn, "Reforming the Reformation," 3:28.

19 Daniel Featley, *Pelagius Redivivius. Or, Pelagius Raked out of the Ashes by Arminius and His Schollers* (London: 1626). Featley, *The Gentle Lash* (Oxford: 1644).

의 칭의와 성화를 위해서만 율법을 지킨 것이 아니다. 성도들 안에 남아 있는 죄가 있기 때문에, 성도들은 자신들의 거룩함을 지켜가기 위해서 법규를 준수해야만 하고, 율법의 지도를 받아야만 한다. 성도가 바른 생활을 하도록 지도해 주는 원칙이자 법규가 바로 하나님의 계명이요 율법이다. 은혜 언약의 당사자인 성도에게 주어진 것으로 거룩함을 유지하면서 살아가도록 가르친다.

아주 간결하지만 핵심이 요약된 웨스트민스터 대교리문답서의 칭의론 부분을 살펴보자. 앞에서 살펴본 기독론, 즉 그리스도의 중보자로서의 구속 사역에서 언급한 내용을 칭의론에서도 핵심으로 제시하였다. 여기에서도 그리스도의 순종과 희생으로 성취된 의로움과 죄 씻음을 성도들의 것으로 전가하는 내용이다. 웨스트민스터 대교리문답서 제70문항과 제71문항이다.

제70문: 의롭다 하심(칭의)이란 무엇인가?
답: 의롭다 하심이란 죄인들에게 거저 주시는 하나님의 은혜 행위인데 하나님이 그들의 모든 죄를 사하시고 자기 목전에 그들을 의로운 자들로 여기시고 받으시는 것이다. 그것은 그들 스스로 할 수 있는 것도 아니고 그들이 행한 어떤 일로 인한 것도 아니다. 오로지 **그리스도의 온전한 순종과 완전한 대속**을 보시고 그리스도의 의를 저희에게 전가시키고 오직 믿음으로만

받게 되는 것이다.

제71문: 의롭다 하심이 어떻게 하나님의 값없이 거저 주시는 은혜의 행위인가?

답: 그리스도께서 친히 **순종하심과 죽으심으로써** 의롭다하심을 받는 자들을 위하여 하나님의 공의를 온전하고 참되고 충분하게 만족시키셨다. 그러나 하나님이 그들에게 요구하셨을 만족을 보증인에게서 받으시되 자기의 독생자를 그 보증으로 예비하셔서 그의 의를 그들에게 돌리시게 하셨다. 또 그들이 의롭다 칭함을 받도록 하기 위하여 믿음 외에는 아무것도 요구하지 않으셨고 또 그 믿음도 또한 그의 선물인 것을 보면 그들을 의롭다 칭함은 값없이 거저 주시는 은혜일 뿐이다.

웨스트민스터 총회에서는 칭의를 이중적인 내용으로 설명했다. 죄의 씻음 remission of sin과 의로움 righteousness으로 구성된 복합적인 것이라고 규정했다. 십자가 위에서 그리스도가 피의 희생 제사를 드림으로 죄 씻음을 받았고, 율법을 완벽하게 지키심으로 의로움을 이룩하셨다. 대부분의 개혁주의 신학자들이 이미 이런 두 가지 내용을 담아서 능동적 순종과 수동적 순종이라는 용어로 설명하였다.[20]

---

20   김재성, 『그리스도의 능동적 순종』 (언약, 2021). De Campos, *Doctrine in De-*

웨스트민스터 총회에서도 역시 동일하게 칭의를 구성하기로 논의가 이뤄졌다. 웨스트민스터 총회의 신학자들은 로마서 5장, 그리스도가 둘째 아담이 되셨다는 구절에 대해서 논의하며, 아담에 의해서 만들어진 단절을 복구하기 위해서, 죄로 인해서 발생한 악행에 대한 형벌을 만족시키기 위하여 완벽한 희생으로 죄를 씻는 것과 율법을 완벽하게 지킴으로 성취되는 의로움이 있어야 한다고 결정하였다.

이 책을 읽으시는 독자 여러분은 지금 칭의 교리에 대해서 어떻게 답변할 것인가? 다시 말하면 하나님이 죄인을 의롭다고 선언하실 때, 칭의의 근거로 받아들이는 것이 과연 무엇이라고 생각하는가? 한 성도가 그리스도를 믿는다고 한 고백을 그 근거로 인정받을 수 있는가, 아니면 그리스도의 의로움으로 인해서 인정을 받는 것인가? 죄인이 천국에 들어가는 권리를 얻으려면, 무엇이 필수적으로 필요한 것인가? 그리스도께서 흘리신 보혈에 의해서 단지 죄책을 제거하기만 하면 되는 것인가, 아니면 의로움이 추가되어야만 천국에 들어갈 수 있는가?

웨스트민스터 총회에서는 모든 죄와 죄책을 제거하는 '죄의 씻음'과 보다 더 적극적인 행동으로 성취되는 '의로움'이 필요하다고 결정하였다. 앞에서 여러분이 확인한 바와 같이, 웨스트민스터 총회에서는 칭의를 얻는 내용에는 두 가지가 함께 포함되었음을 선포했

velopment,

다. 그리스도께서 율법을 지키시고 성취하신 의로움과 십자가의 죽으심으로 치르신 죗값에 의해서 신자는 모든 저주와 형벌로부터 면제를 받게 된다.

이와 같이, 반율법주의자들과의 논쟁을 통해서 기독론과 칭의교리의 기본내용들이 능동적 순종과 수동적 순동의 내용을 근간으로 하여 다시금 정비되었다. 웨스트민스터 총회에서 존 애로우스미스 John Arrowsmith(1602-1659)가 1643년 9월 11일에 발언한 내용에 보면, 능동적 순종과 수동적 순종이라는 용어와 개념이 정확하게 담겨져 있다.

"칭의는 죄책의 제거와 천국에 대한 소유권 모두를 포함한다. … 그리스도의 능동적 순종이 이들 두 가지를 제공한다."[21]

의롭다 하심을 얻은 성도가 하나님의 율법을 지켜야 한다는 의무는 하나님과의 언약관계 안에 존재하는 피조물에게는 본질적인 부분이다. 성화의 지침이자 규칙을 준수해야만 하는 의무가 성도에게 남아 있는 것이다. 하나님의 백성들에게 주어진 율법은 은혜 언약의 일부로써 거룩하게 살아가도록 지도하기 위함이었다.

---

21   W. Gamble, *Christ and the Law*, 101-102. "Justification includes both taking away the guilt and title to heaven...The active obedience of Christ procures both these."

그리스도의 온전하신 중보자로서의 사역, 즉 온전한 순종에는 두 가지 내용이 복합적으로 담겨져 있다. 아담의 불순종은 창조 시에 하나님과 사람 사이에 맺어진 언약을 파기하는 행동이었다. 아담의 죄는 하나님의 거룩성을 훼손시켰고, 둘째 아담 예수 그리스도께서 모든 율법을 준수하시고, 죽으시기까지 순종하셨다. 이러한 '온전하신 순종'과 '죽으심'으로 성취한 의로우심을 전가 받는다는 내용과 표현들을 완성하기까지, 웨스트민스터 총회에 모인 청교도 신학자들은 진지하고도 엄중한 토론과 논쟁을 거듭했고, 마지막에는 기도의 시간을 가진 후에 투표로 다수의 의견을 결집하였다.

4 행위 언약을 성취하신 그리스도의 능동적 순종

웨스트민스터 신앙고백서에서 다뤄진 예수 그리스도의 능동적 순종과 수동적 순종을 이해하기 위하여, 보다 더 넓은 안목으로 전체적인 구조를 살펴보고자 한다. 청교도 개혁주의 신학자들은 하나님과 아담 사이의 언약적 관계성을 좀 더 엄밀하게 규정하면서, 이 관계를 "행위언약"covenant of works이라고 명문화했다.[22] 좀 더 쉽게 말하자면, 행위언약은 순종의 행동이 부과된 언약, 혹은 순종의 명령에 복종할 것을 요구하는 언약이다. 그러나 아담은 이 행위 언약을 어겼기 때문에, 이 언약을 예수 그리스도께서 능동적 순종과 수동적 순종을 통해서 그 조건들을 모두 다 충족시키신 것이다. 따라서, 행위언약은 모든 그리스도인들의 가장 기본적인 기초이자 근원적인 교리이기 때문에 먼저 행위언약을 알아야만 한다.

웨스트민스터 신앙고백서는 "행위언약"만이 아니라 "은혜언약"과 "구속언약"도 함께 설명한다. 특히 행위언약은 아담의 불순종을 인해 파기되었지만, 그리스도가 율법의 모든 요구들을 능동적 순

---

[22]   J.V. Fesko, *The Covenant of Works: The Origins, Developments, and Reception of the Doctrine*(Oxford: Oxford University Press, 2020), 95-117.

종으로 완전히 성취되었다고 해설하였다. 다시 말하면, 반율법주의 자들이 반대하는 능동적 순종의 교리를 명쾌하게 제시하기 위해 웨스트민스터 신학자들이 행위언약의 내용들을 총정리한 것이다.

언약신학은 웨스트민스터 표준문서 안에 담긴 매우 중요한 교리였다. 언약 신학은 반율법주의자들의 왜곡에 대처하기 위해서, 언약에 담긴 하나님의 구원역사의 진행과정을 성경에 계시된 대로 제시한 것이다. 웨스트민스터 신앙고백서 작성 시에 언약신학은 전체 문서의 중심구조에 해당한다고 워필드 박사는 분석했다.[23] 왜냐하면 하나님과 인간 사이의 언약적 관계성에 주목하게 된 것은 성경의 다른 교리들과 긴밀하게 결합되어 있기 때문이다. 행위언약, 은혜언약, 구속언약 등은 믿음으로 얻는 칭의, 그리고 아담의 죄와 그리스도의 의로움의 전가를 바르게 이해하는데 매우 중요한 관점을 제공한다. 무엇보다도 성경 전체적으로 볼 때, 아담의 불순종은 중보자이신 예수 그리스도의 순종과 대조된다. 이를 청교도 신학자들 중에는 "대표신학"federal theology이라고 부르기도 했는데, 이는 언약신학과 동일한 개념이다. 라틴어로 foedus가 "언약"으로 번역되기 때문이다.

---

[23]   B. B. Warfield, *The Westminster Assembly and Its Work*(Grand Rapids: Baker, 2000), 56.

웨스트민스터 표준문서에 담긴 언약사상

웨스트민스터에 모인 청교도 신학자들은 창세기 1-3장에 나오는 하나님과 아담 사이의 언약적 관계성을 규정하면서 행위언약이라는 명칭을 붙였다. 또한 은혜언약, 행위언약, 구속언약이라는 세 가지 개념들로 재구성하였고, "웨스트민스터 신앙고백서"와 "대요리문답서" "소요리문답서"에서 정교하게 풀이했다.

웨스트민스터 신앙고백서가 가진 언약적 특징을 다음과 같이 요약할 수 있다.

첫번째 특징은, 청교도 신학의 핵심사상이 이중적인 언약적 구조를 통해서 제시되었다는 점이다. 웨스트민스터 신앙고백서 7장 2-3항은 다음과 같다.

> 7장 2항 "인간과 맺은 첫 번째 언약은 행위언약이었다(갈3:12). 그 행위 언약으로 아담과, 그 안에서 그의 후손에게 생명이 약속되었다(롬10:5, 5:12-20). 그 언약의 조건은 완전하고 개별적인 순종이었다(창2:17, 갈3:10).
>
> 7항 3항 인간이 타락함으로 말미암아 행위 언약으로는 생명을 얻을 수가 없게 되어 버렸기 때문에, 주께서 두 번째 약을 맺으시기를 기뻐하셨다(갈3:21, 롬8:3, 3:20,21, 창3:15, 사42:6). 이 언약은 일반적으로 「은혜 언약」이라고 불린다. 그 언약에 의하

여 주님은 죄인들에게 예수 그리스도로 말미암아 생명과 구원을 값없이 주셨다. 그러나 그들이 구원받도록 하기 위해서, 그리스도를 믿는 신앙을 그들에게 요구하시고(막16:15,16, 요3:16, 롬10:6,9, 갈3:11), 생명에 이르도록 작정되어 있는 모든 자들에게 그의 성령을 주시어, 그들로 하여금 기꺼이 그리스도를 믿을 수 있게 하실 것을 약속하셨다(겔36:26,27, 요6:44,45).

위에 인용한 7장 2항에서, 아담은 "행위언약"을 지켜야 했는데, 하나님의 금지명령에 대한 순종이었다. 타락 전에 맺어진 언약을 설명하는데 있어서 독특하게 "행위언약"이라는 용어를 사용하는 것은 이 언약관계에서 사람이 서 있는 위치를 가장 잘 드러내 주기 때문이다.[24]

웨스트민스터 신학자들이 첫 번째 아담과의 언약을 "행위언약"이라고 규정하였다. 하나님께서는 자유롭게 모든 자연적인 인류의 머리가 되는 아담과 완전한 순종을 조건으로 언약을 맺으셨고, 생명나무와 선악을 알게 하는 나무의 열매를 보이는 상징으로 사용하였다. 청교도 신학자들과 개혁주의 정통신학자들은 행위언약을 통해서 하나님의 영광과 선하심을 놀라운 방식으로 사람에게 알려 주셨음에 주목했다. 하나님께서는 행위언약을 통해 주권적으로 인

---

24 C. Venema, *Christ and Covenant Theology(Phillipsburg: P&R, 2017)*, 22.

간에게 내려오셔서 죄를 벌하는 정의를 드러내신 것이다.

　　반율법주의자들과 충돌하는 부분은 그리스도가 하나님의 모든 계명을 생애 동안에 완벽하게 지키셔서 행위언약을 완성하신 인류의 머리가 되신다는 점이다. 하지만, 그리스도가 하나님의 계명에 순종하신 것으로부터 그리스도의 최후 고난과 십자가의 죽으심을 분리시키는 것은 아니다. 그리스도는 자신의 능동적 순종과 수동적 순종을 통해서 우리를 저주에서 구출하셨고(갈 3:14), 축복을 내려주셨다(갈 3:14). 그리스도가 율법 아래 나신 목적은 율법 아래 있는 자들을 구원하고자 하심이다(갈 4:4-7). 그리스도는 모세의 율법을 준수하라는 모든 요구에 완전히 자신을 내려놓고 순종하셨다. 그리하여 그를 믿는 성도들에게 축복과 기업을 얻게 만드셨다. 그리스도가 땅에서 순종의 저주를 당하신 것은 자신을 위함이 아니라, 우리들의 의로움을 위해서 하신 것이다.[25]

　　그러나 반율법주의자들은 구약의 모든 내용들은 무조건 행위언약의 구조 아래에 있다고 주장했다. 이에 반대해서 청교도 신학자들은, 위에 인용한 신앙고백서 제 7장 3항에서 확인할 수 있듯이, 아담의 타락 이후부터 바로 은혜언약 아래서 살아간다고 구별했다. 아담과 이브는 태어나면서부터 하나님과의 특별한 관계성을 가졌다. 그들의 가슴 속에는 하나님의 법이 새겨져 있었고, 그것을 수행

25　Owen, *The Doctrine of Justification*, 262.

할 충분한 힘을 가지고 태어났다. 청교도들에게 있어서 인간의 본성에 대한 이해는 매우 중요하였다. 로마서 2장 14-15절을 보면, 모든 인간의 본성에는 자연법이 새겨져 있으며 하나님께 순종해야하는 자연적 의무로 자연적 도덕법을 주셨다.

우리는 웨스트민스터 총회에서 반율법주의자들의 왜곡된 주장을 바로잡기 위해서, 그리스도의 능동적 순종 교리를 강화하는 내용으로 정리되었음을 언약교리에서도 확인할 수 있다. 총회 석상에서 토마스 굿윈은 그리스도가 사실은 사람처럼 수종의 의무를 다해야만 했던 것은 아니지만, 그리스도가 피조물처럼 자신을 언약의 관계 하에 스스로 들어가서 순종의 멍에를 짊어지셨다고 설명했다.[26]

웨스트민스터 신앙고백서는 하나님의 주권적인 은혜 안에서 진행된 행위언약과 은혜언약의 관계를 보다 중심으로 조직적인 체계를 제시한 것이다. 신앙고백서는 노아, 아브라함, 모세와 이스라엘, 다윗과의 언약 등의 순서대로 풀이하지 않았다. 보다 조직적이고 총체적인 구조로 제시하기 위해, 세 가지 언약개념들을 사용하였다.

특히 행위언약이라는 개념에는 예수 그리스도가 성취하신 순종의 내용들이 담겨있는데, 율법에 순종하는 능동적 순종과 대속

---

26   Van Dixhoorn, "Reforming the Reformation," 2.90.

적 죽으심을 통한 수동적 순종을 핵심으로 한다. 이 용어가 웨스트민스터 문서들 속에서는 "순종과 죽으심"으로 표현되었는데, 이렇게 요약할 수 있는 그리스도의 사역은 행위언약을 완성하셨으며, 여기에서 나오는 은택에 기초하여 하나님의 은혜언약은 시행되어 나간다.[27]

신앙고백서의 두번째 특징은, 하나님께서 스스로 자기 백성들을 축복하시며, 그들을 위해서 친히 "자발적으로 내려오심"이라고 규정했다(신앙고백서 7장 1절)는 점이다. 하나님과 인간 사이에 거리가 너무나 멀고 하나님의 위대하심과 인간의 제한성 때문에, 창조주와 피조물 사이의 간격을 메울 길이 없다. 그러나 하나님의 자발적인 찾아오심은 인간의 타락 전에 상태에서 주셨던 은혜로 인한 것이다.

셋째, 타락 전에 아담과 맺은 첫 번째 언약을 행위언약이라고 규정했는데, 이 명칭은 조건과 대표자를 고려하여 합당하게 규정한 것이다(신앙고백서 7장 2절). 이 언약의 목적은 생명의 언약이었고(대교리문답서 20문항), 참여자를 명시하면서 아담과의 언약이라고 하였다(대교리문답서 22문항).

---

27   Johannes G. Vos, *The Westminster Larger Catechism: A Commentary*, ed. G.I. Williamson(Phillipsburg: P&R, 2002), 50

웨스트민스터 신앙고백서와 달리 교리문답서 20문항에서는 행위언약을 "생명언약"으로 표현하기도 했고, 또 다른 신학자들은 "창조언약"이라고도 했는데, 이 창조언약은 언약의 목적을 부각시키고자 채택한 용어였다. 그러나 행위 언약 즉, 아담과의 언약이라는 표현은 하나님에 의해서 제정되었고 인간은 특별한 호의와 혜택의 자리에 위치시켰다는 점을 부각시키고자 채용된 용어다. 순종의 요구를 받은 아담이 하나님과의 언약에서 규칙을 지키고 자신의 행동을 유지하고 지켜내기만 한다면, 영생을 주신다는 것은 엄청난 축복이었다. "행위언약"이라는 용어 사용의 장점은, 창조주 하나님이 드러내고자 했던 첫 언약의 여러 가지 차원들을 손상시키지 않고 표현할 수 있다는 점이다.

넷째, 이 처음 언약, 즉 행위언약은 약속과 조건이 부과되었다 (신앙고백서 7장 2항). 으뜸이요 머리이자 대표인 아담에게는 하나님의 법칙에 대하여 완벽하고도 인격적인 순종이 요구되었다(신앙고백서 19장 1-3항, 대교리문답서 22문항). 하지만 아담이 타락하자, 그와 그의 모든 후손들은 더 이상 일상적으로는 행위언약을 성취하여 영생을 얻을 수 없게 되었다. 이로써 모든 사람이 죄와 형벌의 상태에 놓였다(신앙고백서 7장 3항, 대교리문답서 22-25문항). 이것이 둘째 아담이신 예수 그리스도의 사역을 위해서 기초로 놓여진 상태였는데(대교리문답서 31문항), 오직 은혜언약의 중보자만이(대교리문답서 36문항) 하나님의 정의를 만족시켰고(대교리문답서 38문항) 율법 아래서 순종을 수행한 것이다(대교리문답서 39문항).

　　다섯째, 행위언약의 조건들을 예수 그리스도께서 순종하심으로 성취하셨는데, 이로 인해 주어지는 은혜언약 안에서 믿음으로 인하여 얻는 칭의가 주어진다(신앙고백서 7장 2항). "완벽하며 인격적인 순종의 조건 속에서"(신앙고백서 7장 3항) 살아가는 자들에게는 믿음이 요구되며, 그로 인해서 구원이 주어진다. 특히 신앙고백서는 요구 사항들이 주어진 조건들이 각각 달랐다는데 주목할 것을 촉구했다. 택함을 받은 자들의 믿음은 하나님의 선물이며, 이것은 그리스도가 이룬 행위언약의 성취와 연결되어있으며 이는 결코 믿는 자들의 신실함이나 순종에 따라서 구원의 축복이 좌우되지 않고, 그리스도의 모든 사역에만 기초한다. 첫 아담은 행위언약 아래서 명령을 지키는데 실패했지만, 그리스도는 은혜언약 아래서 우리를 위해서 행위언약의 조건들을 성취하셨다.

　　새언약 아래서의 그리스도인들의 순종은 복음적인 순종인데, 이 순종은 우리를 위하신 그리스도의 능동적 순종과 수동적 순종으로부터 결코 분리될 수 없으며, 우리 안에서 성령의 은혜로운 역사하심과 그로 인하여 증거들과 열매들이 생산되며, 하나님의 영광을 찬양하게 된다(신앙고백서 11장 1항).

　　여섯째, 행위언약과 은혜언약의 구분은 하나님의 은총을 설명하는 매우 중요한 용어들이다. 하나님께서는 전혀 호의를 받을 수 없는 자들에게 은총을 베푸셨다. 하나님의 가장 큰 은총은 우리들의 허물에도 불구하고 우리에게 구원의 축복을 베푸신 것이다(대교리문답서 30문항). 하나님의 사랑과 자비하심으로 인해서 둘째 언약이 맺어졌고, 은혜언약 안에서 예수 그리스도 안에서 믿음으로 죄인들에게 구원이 제공되었고, 택함 받은 자들에게는 성령이 약속되었다(신앙고백서 7장 3항).

일곱째, 성경의 모든 증거들과 주제들은 은혜언약의 구조 아래서 적용할 수 있다(신앙고백서 7장 4항). 율법의 시대였던 구약에서나, 복음의 시대인 신약에서나 언제나 항상 오직 하나의 언약, 즉 은혜언약의 통일성 하에 다양한 시행들이 점진적으로 진행되었다(신앙고백서 7장 5,6항). 구약시대에서도, 신약에서처럼, 오직 메시야에 대한 믿음으로만 구원이 주어진 것이다(신앙고백서 7장 5항).

이단들을 향한 교리적인 기준

언약개념들은 당시 극렬하게 대립하고 있던 이단적인 사상들, 특히 왜곡된 속죄론과 구원론에 맞서서 바른 기독교의 교리를 정립시키기 위한 대책으로 제시되었다. 웨스트민스터 총회는 한가로운 연례적 모임이 아니었다. 총회는 목숨을 내놓고 교회를 개혁하기 위해서 싸우고 있었던 당대의 첨예한 정치 군사적 갈등 상황 속에서 모였다. 따라서 참석자들 모두는 성경을 깊이 연구하여 바른 신학을

제공하여, 개혁된 교회를 진리의 반석 위에 확고하게 세우고자 심사숙고를 거듭하였다.[28]

　웨스트민스터 청교도 신학들이 가장 중요한 대적자들로 여긴 무리들은 모두 네 부류로 나뉘어지는데, 로마 가톨릭의 교황주의자들, 알미니안주의자들, 반율법주의자들, 소시니안주의자들이었다. 청교도들은 개혁주의 교회를 무너뜨리려고 하던 이 대적자들로부터 이단적이며 왜곡된 교리를 바로잡기 위해 언약신학에 주목했다. 당시 웨스트민스터 총회에 참석했던 앤서니 버지스Anthony Burgess (1644년 사망)는 위에 네 가지 이단들과 맞서고 성경적인 구원론을 제시하기 위해 행위언약을 비롯한 언약신학의 개념들을 기꺼이 채택하였다고 명백하게 선포했었다.[29]

　웨스트민스터 신학자 브릿지William Bridge(1600–1670)도 역시 행위언약 개념을 강조하면서 반율법주의자들의 문제점을 지적했다. 당시 반율법주의자들은 1640년대에 이르러서 갑작스럽게 런던을 중심으로 확산되고 있었다. 하지만 여타의 다른 이단들과 달리, 이

28　Andrew A. Woolsey, *Unity and Continuity in Covenantal Thought: A Study in the Reforemd Tradition to the Westminster Assembly*(Grand Rapids: Reformation Heritage Books, 2012).

29　Anthony Burgess, *Vindiciae Legis: or A Vindication of the Morall Law and the Covenants, From the Erros of Papists, Arminians, Socinians, and More Espcially Antinomians*(London: 1646), 119.

들 반율법주의자들은 같은 종교개혁의 진영에 속해서 왕당파 군대와 싸고 있었기에, 다른 사상을 주장하는 자들과의 동침을 고려할 수 밖에 없었다. 하지만 그들이 군사적으로는 함께 목숨을 걸고 찰스 1세의 군대에 맞서서 싸우고 있는 동지였지만, 신학적으로는 이단사상이었기에 당시 청교도 신학자들은 결코 한가하게 바라보고 있을 수 없었다. 따라서 종교개혁의 시대에는 첨예하게 대립하던 이단들에 대한 대책들이 너무나 절실했었다.

반율법주의자들은 각종 혼란을 부추기면서 기존의 모든 질서와 규칙을 거부하였다. 사회 기본 질서를 비웃는 자들이 횡행하면서, 개혁주의 교회마저도 파괴를 당하게 되는 상황에 빠져들고 있었다. 이에 반율법주의자들의 왜곡된 교리를 반박하는데 가장 부합하는 대안이 바로 행위언약이요, 능동적 순종의 교리였다. 따라서, 종합적으로 세 가지 언약개념을 채택하게 된 것은 신학사상의 발전사에서만이 아니라, 청교도 교회의 역사에서 매우 큰 의미가 있다.

이들 세 가지 언약의 개념들은 그동안 수많은 종교개혁자들이 초대 교부들의 신학적 기초 위에서 성경의 핵심 교훈들을 담아내려고 노력한 결과였다.[30] 이 결과는 청교도 신학자들이 언약개념에 대해서 주목하게 된 그들보다 앞선 시대 종교개혁자들의 연구

---

30   Ligon Duncan, "Covenant Idea in Ante-Nicene Theology,"(Ph.D. diss., University of Edinburgh, 1995).

가 축적되어 내려왔기에 가능했던 것이다. 이미 많은 저서들이 언약사상을 설명하였는데, 이제 웨스트민스터 총회에서 보다 더 체계화된 것이다. 또한 이런 언약신학의 개념들은 종교개혁의 시대를 거치면서 여러 신학자들이 개인적으로나 혹은 교리문답서에서 다양한 명칭들을 부여해 왔는데, 이 점에 주목하고자 한다. 제임스 어셔 James Ussher(1581–1656)와 "아일랜드 고백서"(1615)에서도 이미 행위언약이 정리되어 있었다. 그에 앞서서 로버트 롤록(1555–99)과 멜빌 Andrew Melville(1545–1622)이 스코틀랜드에서 행위언약에 관한 저서들을 발표하여 여러 지역으로 확산되었다.

잉글랜드에서는 엘리자베스 여왕 시대에 종교개혁자 펜너 (1558–1587)가 1580년에 제네바에서 출판한 책에서 행위언약과 은혜언약을 설명했다.[31] 이 책에 서문을 기고한 토마스 카트라이트 (1534–1603)에게서 영향을 받은 것으로 본다. 훗날 카트라이트가 소천한 후에, 그가 정리한 행위언약에 관한 저서가 출판되었다.[32] 필자는 여러 청교도 관련한 글에서 카트라이트가 잉글랜드 청교도 개

---

31 Dudley Fenner, *Sascra Theologia Sive Veritas quae est secundum Pietatem(-Geneva: Eustathium Vignon, 1586), IV.1: "Foedus duplex est: Operum foedus/Gratuitae promissionis foedus."*

32 Thoams Cartwright, *A Treatise of Christian Religion: Substantially, Methodicallie, Plainlie, and Profitabilie Treatised(London: Felix Kingston, 1611), 123-24.*

혁운동에 끼친 기여와 영향을 언급하였다.[33] 메리 여왕과 엘리자베스 여왕 시대에 박해를 받으면서 수많은 고초를 겪은 카트라이트는 장로교회의 신봉자로서 케임브리지 대학교에서 가르쳤다. 카트라이트가 유럽으로 피난을 갔을 때, 그는 언약신학을 강조하던 우르시누스(1534-83)와 올레비아누스(1536-87)와 함께 하이델베르크에서 1573년부터 한 해를 함께 머물렀었다. 이 하이델베르크 대학의 두 신학자들은 언약사상을 강조하였고, 성경에 담긴 내용들을 묶어서 발표하였다.

스코틀랜드에서는 언약 신학이 그저 하나의 개념으로 그치지 않고, 중대한 행동강령으로서 개혁주의 교회를 지키기 위해서 전쟁에 참여하는 "국가언약"이라는 일종의 동지적 맹서로 발전했다. 주교제도를 고수하고자 침략했던 찰스 1세에 맞서서, 1638년에 "국가언약"에 서명하고 모든 장로교회와 청교도들이 연합하여 승리했다. 스코틀랜드는 두 차례의 침공을 저지하는데 앞장섰던 알렉산더 헨더슨을 비롯하여, 사무엘 러더포드, 길레스피, 로버트 베일리 등 목회자들과 평신도 대표 등 모두 여섯 명을 웨스트민스터 총회에 파견하였다.[34] 이미 헨더슨에게는 1641년에 스코틀랜드 의회에서 새로

---

33 김재성, 『청교도, 사상과 경건의 역사』(세움북스, 2020), 97-101. idem, 『청교도의 빛나는 개혁운동』(언약출판사, 2024),

34 Iain H. Murray, "The Scots at the Westminster Assembly: With Speicial Referance to the Dispute on Church Government and its Aftermath," *The*

운 신앙고백서를 작성하도록 요청을 했었으나, 그는 남쪽 잉글랜드와 함께 하나의 고백서를 만들기 위해 그 요청을 보류했다.[35] 마침내, 1643년 7월부터 1652년까지 모였던 웨스트민스터 총회의 신학자들은 언약신학을 중추적인 하나님의 구원교리로 다뤘다. 특히 사무엘 러더포드는 시종일관 총회에 참석하면서 행위언약의 개념을 설명하여 큰 호응을 얻었고, 언약신학의 내용들이 그 어느 신앙고백서보다도 더 상세하게 서술되었다.[36]

로버트 롤록(1555-99)은 에든버러 대학교에서 개혁주의 신학자로서 언약사상의 확산에 큰 영향력을 발휘했다. 그는 존 낙스의 서거 이후에, 로버트 브루스 등이 앞장서서 장로교회 신학사상을 정립하도록 기여하였고, 롤록이 바톤을 이어받아서 언약신학의 구조와 함께 행위언약의 개념을 담아서 출판했다.[37] 그리하여, 스코틀랜

Banner of Truth,(1994).

35   *The Letters and Journals of Robert Baillie, ed. David Laing(Edinbugh, 1841), vol. 1, 365, 376, vol. 2,2.*

36   Samuel Rutherford, *The Divine Right of Church Government and Excommunication(Lonond: 1946). F.N. McCoy, Robert Baillie and the Second Scotts Reformation(Los Angeles: University of California Press, 1974). Wayne R. Spear, "Covenanted Uniformity in Religion: The Influence of the Scottish Commissioners upon the Ecclesiology of the Westminster Assembly,"(Ph.D., diss. University of Pittsburgh, 1976), 76.*

37   J.V. Fesko, *The Covenant of Works, 34-35.*

드에서 활약한 그의 다음 세대 장로교회 목회자들은 언약개념을 하나님과의 관계에서 맺어지는 행동원리로 인식하게 되었다.

웨스트민스터 신학자들은 하나님의 모든 뜻을 설명하는데 있어서, 언약개념이라는 "선하고도 필수적인 결론"Good and necessary consequence에 도달하였다(신앙고백서 1장6항).[38] 창세기 1–3장에 나오는 하나님과 아담과의 관계성을 이해하는 것은 매우 중요하다. 행위 언약의 개념을 거부하는 자들 중에서는 아담의 타락이 있기 이전에 하나님과의 사이에 처음부터 은혜만이 있었다고 주장한다. 이런 주장은 타락 이전의 관계성과 타락 이후의 관계성에 담겨진 차이점을 무시하고 그저 하나로 다 덮어버리는 견해이다. 인간의 타락전과 타락후 조건의 차이점을 분명하게 인식하지 않으면, 구원에 있어서 믿음과 행위 사이의 관계성에 대해서도 혼란을 일으키고 만다. 이런 식으로 하나님의 은혜에만 집중하여 성경을 해석하면, 타락 이전에 하나님과 아담과의 관계성을 설명하면서 행위의 원리들을 거부하게 되고, 또한 예수 그리스도의 행위에 대해서도 마찬가지 방식만을 고수하게 된다. 인간의 타락 이후에 하나님과 인간 사이의 관계성에

---

38 C. J. William, "Good and Necessary Consequences in the Westminster Confession," in *The Faith Once Deliverred: Essays in Honor of Dr. Wayne Spear*, ed., *Anthony T. Selggio*(Phillipsburg: P&R, 2007), 171-190. Ryan M. McGraw, *Good and Necessary Consequence*(Grand Rapids: Reformation Heritage Books, 2012).

있어서 엄청난 변화가 일어났는데, 이는 타락전 아담이 지킬 조건과 타락후 조건 사이에 매우 중요한 변화인 것이다. 언약의 파기자 인간은 율법에 의해서 정죄를 당하는 위치에 놓였다. 율법을 지키지 못한 인간들에게는 그리스도를 믿어야만 구원의 길이 주어진다.

웨스트민스터 신학자들은 율법을 지킴으로 얻는 의로움과, 믿음으로 얻는 의로움 사이의 대조를 제시했다. 이것은 율법과 복음을 대조시키는 것과 동일한 것인데, 로마서 10장 5-6절에 담겨져 있다. 이러한 대조는 그리스도의 사역과 우리의 칭의에 대한 이해를 위해서 합당한 기초가 된다. 단순히 겉모습만을 대조한다면, 행위언약의 개념이 없이도, 율법과 복음의 대조를 통해서 믿음으로 얻는 칭의교리를 성경적으로 정립할 수 있는 것처럼 보인다. 그러나 행위언약은 복음을 합당하게 이해하는데 있어서 매우 중요한 개념이다. 행위언약이 있었기 때문에 그리스도의 사역이 주어진 것이다. 바로 이처럼 아담이 파기한 언약을 성취하고자 그리스도께서 오셨으며, 그가 우리의 구원을 위해서 모든 계명을 지키셔야만 했던 것이다(롬 5:12-21).

특히 율법폐기론자들과 같이 행위언약의 개념을 거부하게 되면, 율법과 복음의 대립을 내세워서 율법의 사용을 약화시켜 버리게 된다. 이렇게 되면, 그리스도의 의로움을 전가 받아서, 그것을 믿음으로 의롭다하심을 얻는다는 칭의교리도 쉽게 버리게 된다. 의롭다하심을 얻는 믿음은 언약적 신실함이요, 궁극적으로는 최후 심판에서 의롭다하심이 선포되는 것이다. 우리가 얻는 칭의는 예수 그리스도의 실천적인 행함에 기초를 두고 있는 것이다. 그러나 율법폐기론자들만이 아니라, 현대 신학자들 중에서 노먼 쉐퍼드, 톰 라이트 등이 칭의와 율법과의 관련성에 대해서 큰 혼란을 일으켰다.

행위언약이라는 용어가 타당한가?

언약의 성립과 시행과정에는 하나님의 성품과 이에 대한 인간의 상대적인 반응들이 긴밀하게 상호작용하면서 서로 간에 연결되어 있다. 하나님과 인간 사이의 언약적 관계에서 드러나는 내용들을 종교개혁 시대의 신학자들에 의해서 이뤄진 성경본문에 대한 통찰의 결과였다. 독일 하이델베르크 대학의 우르시누스와 올레비아누스가 신앙고백서와 해설서에서 언약개념에 대해 체계적으로 설명하였다.[39] 그들로부터 한 세기가 지난 뒤에, 웨스트민스터 청교도 신학자들은 언약 개념을 "은혜언약", "행위언약", "구속언약" 등으로 구별지었다. 그런데 이런 용어들은 성경에 나오지 않기 때문에 그 개

---

[39] Derek Visser, "The Covenant in Zacharias Ursinus," *Sixteenth Century Journal 18(1987): 534.*

념들의 근원과 발전과 채택과정에 대해서 탐구가 지속되고 있다.[40]

하나님과 아담 사이의 타락전 관계성을 특정하면서, 대부분의 청교도 신학자들은 행위언약이라고 규정했다.[41] 웨스트민스터 신학자들 중에서 가장 큰 영향력을 발휘했던 윌리엄 고그William Gouge(1575-1633)는 히브리서 주석에서 하나님과 아담 사이에 맺어진 행위언약이 그리스도의 은혜 언약에서 성취되었음을 풀이했다. 토마스 굿윈(1600-1680)은 행위언약의 개념이 율법의 중요성을 돋보이게 한다고 설명했다. 존 오웬(1616-1683)은 웨스트민스터 신앙고백서의 개념과 일치하는 대조를 제시했다. 프랜시스 로버츠(1609-1675)도 행위언약의 개념을 합당하게 설명했다. 그 후 세대에 윗시우스Herman Witsius(1636-1708)와 에임즈, 뛰르뗑, 헤르만 바빙크에 이르기까지 개혁주의 정통신학자들이 행위언약을 채택했다.[42]

언약이라는 용어는 창세기 1장에서 3장까지에서는 아직 사용

---

40   David Weir, *The Origins of the Federal Theology in Sixteenth-Century Reformation Thought*(Oxford: Oxford University Press, 1990). R. Scott Clark, *Caspar Olevian and the Substance of the Covenants: The Double Benefit of Christ*(Grand Rapids: Reformation Heritage Books, 2005).

41   Joel Beeke, "The Puritans on the Covenant of Works," in *A Puritan Theology, 217-236.*

42   H. Witsius, *The Economy of the Covenants*, 1.1.15. W. Ames, *The Marrow of Theology*, 1.24.13. F. Turretin, *Institutes of Elentic Theology*, 8.3.4. Joel R. Beekee & Paul M. Smalley, *Reformed Systematic Theology: Man and Christ*(Wheaton: Crossway, 2020), 293,n.63.

되지 않았다. 그러다 홍수 사건이 벌어지면서, 하나님께서 노아와의 사이에 맺은 언약이 창세기 6장 18절에 처음으로 등장한다. 그렇다면, 창세기 6장에 나오는 언약개념을 그 이전에 살았던 하나님과 아담 사이에 일어난 명령과 약속에 관련하여 사용될 수 있는가? 더구나 그것을 "행위언약"이라고 명명하는 것은 과연 타당한 것일까? 결론적으로 말하자면, 이런 용어들과 개념들은 성경적으로 합당하게 규정하면서 사용한다면 전혀 문제가 없다.

사무엘하 7장이나 열왕기상 17장에서도, 하나님께서 다윗에게 주시는 약속들이 열거되어 있지만 언약이라는 용어는 전혀 사용되지 않았었다. 그러나 이 내용을 기록한 다른 성경들은(삼하 23:5, 시 89:3,28, 132:11-12) 같은 내용을 다루면서 언약 관계로 규정했다. 따라서 이와 비슷한 상황이 창세기 1장에서 3장까지에 담겨져 있기 때문에 행위언약이라는 용어는 얼마든지 사용할 수 있는 것이다.

성경의 구속역사가 진행되어 나가면서 분열왕국 시대에 이르러서, 호세아서 6장 7절에서 "아담처럼, 그들은 언약을 어겼다. 그들은 나를 믿음없이 대했다"라고 지적했다. 여기에 나오는 "아담"Adam이 과연 누구의 이름일까? 아담의 이름을 언급한 것은 그 뒤에 나오는 언약의 파기와 연결시키려는 의도가 담겨있다. 그러나 아주 엄밀하게 말하면, 성경 어디에서도 아담이 언약의 파기자라는 언급은 없다. 호세아서에서 "...처럼"like Adam이라고 연결하는 전치사와 묶어진 상태로 검토해보면, 그냥 막연하게 어떤 남자가 언약을 준수하지 않았다는 뜻이 아니라, 불순종으로 언약을 파기한 첫 사람 아담에 대한 언급이라는 것을 알 수 있다.[43] 여기 호세아 6장에서 아담은 그냥 일반적으로 어떤 사람, "인간존재"human beings로 말하는 것이 아님을 전체 문맥에서 발견할 수 있다. 언약의 파기자로서 아담과 이스라엘 백성들이 대조됐다. 또 다른 가능성은 여기서 아담이라는 단어를 이스라엘이 언약을 어긴 장소로 추정하는 해석이다. 어느 경우든지, 이 구절에서, "아담"이든지 "아담에서"든지 간에, 언약의 파기자를 특정하는 단어로서 당대 이스라엘 사람들을 지칭하는 것이다. 호세아는 단어 조합을 통해서 상징적인 표현을 아주 많이 만들었다.[44] 그는 장소의 이름을 가지고, 처음 죄를 범한 아담을 표현하도록 만들었을 가능성도 있다. 호세아는 창세기의 이야기들을 많이 언급했다. 따라서, 거슬러 올라가면 언약을 준수하지 않았던 아담에게로 연결되어진다.

다시 강조하지만, 성경에 담겨진 내용들을 압축해서 중요한 용어로 체계화를 한 것이기에, 우리가 이런 신학적인 개념들에 대해서 무작정 거부감을 가질 필요는 없다. 합당하게 규정하여 사용하면,

---

43 B.B. Warfield, "Hosea vi.7: Adam or Man?," in *Selected Shorter Writings of B.B. Warfield, ed. John E. Meeter, 2 vols.(Phillipsburg: P&R, 2001), 1:127.*

44 Byron G. Curtis, "Hosea 6:7 and Covenant-Breaking like/at Adam,"

하나님의 경륜과 계획을 잘 이해하도록 도움을 준다.

피조물이 창조주와의 사이에 인격적인 대우를 받으면서, 명령을 따르면 약속으로 주어진 축복을 누린다는 것은 엄청난 은혜다. 이렇게 상호작용을 통해서 관계성을 유지하는 것이 가능하도록 만들어 주는 결정적인 요인은 한마디로 하나님께서 은혜로우시기 때문인데, 이처럼 모든 언약들은 은혜언약covenant of grace을 기초로 한다. 은혜언약은 하나님의 나라를 위해서 모든 백성들에게 영적인 기초를 제공하기 때문에 우리는 은혜언약의 결정적인 중요성을 간과해서는 안된다.

성경은 아담이 죄를 범하고 타락하기 이전에 행위언약을 맺었고, 둘째 아담이신 예수 그리스도와 함께 영원한 은혜언약이 체결되었음을 대조시키고 있다(호 6:7, 롬 5:12-19).[45] 행위언약이란 하나님께서 인류의 대표자 아담에게 축복을 약속하셨는데, 만일 그가 금지된 나무의 열매를 먹지말라는 명령에 순종하였을 때에만 시행하신다는 조건이 부과되어 있었다(창 1:28-30). 만일 불순종하게 되면, 죽음의 형벌에 처해진다(창 2:15-17). 안타깝게도 아담은 순종에 실패하여 죄를 범했고, 그로 인해서 죽음을 맛보아야만 했다. 아담의 타락 이후에 에덴동산에서 추방당했고, 이제 행위언약이 성취될 가

---

45   Bruce K. Waltke, "The Kingdom of God in the Old Testament: The Covenants," in *The Kingdom of God*, 76.

능성은 사라졌다.

창세기 1-3장에 담긴 언약적 관계성을 행위언약으로 규정하는 것에 대해서 다시한 번 정확하게 살펴보자.

첫째로, 창세기 첫 부분에는 언약의 두 당사자들이 등장한다.[46]

창세기 첫 부분에서 우리는 언약의 주체가 되는 창조주 하나님과 언약의 대상이 되는 아담 사이를 명확하게 규명할 수 있다. 먼저, 창세기 1장 1절은 "태초에" 창조주 하나님께서 스스로 자존하고 있었음을 확정적으로 선언한다. 독립적으로 자존하시는 하나님은 스스로 창조한 우주 만물의 주권적 통치자요, 지배자이시다. 하나님의 형상과 모양으로 지은 인간을 매우 특별한 지위에 두셨다(창 1:26-28). 하나님은 아담과 이브를 특수한 동반자로 삼으시고, 언약적 관계를 맺으셨다.

둘째, 언약에는 조건들이 수반된다.

인류의 첫 조상들과의 사이에 맺어진 언약적 관계성의 조건은 명령이었다. 하나님께서는 아담에게 선과 악을 알게하는 나무의 열매를 먹지 말라고 금지하였다(창 2:16-17). 하나님께서는 아담에게 생활하는데 있어서 필요한 모든 것들, 즉 정원, 음식물, 심지어 배우

---

46   O. Palmer Robertson, *The Christ of Covenants(Phillipsburg: P&R, 1980)*, 22-24.

자까지도 제공하였다. 넘치는 하나님의 선하심이 에덴동산에 펼쳐졌다. 모든 것을 다 먹을 수 있도록 하셨다. 다만 동산에서 한 나무의 실과는 먹지말라고 금지를 했다. 하나님은 아무런 이유를 설명하지 않은 채, 아담이 순종하는가를 시험하신 것이다. 형벌이 부과된 금지명령은 아담의 순종이 중요하다는 것을 알려주고 있었다. 아담은 순종하느냐 불순종할 것이냐를 스스로 결정할 수 있었다. 아담은 하나님의 명령에 순종할 수 있는 능력을 갖추고 있었다.

셋째, 모든 언약들은 축복과 저주를 동시에 포함한다.

창세기 1장 28절에서, 하나님께서는 아담에게 생육하고 번성하며 땅에 모든 것들을 다스리는 축복을 주셨다. 이 축복은 하나님의 명령을 따르면서 체험하는 것이다. 이미 에덴동산에 있는 모든 나무의 실과를 먹고, 마시는 축복을 누리게 하셨다. 그러나 만일 금지명령을 어기는 경우에는, "정녕 죽으리라"라고 하셨다(창 2:17). 하나님의 명령을 어기는 자에게 내려진 형벌은 죽음이다. 아담과 이브가 금지명령을 어기는 경우에는 하나님과의 관계는 순간적으로 변해버린다. 뿐만 아니라 아담과 이브 사이의 관계성도 달라지고, 그들과 피조물과의 관계성도 변하며, 그들 자신들에 대한 이해도 역시 변한다. 그 결과 죽음은 흙으로 돌아가는 육체적인 파멸을 포함하지만, 간접적으로는 영적인 파멸도 함축하게 되는 것이다.

넷째, 모든 언약들은 기본적으로 대표성의 원리에 따라서 시행되었다.

언약의 대표자이자 우두머리가 되는 사람이 하나님과 맺은 관계성에는 후손들이 모두 다 포함되었다. 모든 언약들이 제정될 때마다, 대표의 후대손들이 자동적으로 포함된 것이다(창세기 17:7, 신 5:2-3, 삼하 7:12-16등).

아담은 금지된 나무의 열매를 먹었기 때문에 죽음의 형벌을 받았다. 이로써 죄와 죽음이 세상 속으로 들어와서 영향을 미치게 됐는데, 아담만이 아니라 피조물들과 아담의 후손들에게까지 미치게 되었다(창 3:17-18). 땅은 저주를 함께 받아 엉겅퀴와 가시가 생겼고, 아담과 이브의 자녀들에게도 죄가 들어갔다. 그 결과 가인은 동생 아벨을 살해했다. 또한 창세기 4장에서는 경건한 후손들이 그렇지 않은 자들의 계보로부터 분리되었는데, 이는 라멕의 오만함 가운데서 죄를 범하는 극렬함 때문이었다(창 4:23-24). 뿐만 아니라 창세기 5장에서도 아담의 후손들 가운데서 경건한 계보에 속하는 자들에게도 전혀 예외없이 죄의 결과로서 죽음을 맞이해야만 하였다.

아담은 모든 인류의 언약적 머리였기에, 그가 하나님께 범한 최초의 죄악은 그의 모든 육체적인 후손들에게 부정적인 영향을 끼쳤다. 신학적으로는 이것을 아담의 범죄로 인하여 죄가 모든 자연적인 후손들에게로 전가되었다imputation고 표현하는 것이다.[47] 사실 아

---

47   J. Murray, *Imputation of Adam's Sin(Phillipsburg: P&R Publishing, 1977).
Beal, Biblical Theology, 29-45.*

담은 긍정적으로 성결하게 창조되었으며, 죽음의 법에 지배를 당하지 않도록 지어졌다. 그러나 그가 죄를 범할 가능성은 여전히 존재하고 있었다. 그가 죄를 범하게 되면서, 가장 최고의 단계에서 완벽함을 즐기는 삶을 누리지는 못하고 말았다.

만일 불순종이 죽음을 가져온다면, 순종은 더 큰 축복을 즐거워하는 삶을 가져다 주었을 것이다. 만일 아담이 순종을 했더라면, 그가 죄를 범하기 전에 누렸던 것보다 훨씬 더 큰 축복을 체험했을 것이다. 그래서 고린도전서 15장 45절-46절에서, 바울 사도는 타락 전에는 아담이 죄가 없었다고 하며 만일 아담이 죄를 범하지 않았더라면, 또 다른 형태의 변혁을 거쳐서 영광스러운 존재로 바뀌었을 것이라고 지적했다.

다섯째, 언약들은 징표로 표현되었는데, 각각 언약적 관계성을 통해서 주어지는 축복들을 정확히 지적하였다.

앞에서도 잠깐 언급한 바와 같이, 창세기 1-3장에서는 과연 어떤 상징이 사용되었느냐에 대해서 신학자들 사이에 논쟁이 많다. 대부분의 신학자들은 아담에게 주어진 상징적인 징표는 생명나무였다고 본다.[48] 웨스트민스터 대교리문답서 20번 문항에서, 생명나무는 생명언약을 약속이라고 하였다. 즉 이 나무의 열매가 사람의 수명을 연장시켜주는 내적인 능력을 내포하고 있지는 않았을 것으로

---

48   L. Berkhof, *Systematic Theology, 217.*

보인다. 그 나무는 영생을 상징하는 것이었는데, 아담이 약속을 폐기시켜 버렸을 때에, 그는 이 상징을 가볍게 취급했던 것이다.

행위언약보다 더 합당한 용어가 있을까?

종교개혁자들과 후기 청교도 신학자들이 사용했던 신학개념이라고 해서, 우리가 무조건 맹종할 필요는 없다. 그러나 반대로 타당한 근거도 없이, 행위언약의 교리를 거부하는 주장에 대해서도 역시 합당한 것인지를 철저히 검증해 보아야만 한다. 다시 말해, 개혁주의 신학자들이 행위언약 교리를 주장한 것에 대하여 해석학적인 문제를 제기하는 자들은, 그 신학자의 전체 사상을 차분히 살펴봐야만 한다.

앞서 지적한 바와 같이, 행위언약이라는 용어를 다른 개념으로 바꿔보려는 노력들이 많았다. 자칫 잘못하면, 행위언약이라는 개념이 아담을 향한 축복이냐 저주냐를 결정하는 근거로서 하나님의 행동하심에 전적으로 의존하기 보다, 오히려 아담의 행위에 더 초점이 맞춰질 가능성이 있기 때문이다.[49] 왜냐하면, 아담이 수행하

---

49   John M. Frame, *Systematic Theology, An Introduction to Christian Belief(Phillipsburg: P&R, 2013), 62-66.*

는 능력마저도 하나님의 은혜로 주신 것을 받았기 때문이다. 이런 이유에서, 웨스트민스터 총회에서는 "행위언약" 보다는 교리문답서에 나오는 "생명언약"이 더 바람직하다는 의견이 제시됐다. 즉, 은혜의 시행에 관련된 조건의 내용이 더 중요하므로, "생명"을 주시려고 하신 것을 더 드러내기 위해서 였다. 이미 앞에서 설명한 바와 같이, 교리문답서에서는 "생명언약"이란 표현이 사용되었다. 하지만 이 용어 사용에도 단점이 있는데, 이 용어에 담겨진 "영생" 혹은 "생명"이란 것은 결국 아담이 언약을 지켰을 때 최종 결과로서 주어지는 보상을 의미하기 때문에, 창조 때의 상황들과 조건들을 반영하는 개념으로는 충분하지도 않으며 타당하지도 않다.

특히, 머레이 교수가 "행위언약"이라는 개념에 반대하면서, 창세기 1–3장에서는 "언약"이라는 용어가 사용되지 않았으므로 이런 용어를 채택하는 것이 성경적으로 합당하지 않다고 주장했다. 머레이 교수는 언약이란 하나님의 주권적인 은혜와 약속의 실행이기에, 행위언약보다는 "아담적 관리시행"Adamic administation이라는 용어를 사용하자고 제안한 바 있다.[50] 그러나 머레이 교수가 웨스트민스터 신앙고백서의 내용이 잘못되었다고 지적한 적은 전혀 없었고, 다만 용

---

[50] John Murray, *The Covenant of Grace: A Biblical-Theological Study(Phillipsburg: P&R, 1983), 5, 12.*

어를 달리 표현해 보자는 제안을 한 것이다.[51] 아담의 경우에는 언약이라는 용어가 직접적으로 사용되지 않았으므로, "아담적인 관리 시행"이라고 표현하는 것이 더 적절하다고 제안한 것이다.[52] 머레이 교수는 하나님의 주권적 은혜의 시행이 결정적으로 중요한 내용인데, 행위가 강조되면 공로주의에 빠질 수 있다는 것이다. 그는 자칫 잘못하면, 하나님과 인간 사이의 언약에서 은혜의 요소들이 더 강조되어야 한다는 입장에서 행위언약이라는 용어에 염려를 표명했던 것이다.

그러나 머레이 교수가 웨스트민스터 신앙고백서에서 사용된 행위언약이라는 용어에 대해서 반론을 제기한 점은 받아들이기 어렵다. 웨스트민스터 신앙고백서의 행위언약 개념을 지지하는 베네마 교수가 비판한 점을 참고해 보자. 머레이 교수가 하나님의 주권적이고 은혜로우신 약속의 시행을 더욱 강조하려는 것은 합당한 지적이지만, 그러나 그리스도의 중보자 사역의 핵심은 아담의 불순종으로 인한 사망과 심판으로부터 무너진 관계를 다시 회복시키기 위해서는 순종의 행동으로 행위언약을 완성하는 것이다.[53] 그리고 창

51   C. Venema, *Christ and Covenant Theology(Phillipsburg: P&R, 2017),* 22.

52   John Murray, "The Adamic Administration," in the *Collected Writings of John Murray, 2:49.*

53   C. Venema, *Christ and Covenant Theolgy(Phillipsburg: P&R, 2017),* 22.

세기 1장에서 3장 사이에 담겨있는 순종의 행동을 요구하는 원리가 그 후에 구속 역사를 통해서도 계속해서 지속되어왔음을 유의해야만 한다. 모든 언약은 기본적으로 은혜를 베풀어 주시려고 언약 관계를 맺은 것이다. 단지, 여기서 행위언약이라고 구별하는 이유는 레위기 18장 5절과 로마서 10장 5절에서와 같이, "너희가 이것을 행하면 살리라"라고 순종의 행위가 조건화되었기 때문이다. 은혜언약의 시행에서도 아담과 그의 후손들은 여전히 순종을 해야만 한다.[54]

머레이 교수도 결국에는 전통적인 개혁주의 칭의론을 옹호했다. 왜냐하면 아담이 인류의 대표 역할을 감당했기에, 그의 죄로 인해서 모든 인류가 죄인으로 태어난다는 점을 인정하기 때문이다. 아담의 죄는 모든 인류에게 전가되었다.[55] 비록 아담은 율법을 준수하는데 실패했을지라도, 그리스도는 율법을 지키셨고, 십자가에서 죽음으로 죄값을 치르셨으며, 그로 인해서 그리스도의 의로움을 그를 믿는 자들에게 전가하셨다.[56] 또한 아담은 하나님의 명령에 완벽하게 순종하도록 지음을 받은 완전한 존재였다. 만일 아담이 하나님의

---

54 John Murray, "Covenant Theology," in *Collected Writings of John Murray(-Carlisle: Banner of Truth, 1982), 4:222.*

55 John Murray, *Redemption: Accomplished and Applied(Grand Rapids: Eerdmans, 1955), 25.*

56 Richard P. Belcher Jr. "The Covenant of Works in the Old Testament," in *Covenant Theology, 73.*

율법을 온전하게 순종했다면, 그는 생명의 약속을 받아서 누렸을 것이다. 그러나 머레이 교수는 구속사에서 지속적으로 사용되는 순종의 행위를 핵심내용으로 설명하지도 않았다. 레위기 18장 5절과 로마서 10장 5절을 다루지도 않았다. 아담의 불순종으로 인해서 발생된 저주와 죽음이 예수 그리스도의 순종과 십자가의 대속적인 피흘림으로 인해서 의롭게 성취되었다. 믿음으로 얻는 칭의를 이해하기 위해서 그리스도의 사역에 기초가 되는 아담의 불순종과 죄에 대한 인식이 철저해야만 한다. 따라서, 행위언약은 개혁주의 칭의론에 매우 중요한 구조를 제공한다.

그 밖에도 머레이 교수와 비슷한 관점에서, 미국 칼빈신학대학원 조직신학 교수 안토니 후크마 박사와 프롱크 목사도 행위언약의 개념을 사용하는 것에 대해서 이의를 제기한 바 있다.[57] 하지만, 하나님의 은혜로우시고 선하신 제안으로 아담이 하나님의 명령에 순종할 수 있었다는 점을 염두에 두어야만 한다. 따라서 하나님이 아담과의 언약적 관계를 맺으신 것에 대해서, 행위언약이라고 성격을 규정짓는 것은 틀린 것이 아니다. 아담에게 주신 하나님의 약속은 엄숙한 맹세의 성격을 갖추고 있었기에, 다른 언약에서 나타난 내용

---

57   A. Hoekema, *Created in God's Image*(Grand Rapids: Eerdmans, 1986), 119-21. Cornelis Pronk, *"The Covenant of Works in Recent Discussion," in No Other Foundation than Jesus Christ: Pastoral, Historical, and Contemporary Essays*(Mitchell: Free Reformed, 2008), 223-31.

들이 없었다고 하더라도 언약의 본질은 동일하다.[58]

그 밖에도 "행위언약"보다는 "에덴언약"이라고 표현하자는 주장이 있는데, 이 표현 역시 "행위언약"만큼 모든 구성요소들을 정확하게 반영하지 못한다. "에덴언약"이라는 표현으로는 너무나 부족하다. 창조주와 피조물 사이에 이미 주어진 은혜언약 하에서, 행위언약처럼 순종에 대한 상급이 주어지는 조건의 특성을 드러내야만 하는데, 그냥 에덴언약이라고 한다면 내용상의 차별성을 뚜렷이 드러낼 수 없다. 아담이 살았던 에덴동산에서 이미 은혜언약이 시작했고, 이와 구별된 행위언약을 구분하여야만 하는데 이 용어로는 결코 충분하지도 않고, 적합하지도 않다.[59]

하나님과 아담의 언약적 관계성을 강조했던 로버슨은 "창조언약"이라고 규정했고 구약신학자 덤브렐도 같은 용어를 사용하지만, 아담과 이브의 책임성을 가장 특별하게 요구하는 관계성에 대한 것이 확실하게 드러나지 않으므로 이 또한 적합하지 않다.[60]

초기 종교개혁자 우르시누스와 프랑소아 뛰르텡은 "자연언약"

---

[58] J. Beeke & Smally, *Reformed Systematic Theology, vol. 2: Man and Christ*(Wheaton: Crossway, 2020), 268-321.

[59] Richard P. Belcher Jr., "The Covenant of Works in the Old Testament," in *Covenant Theology*, 68.

[60] William J. Dumbrell, *Covenant and Creation: A Theology of the Old Testaments Covenants*(1984, rep., Grand Rapids: Baker, 1993).

이라고 표현했는데, 하나님과 아담은 이미 자연적으로 창조주와 피조물의 관계성을 갖고 있었다. 웨스트민스터 신학자 죠지 워커George Walker(1581-1651)는 자연언약과 은혜언약으로 대조했다. 자연언약이라는 용어는 언약의 내용을 드러내는데 있어서 적합하지 않다는 한계가 있는데, 순종에 대한 의무성이 강조되지 않기 때문이다.[61]

행위언약이라는 개념은 아담의 완전한 순종의 의무를 조건으로 하여 관계성이 설립되었다는 것을 강조하기에 매우 적합한 표현이다. 이는 종교개혁자들과 청교도 신학자들만이 아니라, 후대의 개혁주의 신학자들이 거의 다 동의하였다.[62] 아담이 하나님의 명령을 불순종한 이후에도, 순종의 조건은 여전히 모든 인류에게 부과되어 있다. 물론 그 누구도 하나님의 명령을 완전히 지킬 수 있는 사람은 없다. 그래서 이 조건의 완전한 성취를 위해서 예수 그리스도의 순종이 필요한 것이다. 그가 율법을 완전히 지키신 것은 그를 믿는 자

---

61 Zacharias Ursinus, *Larger Catechism*, q. 10. Lyle D. Bierma, "Law and Grance in Ursinus' Doctrine of the Natural Covenant: A Reppaisal," in *Protestant Scholasticism: Essays in Reassessment*, eds., Carl R. Trueman and R. Scott Clark(Carlisle: Paternoster, 1999), 96-110. Turretin, *Institutes*, 1:575-86.

62 Bavinck, *Reformed Dogmatics*, 4:14. John Bolt, "Why the Covenant of Works Is a Necessary Doctrine: Revisiting the Objections to a Venerable Reformed Doctrine," in *By Faith Alone: Answering the Challenges to the Doctrine of Justification*, eds., Gary L. W. Johnson and Guy P. Waters(Wheaton: Crossway, 2006), 171-89.

들에게 그의 의로움을 전가시킬 수 있는 근거가 되기 때문이다. 따라서 하나님의 명령에 대하여 순종의 의무를 감당해야만 하는 인간에게 주어진 약속을 행위언약이라고 부르는 것은 타당하다. 타락 이후에야 범죄한 인간을 구원하시는 하나님의 은혜가 주어지는 것이기 때문이다.

행위언약이라는 용어는 다분히 법률적이고, 차갑게 들릴 수도 있지만, 구원에 있어서 필수적인 것을 표현하고 있다. 또한 행위언약이 비록 법률적인 관계성으로 개념 규정을 하지만, 행위 언약의 가장 중요하고 절대적인 동력은 하나님의 은혜다. 다시 말하지만, 하나님께서 인간에게 내려오신 사건들은 창조주와 피조물 사이에 엄청난 간격을 뛰어넘어서 베풀어 주시는 은혜임이 틀림이 없다. 하나님이 우리와 언약관계를 맺으신 것 자체가 은혜인 것이다. 하나님께서는 얼마든지 인간에게 아무런 약속이나 보상을 약속하지 않으시면서도 순종을 요구할 수 있었다. 그리고 언약관계에서 하나님이 인간에게 어떤 보상을 해 주어야만 하는 빚을 지고 있었던 것도 전혀 아니었다. 그러나 하나님께서는 값없이 자유롭게 아담에게 조건을 제시하였다. 그 조건이란, 우리가 "공로"라는 의미를 합당하게 규정한다는 전제 아래서, 아담이 하나님을 기쁘시게 해 드리는 순종의 행위를 통해서 인정을 받게 되면, 이것이 그에게는 "공로"가 될 수 있는 조건이었다. 물론 순종을 하더라도, 아담이 받은 모든 것은 하나님으로부터 온 것이라서, 그는 하나님께 더 이상 아무 것도 요구할 권리가 없었다. 하나님께서도 아담에게 더 무엇을 해 주어야할 부채가 없었다. 그럼에도 불구하고, 하나님께서는 주권적으로 자신을 아담과의 언약에 묶어놓으셨는데, 아담의 순종이 영생으로 이끌어 줄 것이라고 하는 약속을 세웠던 것이다.

이처럼 우리는 행위언약에 대해서 정확한 개념이 필요하고, 은혜언약에 대해서도 합당한 인식이 있어야만 한다. 하나님께서는 오직 큰 은혜를 베푸시고, 친히 행위언약을 맺으셨고, 아담의 순종에 기초해서 상급으로 영생이라는 더 큰 선물을 주시고자 했던 것이다. 따라서 행위언약의 요소들을 바르게 이해하는 것이 매우 중요한데, 이는 복음에 대한 근거이자 기초가 되기 때문이다. 또한 행위언약은 믿음으로 인해서 얻는 칭의와 긴밀히 연계되어져 있다. 아담이 언약을 파기해서 더 이상 똑같은 시험을 당하지는 않지만, 그가 하나님께 대한 순종을 계속해서 성취해야만 한다는 의미에서, 언약은 여전히 지속되었다.

그런데 대단히 안타깝게도, 지난 400여년 동안에 많은 신학자들이 여기서 사용된 "행위언약"에 관련하여 여러 가지 비판적 주장을 제기해 왔다. 복음적인 세대주의자들과 심지어 일부 정통 개혁주의 신학자들도 이 용어의 사용에 이의를 제기한 바 있다.

최근에 바르트와 그를 추종하는 자들이 웨스트민스터 총회가 행위언약을 강조한 것에 대해서 율법주의라고 비난하였다. 이로 인해서 현대 개혁주의 신학자들 사이에서 뜨거운 논란이 일어나고 있다. 칼 바르트와 신정통주의 신학자들은 기본적으로 "웨스트민스터 신앙고백서"에 율법준수를 강화하는 쪽으로 회기했다는 비판을 했다. 그들은 특히 타락전 언약으로 행위언약과 타락 후에는 은혜언약을 구분해서 표현하는 것도 거부했다.[63] 바르트주의자들은 웨스트민스터 고백서의 언약사상이 칼빈의 신학으로부터의 이탈이며, 조건적 은혜가 첨가되었기에 율법주의라고 비판했다.[64]

필자는 지금 여기에서 행위언약과 능동적 순종의 성취를 설명하려고 하기 때문에, 더 이상 신정통주의자들의 해석들에 대한 비판을 제시하지는 않으려 한다. 다만, 바르트가 반율법주의자들에 대한 염려와 올바른 언약관계를 제시하려했던 웨스트민스터 총회를 왜곡하였다는 점은 분명히 밝히고자 한다. 한국 교회 안에도 바르트를 추종하는 자들이 많은데, 그가 웨스트민스터 신앙고백서를 향해서

---

63 Karl Barth, *Church Dogmatics 3.1: The Doctrine of Creation(Edingurgh: T&T Clark, 1958), 97.*

64 Holmes Rolston III, *John Calvin versus the Westminster Confession(Richmond: John Knox, 1972). James B. Torrance, "Covenant or Contract?, A Study of the Theological Background of Worship in Seventeenth-Century Scotland," Scottish Journal of Theology 23,1(1970): 51-76. Torrance, "Calvin and Puritanism in England and Scotland- Some Basic Concepts in the Development of 'Federal Theology,'" in Calvinus Reformator: His Contribution to Theology, Church and Soceity(Potchefstroom: University for Christian Higer Education, 1982): 264-77. Torrace, "Strengths and Weaknesses of the Westminster Theology," in The Westminster Confession, ed. Alisdair Heron(Edinburgh: St. Andrews, 1982), 40-53.*

율법주의를 강화했다고 비난했던 것은 결코 정확한 사실이 아니다. 행위언약은 펠라기우스주의처럼 인간의 공로와 노력을 강조하는 교리라고 비판하는 바르트와 신정통주의자들의 악의적인 비난들에 불과하다. 그들이 청교도 신학을 따르는 사람들과 반대되는 주장을 펴는 이유는, 그들은 바르트의 신학만이 유일한 해답이라는 착각에 빠져있기 때문이다.[65] 실제로는 그들은 아담의 역사성을 믿지도 않는 자들이기에, 바르트와 신정통주의자들은 하나님과의 사이에 언약적인 관계성을 인정하지 않는 것이다. 정통 개혁주의 신학을 공격하는 현대 신학자들이 광범위하게 뿌려놓은 비난들과 악선전에 속아서는 안된다. 자유주의 신학자들의 악평에 따라서, 웨스트민스터 총회의 청교도 신학자들이 율법주의로 기울었다는 선입견을 따라가서는 안된다. "행위언약"의 개념에 대해서 비판하는 자들을 따라서 왜곡된 평가를 내려서는 안된다.

행위언약을 성취하신 예수 그리스도

행위언약을 아담이 지키지는 못했지만, 예수 그리스도는 순종

---

65   John Fesko, *The Covenant of Works: The Origins, Develeompent, and Reception of the Doctrine*(Oxford: Oxford University Press, 2020), 1,n4.

으로 행위언약을 최종 성취하고 완성하셨다. 아담과 그리스도를 대조시켜서 설명하는 구약과 신약의 본문들이 너무나 많다. 특히 창세기 3장에서 강조된 의무와 책임성이 갈라디아서 3장 10-14절에서도 동일하게 볼 수 있는데, 그 내용을 확인해보면 다음과 같다.

첫째로, 창세기 3장의 형벌은 아담의 후손들에게로 계승되었다. 창세기 4장에서 가인과 아벨이 살던 세상에서 형제를 살해하는 끔찍한 사건 속에서 죄의 영향이 나타났는데, 이것은 아담이 죄를 범한 결과로 인해서 발생한 것이다. 인간존재는 원래 맺은 언약에 기초하여 죽음에 매이게 되었고, 하나님께 대해서 책무를 안고 살아가야만 한다. 언약 파기의 형벌이 모든 인류에게로 확산되었다면, 언약과 율법도 역시 모두에게로 확대되는 것이다. 아담이 모든 인류를 대표하여 하나님과 행위언약을 맺었기 때문에, 아담의 후손들도 모두 다 하나님과의 특별한 관계성을 맺게 되었다.

로마서 5장 12-14절에서 지적한 것을 살펴보라. 아담에서부터 모세가 등장하기까지는 율법이 아직 주어지지 않았던 시기였다. 그런데도, 인간의 세계 속에는 정죄가 지속되었고 죽음이 있었다. 이런 상황을 다른 말로 표현하자면, 하나님께서 인간들에게 율법을 주시기 이전에도, 세상에 죄가 있었고 죄에 대한 심판도 주어졌었다는 말이다. 모세를 통해서 율법을 주시기 전에 살았던 사람들이 죄를 범하여 사망에 이르는 형벌을 받았다는 것은 율법 수여 전에도 아담에게 속한 인류에게 내린 처벌이 있었다는 말이다. 그러나 그 때는 죄를 규정하는 율법이 없었기 때문에, 그 누구에게도 죄에 대한 책임을 물을 수 없었다. 하지만 아담의 범죄로 인하여 죽음이 세상을 지배하게 됐다. 또한 아담은 모든 인류의 대표자였기 때문에 그가 범한 죄는 후손들에게 전가되었고, 그렇게 아담의 후손들은 그의 죄에 대해서 책임을 져야만 했었다. 이 사실을 고린도전서 15장 22절에서 확인할 수 있는데 여기서 "아담 안에서 모든 사람이 죽었다"라고 규정했다.

둘째로, 성경에는 언약의 의무조항들을 성취해야할 지속적인 책임이 원리적으로 후손들에게도 있다고 선포되어있다. 레위기 18장 5절에, "이것을 행하면, 살리라"라고 선언했는데 이 구절은 율법을 지키라는 명령이다. 로마서 10장 5절에서도, "모세가 기록하되 율법으로 말미암아 의를 행하는 사람은 그 의로 살리라"라는 표현을 통해서, 율법에 기초한 의로움을 확인할 수 있는데, 이는 그리스도를 믿음으로 얻는 의로움과 대조되는 의로움이다.[66] 예수 그리스도께서 스스로 마태복음 19장 16-17절에서도, 십계명의 조항들을 지키라고 부자 청년에게 말씀하셨는데, 이는 만일 누구라도 율법을 완벽하게 지킨다면 그것에 기초해서 영생을 얻을 수 있다는 것이다. 그러나 문제는 그 누구도 율법을 완전하게 지킬 수 없다는 것이

---

66 Guy P. Waters, "Romans 10:5 and the Covenant of Works," in *The Law Is Not of Faith*, eds., Estelle, Fesko, and VanDrunen(Phillipsburg: P&R, 2009), 210-239.

다(약 2:10). 모든 사람이 율법을 어겼으므로, 정죄를 피할 수 없다.

셋째로, 그리스도께서 자기 백성들의 구원을 위해서 언약의 의무조항들을 완전히 성취하셨다. 아담에게 내려진 행위언약의 순종 의무를 완전하게 둘째 아담이자 마지막 아담 예수 그리스도께서 완벽하게 성취하였다(고전 15:45, 47). 그리스도는 자신의 택한 백성들을 대표하는 분으로서, 이 모든 순종의 의무를 감당한 것이다. 구원은 우리들의 행동에 의해서 주어지는 것이 아니라, 그리스도에 대한 믿음으로 얻는 것이다. 하나님은 그리스도의 인격과 사역에 대해서 믿음을 가진 자들에게는 그리스도의 의로움을 자신들의 것으로 간주하여 전가시켜 주신다.[67]

그리스도는 율법을 지켰고, 죄에 대한 희생으로써 십자가 위에서 죽으셨으며, 율법을 어긴 자들에게 내려지는 언약적 저주를 자신이 친히 감당하였다(갈 3:12-14). 하나님께서는 예수 그리스도에 대한 믿음을 가지는 조건을 사용하는 방식으로 죄인들을 의롭다고 하신다. 행위언약은 우리들의 구원을 위한 기초로써 그리스도의 사역에 있어서 근원적인 것이다.

행위언약의 조건을 완전히 성취하려고 예수 그리스도가 능동적 순종을 하였다고 증거하는 복음서의 구절들은 수없이 많다.[68] 하

67　F. Turretin, *Institutes of Elentic Theology*, I:618.

68　Michael J. Kruger, "Covenant in the Gospels," in *Covenant Theology, 216*.

나님께서 요구하시는 모든 율법의 조항들을 그리스도가 완전히 능동적으로 순종하였다. 예수 그리스도는 여인의 후손으로 오셔서 사탄의 머리를 상하게 만드는 사역을 감당하고자, 하나님이 요구하는 모든 율법들과 조건들을 완벽하게 순종하였다. 따라서 예수 그리스도는 중보자이시며 그를 믿는 자들의 대표자이시다. 이런 이유에서 복음서는 단순히 그리스도의 탄생에서 죽음까지의 기록으로만 그치지 않고, 의로움을 성취하고자 율법을 온전히 지켰음을 증거하는 책인 것이다.[69]

그리스도는 죽음에서 부활하시고 하늘로 승천하시어, 교회에 성령을 부어주시고 임재하시는 선물을 주심으로써 은혜언약이 확고하게 정립되었다. 행위언약이나 은혜 언약이라는 단어가 성경에서 직접적으로 찾아볼 수 있는 용어는 아니지만, 이 두가지 언약을 구성하는 요소들이 구약과 신약에 제시되어 있고, 로마서 3장에 충분하게 설명되어 있다.

하나님께서는 자비로우시고 은혜로우셔서 인간과의 언약적 관계를 맺으시고, 축복하여 살도록 하셨다. 하나님께서 피조물과의 교제와 축복의 관계를 설정하실 때, 먼저 사람으로 하여금 자유로운 도덕적 선택의 영역을 인정하시고, 참된 의로움과 거룩함으로 살아

---

69 Brand D. Crowe, *The Last Adam: A Theology of the Obedient Life of Jesus in the Gospels(Grand Rapids: Baker, 2017).*

갈 수 있는 조건들을 제시해 놓으셨다.

물론, 반항하고 거역하는 영역도 남겨 두셨다. 하나님의 형상으로 지음 받은 인간은 언약관계 속에서 은총을 체험하고 축복을 누리며 살 수 있었다. 그러나, 아담은 하나님과의 약속을 저버리고 도덕적으로 무책임한 죄를 범하고 말았다. 하나님께서는 크신 긍휼하심에 근거하여 예수 그리스도의 구원 사역을 선물로 주사, 용서받을 수 있는 길을 열어놓으시고, 새언약을 맺으신 것이다.

5 도덕법은 영원한 규칙이다:
신약과 구약의 연관성

웨스트민스터 신앙고백서 제7장에서 4항부터는 구약과 신약에 연속되어 언급된 은혜언약이 강조되었다. 이 부분은 이튼과 반율법주의자들이 퍼트린 가장 잘못된 신구약의 대조를 수정하는 내용이다. 구약과 신약의 연속성과 통일성, 그리고 독특성을 설명한다. 아래 인용하는 세 부분은 근본적으로 반율법주의자들의 왜곡을 반박하고, 바른 신학을 제시하는 내용들이다.[70]

제7장 4항, 이 은혜 언약은, 성경에서 자주 유언testament 이라는 이름으로 나타난다. 이것은 유언자이신 예수 그리스도의 죽음과, 영원한 기업과 거기 속해 있는 모든 것들을 포함하여 언급하는 것이다(히 9:15-17, 7:22, 눅 22:20, 고전 11:25).

그리고 이어서 반율법주의자들이 잘못 해석하는 구약과 신약의 구조에 대해서 풀이했는데, 결코 대립이 아니라 연속적인 통일성을 갖고 있음을 분명히 하였다. 두 개의 언약이 아니라, 단 하나의

70　W. Gamble, *Christ and the Law*, 137-138.

동일한 언약이 있음을 강조했다.

　제7장 5항, 이 언약은 율법 시대와 복음 시대에 각기 다르게 집행되었다. 언약이 율법 하에서는 약속들, 예언들, 제물들, 할례, 유월절 양, 그리고 유대 백성들에게 전해진 다른 모형들과 의식들에 의하여 집행되었는데, 이 모든 것은 장차 오실 그리스도를 예표하였다(히 8-10장, 롬 4:11, 골 2:11-12, 고전 5:7). 그리고 그 당시에는 약속된 메시야(고전 10:1-4, 히 11:13, 요 8:56)를 믿는 신앙으로 택자들을 교훈하며 세우는 데 성령의 사역으로 말미암아 이것들만으로도 충분하였고 효과적이었다. 그 메시아로 말미암아 그들은 완전한 죄 사함과 영원한 구원을 얻었는데 이를 '구약'이라고 부른다(갈 3:7-9, 14).

　제7장 6항, 복음 하에서, 실체이신 그리스도께서 나타나시게 되자(골 2:17), 이 언약은 말씀 선포와, 세례와, 주의 만찬인 성례 의식으로 집행되었다(마 28:19, 20, 고전 11:23-25). 이 의식들은, 수적으로는 몇 안 되어 단조롭고, 그리고 외적인 화려함도 없이 집행되지만, 그것들을 통해서 그 언약이 모든 민족(마 28:19, 엡 2:15-19), 곧 유대인들과 이방인들에게 더욱 충분하고, 확실하고, 영적인 효과를 가지고, 제시되고 있다(히 12:22-27, 렘 31:33, 34). 이를 '신약'이라고 부른다(눅 22:20). 그러므로 본질 면

에서 차이가 있는 두 종류의 은혜 언약이 있는 것이 아니고, 여러 세대에 걸쳐 있기는 하지만 하나의 동일한 언약이 있을 뿐이다(갈 3:14, 16, 행 15:11, 롬 3:21-23, 30, 시 32:1, 롬 4:3, 6, 16, 17, 23, 24. 히13:8).

앞에 나오는 구약과 신약의 다양성과 점진성, 그리고 통일성에 대한 설명은 성경에 담긴 구속 역사의 특징이다. 그런데, 이러한 내용은 구약의 율법을 지킬 필요가 없다는 반율법주의자들, 특히 존 이튼이 만들어 놓은 잘못된 구약과 신약의 대립구조를 논박하는 내용이었다.

반율법주의자들과 달리, 청교도들은 구약성경의 시대에도 은혜 언약 아래 있었음을 지속해서 강조했다. 하나님의 은혜는 구약성경에도 존재하고 있었으니, 하나님께서 자기 백성들과 충분하게 상호 교류하는 가운데서 제시되었다. 구약시대에 시행된 은혜 언약의 방식은 신약시대의 것과는 달랐다. 위에 인용한 웨스트민스터 신앙고백서 제7장 5항에서는 구약 성경에서 사용하신 은혜 언약의 방편들은 오실 메시야를 예표하는 것들이었다고 설명할 뿐 아니라, 또한 메시야로 인해서 '죄 사함과 구원'을 얻게 될 것이라고 강조되어 있다.

따라서 웨스트민스터 신앙고백서 제7장 6항에서, 청교도 신학자들은 본질이 다른 두 가지 은혜 언약이 존재하는 것이 아니라, 다양한 세대를 통해서 하나의 언약, 동일한 언약만이 존재한다고 결론 지었다. 바로 이것이 결정적으로 반율법주의자들이 신구약을 대조하여 보는 것과 극명하게 다른 점이다.

6 맺는 말

우리는 웨스트민스터 총회에서 당시 교회의 가장 어려운 문제로 대두된 반율법주의의 문제를 해결하기 위해 노력했던 문서들, 신학자들, 회의 진행과정 등에 대해서 집중적으로 조명해 보았다. 그 핵심 내용에는 그리스도의 능동적 순종과 수동적 순종의 교리가 자리하고 있으며, 이를 능동적 순종의 교리를 반대했던 반율법주의자들에 대한 처리 과정으로 살펴보았다. 결국 이런 논쟁을 통해서 개혁주의 신학이 발전하며 성숙했음을 파악할 수 있었고, 개혁주의 정통신학의 흐름들 속에 다양한 공헌자들이 있음에 감격할 수 있었다. 알미니안주의자들과 반율법주의자들은 의롭다 하심을 입은 사람들이라도 여전히 죄로 인해서 부패하며, 그로 인해서 하나님으로부터 형벌을 받는다는 성경의 교훈을 거부했다.

반율법주의를 잉글랜드에 퍼트린 첫 번째 설교자, 존 이튼은 성경의 구속 역사가 시대마다 다르게 전개되었다고 주장했다. 구약의 세대는 율법이 지배하였으나, 그리스도의 속죄 사역 이후에는 신약의 세대에 속한다는 것이다. 그리스도의 십자가 보혈로 성취한 구속 사역이 하나님의 백성에 대한 모든 정죄를 지웠다고 주장했다. 또한 이튼은 다윗의 예를 들어 자신의 이론을 설명한다. 다윗이 밧세바를 범한 이후에 죄에 대해 벌을 받은 이유는, 다윗이 구약의 세대에 속해있었기 때문이라는 것이다. 따라서 다윗에게는 우리와 같은 신약 시대의 원리를 적용할 수 없다고 주장했다. 다윗은 첫 번째 세대에 속해서 살았던 사람이기 때문에, 율법에 대해서 완전한 순종을 해야만 칭의를 얻을 수 있었다는 것이다. 다시 말해 이 세대에 살았던 사람들은 하나님의 심판을 직접 체험하며 율법의 모든 부분을 다 지켜내느라 고통을 받았다는 것이다. 따라서 다윗의 생애는 세 번째 세대, 은혜의 새로운 복음시대에 속한 사람들에게는 교훈을 주는 사례가 될 수 없다는 것이다. 이튼이 성경을 세 가지 세대로 구분하는 방식은 모든 반율법주의자들이 걸어가는 통로로 간주되었다.

이튼의 주장에 따르면, 도덕법은 구약성경 아래에서 주어졌으며, 하나님이 자기 백성들이 칭의를 얻기 위해서 율법을 온전히 지키도록 엄격하고 가혹하게 처벌했다고 주장했다. 그러나 그리스도가 완벽한 순종의 사역을 완성하셨기 때문에 구약시대의 규칙은 지나갔으며 이제는 율법을 지키는 의무가 사라졌다는 것이다. 다시 말해 제3세대에 속한 성도들에게는 하나님이 이스라엘 사람들에게 부과했던 구원의 방식을 변경하셨다는 것이다. 1640년대의 반율법주의자들은 이튼의 방식을 따라서 구원론을 새롭게 구성했다. 그리스도의 대속적 죽음의 본질, 칭의와 성화와의 관계, 선행의 위치와 역할과 시기, 회개의 필요성, 의롭다함을 얻은 자들에게 남아 있는 죄의 유무 등에 대해서 칼빈주의 정통 신학과는 전혀 다른 주장을 폈던 것이다.

웨스트민스터 총회는 전쟁의 소용돌이 속에서도 반율법주의자들의 신학적 관점을 놓고서 수년 동안 뜨거운 논쟁을 지속했다. 한편으로는 알미니안주의자들의 왜곡을 민감하게 다루면서도, 구약성경의 시대에는 은혜언약이 존재했었음을 부인하던 반율법주의에 대해서도 가장 합당한 조치를 취하고자 토론을 거듭했던 것이다.

청교도 신학자 토마스 템플은 웨스트민스터 총회의 전체 회의 석상에서 은혜 언약을 왜곡한 반율법주의자들은 이단이라고 단호히 배격할 것을 주장했다. 웨스트민스터 총회는 반율법주의자들이 구약성경에 있는 구원의 본질을 혼동시켰다고 판단했다. 즉, 그들은 하나님이 이스라엘 백성들을 구원하시고자 베푸신 권능과 선하심을 부인했고, 종교개혁이 추구해 온 기본진리들로부터 벗어났다고 판정했다. 반율법주의자들은 하나님께서 두 개의 뜻을 가지고 구원역사를 진행했는데, 하나는 이스라엘 백성들에게 주신 뜻이 있었고, 제3세대 복음 안에 있는 신약의 성도들에게는 그리스도 안에서 자유로운 길을 열어놓으셨다고 왜곡했다.

웨스트민스터 총회에 참석했던 청교도 신학자들은 자신들의 사역이 잉글랜드 종교개혁에서 얼마나 중요한가를 잘 알고 있었다. 스코틀랜드 대표단의 일원으로 참석한 사무엘 러더포드는 반율법주의의 왜곡된 주장들을 종교개혁 교회들의 안목으로 처리할 것을 단호히 주장했다. 알렉산더 헨더슨 Alexander Henderson(1583–1646)도 역시 모든 참가자에게 로마 가톨릭과 알미니안주의자들까지도 두려움과 놀라움으로 바라보고 있다고 지적했다. 총회 참가자들은 잉글랜드의 종교개혁이 앞으로 더 진전해 나가야만 한다는 희망을 품고 있었다. 그들의 희망대로 웨스트민스터 총회의 영향력과 효과는 오늘날까지도 지속되고 있다. 전 세계 개혁주의 교회의 신학과 예배에 지대한 공헌을 하게 된 것이다.

그런데 이러한 웨스트민스터 총회의 토론 내용들을 현대 개혁주의 신학자들이 잘 파악하지 못하는 경우가 있어서 안타까운 마음을 금할 수 없다. 필자는 최근에 나온 웨스트민스터 신앙고백서의 언약 신학에 관한 연구 논문을 읽으면서 중요한 부분이 빠져 있음에 대해서 크게 실망하였다.[71] 미국 리폼드 신학대학원 스미스Blair Smith 교수는 신앙고백서의 언약 신학이 능동적 순종과 수동적 순종이라는 개념과 연결되어져 있다는 것을 전혀 언급하지 않았다. 웨스트민스터 총회에서 뜨거운 논쟁을 한 후에, '온전한 순종'이란 용어로 표현되었던 배경에 관해서 그 중요한 내용들이 무엇이었던가를 전혀 밝혀주지 못한 것이다. 스미스 교수는 반율법주의자들에 대한 우려 때문에 능동적 순종과 수동적 순종이라는 용어를 채택하지 않았다는 설명도 전혀 하지 않았다.

웨스트민스터 신앙고백서의 작성자들은 반율법주의의 문제점

---

71   D. Blair Smith, "Post-Reformation Developments," in *Covenant Theology Biblical, Theological, and Historical Perspectives*, eds., Guy Prentiss Waters, J. Nicholas Reid, & John r. Muether (Wheaton: Crossway, 2020), 370, n.75.

에 대해서 진지한 토론을 거듭하느라 1643년에 시작한 신앙고백서
의 수정 작업을 1646년에 끝마쳤다. 회의 초반부터 기존에 잉글랜
드 성공회의 신앙고백서인 '39개 조항'의 수정에 집중하면서 6주간
을 소진했다. 합의를 도출하기까지 토론이 길어졌기에, 시간의 낭비
가 많았다.[72] 최종본에서는 칭의, 믿음, 회개, 선행에 대해서 충분한
설명이 압축되었다. 그 핵심 내용에는 반율법주의에 대한 신학적 대
응이 담겨져 있다. 모든 교리적인 표현에는 반율법주의자들이 퍼트
린 왜곡을 시정하는 내용들이 많다. 그리스도의 인격과 사역의 핵심
에 해당하는 대속의 교리와 순종에 관련한 사항들을 바르게 세우려
했던 노력을 이해하여야만 웨스트민스터 표준문서들의 특징을 파악
하게 될 것이다. 결국, 능동적 순종과 수동적 순종의 교리가 얼마나
중요한가를 새삼 깨닫게 된다.

72   B. B. Warfield, *The Westminster Assembly and Its Work* (N.Y.: Oxford University Press, 1931), 34-35.

제 3 장

웨스트민스터 총회와
청교도의 신학적 성취

웨스트민스터 총회는 신분제도가 엄격했던 절대왕권의 시대에 집중적으로 하나님의 말씀을 연구하며 토의했던 모임이었다. 다양한 종교의 자유와 인권이 보장되는 오늘날과는 전혀 다른 상황하에서 진행되었음에도 기독교 교회의 역사 속에서 전무후무한 업적을 남겼다.

1 청교도 혁명과
고통의 산물

모든 신앙고백서와 신조들은 특수한 상황 속에서 탄생했다. 마찬가지로 웨스트민스터 총회도 특별한 상황 속에서 개최되었다. 이 시대의 교회는 국가와 거의 하나의 공동체였다. 따라서 귀족들의 대표자들이 모인 웨스트민스터 의회에서 1643년 여름, 런던에 있는 웨스트민스터 예배당에 신학자들과 목회자들을 초청한 것이다. 성공회 감독제, 장로교회, 회중교회, 에라스투스주의자들, 그리고 스코틀랜드 대표자들이 모인 총회는 청교도 전쟁이라는 상황 속에서 소집되었다.[1] 도덕적인 규칙에 순종하기를 반대하는 반율법주의와 잘못된 교리에만 집착하는 편파적 율법주의의 오류를 넘어서서, 교회가 가르쳐야 할 가장 순수한 내용들을 정리하고자 진지한 토론을 거듭했다.[2] 잉글랜드와 스코틀랜드 교회를 위해서 정통교리를 확립

---

1 William S. Barker, "The Men and Parties of the Assembly," in To Glory and Enjoy God: A Commemoration of the Westminster Assembly, eds. John L. Carson & David W. Hall (Edinburgh: Banner of Truth, 1994), 47.

2 J. Murray, "Theology of the Westminster Confession of Faith," in Collected Writings of John Murray, vol. 4, Studies in Theology (Edinburgh: Banner of Truth, 1983), 242.

하고자 런던 웨스트민스터 총회에 초대된 121명의 신학자들과 목회자들에게 주어진 사명은 실로 막중했다. 절대왕권에 맞서서 싸우는 올리버 크롬웰과 청교도 군대들의 연승에 힘을 얻은 웨스트민스터 총회는 1643년부터 1652년까지 10년에 걸쳐서 소집되었다. 이 회의의 모든 내용을 기록해 놓은 문서가 방대하다.[3]

121명의 목회자들과 30명의 귀족 의회원들이 웨스트민스터 총회에 소집된 것은 1643년 8월 31일이었다. 옥스퍼드, 케임브리지, 런던 대학으로부터 온 몇몇 신학자들도 참여하였다.[4] 여기에 스코틀랜드에서 온 장로교회 최고 지도자들이자 신학자들 4명이 합류하였다. 첫 모임에는 신학자와 목회자 121명 중에서 69명만이 참석했는데, 국왕 찰스 1세가 이 모임을 불법이라고 경고했기에 초청을 받은 신학자들이 모두 다 참가하지는 않았다.[5] 그러나 국왕이라도 참된 교회의 정체성을 규정하려는 청교도들의 열망을 결코 멈춰세울 수는 없었다. 수많은 청교도의 희생과 수십만 명이 피를 흘린

3   Chad Van Dixhoorn & David F. Wright, eds., *The Minutes and Papers of the Westminster Assembly, 1643-1653*, vols. 1-5 (New York: Oxford University Press, 2012).

4   W. D. J. McKay, "Scotland and the Westminster Assembly," in *The Westminster Confession into the 21st Century*, vol. 1, ed. Ligon Duncan (Ross-shire: Mentor, 2003), 221.

5   Robert S. Paul, *The Assembly of the Lord: Politics and Religion in the Westminster Assembly and the "Grand Debate"* (Edinburgh: T & T Clark, 1985).

전쟁의 승리로 잉글랜드에서는 성공회의 체제를 뛰어넘는 장로교회와 회중교회가 큰 영향력을 발휘하게 되었다. 청교도들이 성취한 최초의 열매는 성공회와는 달리 완전히 새로운 성경적 신앙고백서 작성하는 일이었다. 웨스트민스터 총회가 소집되던 1643년부터 올리버 크롬웰이 청교도 전쟁에서 승리하고 '호국경'으로 권세를 장악하던 1653년까지, 잉글랜드 역사에서 가장 격렬한 전투가 벌어졌고, 극히 예외적인 사항들이 일어났던 시기였다. 이처럼 극렬한 쟁투가 벌어진 것은 잉글랜드 청교도들이 찰스 1세 국왕의 압박통치 하에서 큰 위협을 당하고 있었기 때문이다. 왕권신수설을 거부하는 자들은 사형을 당하거나 감옥에서 큰 고통을 치러야만 했다.

1539년부터 스코틀랜드를 침공했던 찰스 1세는 주교체제를 복구시키고자 했으나 두 차례나 참패를 당했다. 그럼에도 불구하고, 그는 계속해서 자신의 왕권에 대한 복종을 강요하였다. 잉글랜드에서는 국왕의 폭정과 종교정책에 맞서는 저항운동이 1640년부터 격렬하게 일어났다. 당시 약 7만 명의 청교도 군인들이 왕당파에 맞서서 싸웠다.[6] 잉글랜드와 웨일즈의 성인 남자 중 약 15-20%에 해당하는 숫자가 전투에 참가했다.

1560년 이후로 존 녹스의 성경적 저항 신학이 크게 영향을

---

6 Ronald Hutton, *The Royalist War Effort 1642–1646* (London: Routledge, 2003), 5-6.

끼쳐서 스코틀랜드 종교개혁이 성공했다. 그 후예들은 '국가언약 (1638)'에 서약하고 대동단결하여 1, 2차 주교전쟁에서 승리했다. '엄숙동맹과 언약(1643)'을 맺고, 청교도 혁명을 승리로 장식하였다. 사악한 왕에게는 복종하지 않아도 된다는 존 녹스의 저항 신학이 널리 확산되어 있었다. 하나님의 소명으로 전쟁에 임한다는 언약도 (17세기 스코틀랜드의 장로교 개혁자)들의 다짐이 있었기에, 단단히 결속한 청교도 군대는 두려움과 공포 속에서도 승리를 쟁취할 수 있었다. 청교도 진영에서는 엄청난 긴장과 압박감 속에서도 참된 교회의 건설을 향한 비전과 희망을 품고 있었다.[7]

1642년부터 1649년까지 '청교도 혁명'혹은 '시민전쟁'이 벌어졌는데, 청교도들은 주교제도와 획일적인 성공회 체제를 거부하면서 참전했다.[8] 찰스 1세 휘하의 왕당파와 전면적인 전쟁에서 희생된 사람들은 군인과 민간인을 합하여 모두 20만 명에 달했다.[9]

국왕의 군대는 왕권의 권세와 지지를 받던 왕당파였다. 그러나 올리버 크롬웰이 이끄는 의회파 진영에 속하는 청교도 군대에서

---

7 Robert Letham, *The Westminster Assembly: Reading Its Theology in Historical Context* (Phillipsburg, NJ: P&R, 2009).

8 Mark W. Karlberg, *Engaging Westminster Calvinism: The Composition of Redemption's Song* (Eugene, Oregon: Wipf and Stock Publishers, 2013), 13.

9 www.britannica.com/event/English-Civil-Wars/The-first-English-Civil-War-1642-46.

는 단 한 명의 병사라도 절실한 상황이었다. 그렇다보니 청교도 군인 중에는 반율법주의를 주장하는 자들도 소속되어 있었다. 따라서 반율법주의를 신봉하는 자들도 청교도 진영에 함께 속한, 피로 맺은 전우애를 갖고 있던 동지였다. 청교도 동맹군의 일원으로서 찰스 1세의 왕당파 군대에 맞서 싸우고 있던 절체절명의 상황이었기에, 잘못된 교리를 주장하는 자들이라도 단호하게 처벌할 수 없었다.

혼란스러운 전쟁의 소식이 날마다 들려오는 가운데 소집된 웨스트민스터 총회는 1643년 7월 1일 첫 모임을 가졌다. 모임이 개최된 초반부터 반율법주의의 오류를 제거하기 위해서 심각한 토론을 지속했다. 런던의 목회자들과 성도들 사이에 '반율법주의'의 영향력이 확산되어 혼란이 가중되던 시기였다. 1643년의 첫 회의로부터 1652년까지 개최된 웨스트민스터 총회에서는 오랫동안 지속된 토론과 논의가 마침내 기도의 결실을 맺었다. 청교도의 비전이 표준문서로 정리된 것이다.

웨스트민스터 표준문서는 잉글랜드와 스코틀랜드 장로교회를 위해서만이 아니라, 전 세계 개혁주의 교회를 위해서 가장 성경적인 신앙의 표준들을 제시했다. 총 33장으로 구성된 '신앙고백서(1646)'를 필두로 해서, 성도들의 교육과 예배와 교회 운영의 지침들을 차례로 만들었다. '대교리문답서(1647)', '소교리 문답서(1647)', '예배모

범(1645)', '교회의 치리와 권징(1645)' 등을 발표하였다.[10] 이 문서들은 잉글랜드와 스코틀랜드 교회만이 아니라, 전 세계적으로 가장 널리 영향을 끼친, 그야말로 '표준문서'들이다.

잉글랜드 회중교회에서는 웨스트민스터 신앙고백서를 수용하면서도 자신들의 수정을 거쳐서, '사보이 선언서(1658)'를 만들었고, '제2차 런던 침례교회 고백서(1677, 1689)'를 채택했다.

웨스트민스터 표준문서는 오늘의 한국교회에도 큰 영향을 끼치고 있다. 한국 장로교회에서는 전통적으로 한 성도가 세례를 받거나, 교회의 중요한 직분을 맡은 자로 선택을 받으면, 반드시 이 문서들을 가지고 기독교 신앙의 기본을 체계화하도록 노력해 왔다. 세계 기독교 교회의 역사 속에서, 웨스트민스터 신앙고백서만큼 기독교 교리를 잘 요약한 문서는 찾아볼 수 없다. 모두 33장으로 구성된 웨스트민스터 신앙고백서는 정통개혁주의 신앙이 응축된 문서이다.

기독교의 중심 교리들을 모두 집약시킨 웨스트민스터 신앙고백서는 갑자기 만들어낸 것이 아니다. 그것은 유럽 종교개혁의 토대 위에서 계속 진리 탐구의 업적을 쌓아올린 것이다.[11] 이 고백서는 칼

---

10 Derick Thomson, "Westminster Standards", in David Wright, David Laehman, Donald Meek, eds., *The Dictionary of Scottish Church History & Theology* (InterVarsity Press, 1993), 862-865,

11 J. Ligon Duncan, III, ed. *The Westminster Confession into the 21st Century* (Ross-shire, Scotland: Christian Focus Publications, 2003).

빈, 츠빙글리, 불링거, 베자 등 유럽 종교개혁자들이 만들었던 개혁 신학의 토대 위에, 잉글랜드와 스코틀랜드 신학자들이 토론과 기도 가운데 작성한 것이다. 다시 말하면, 웨스트민스터 신앙고백서가 나오기 이전에, 16세기 초기부터 유럽에서 일어난 종교개혁자들의 신학사상과 교회 개혁으로부터 많은 영향을 받아서 만들어진 것이다. 잉글랜드와 스코틀랜드의 종교개혁 운동은 수많은 청교도들이 유럽 대륙 각 지역에서 보여준 것들을 창조적으로 수용하였다. 오랫동안 성도들을 잘못 인도해 온 로마 가톨릭 교회의 교리들을 철저히 폐지하고, 오직 성경적인 교훈들만을 집중적으로 모아놓은 신앙고백서들을 작성하여 교회의 지침으로 삼고, 성도들을 양육하였다.

웨스트민스터 신앙고백서보다 1세기 먼저 작성된 것들 가운데서 중요한 것들을 살펴보면 다음과 같다. 독일에서는 루터가 자녀들의 신앙 교육을 위해서 주기도문, 십계명 등을 간단하게 풀이한 '소요리문답서(1529)'를 만들었다. 이 문서에서 영향을 받은 개혁주의 신앙고백서들은 다음과 같다; 칼빈이 '제네바 신앙고백서(1538)'를 작성하여 성도들을 가르쳤다. 독일 남부에서는 '하이델베르크 교리문답서(1563)'가 만들어졌고, 저지대 국가에서는 '벨직 신앙고백서(1559)'를 가르쳤다. 스위스 북부 취리히에서는 불링거가 '제2 헬베틱 고백서(1562)'를 작성했는데, 여러 지역에서 활용하였다. 웨스트민스터 신앙고백서의 작성 과정에서 가장 큰 영향을 받은 것은 제임스 어셔 감독이 만든 '아일랜드 신앙조항들(1615)'과 교

리문답서이다.[12]

　종교개혁의 후기에 접어들면서, 알미니안주의를 배척하고자 '도르트신경(1618-1619)'이 만들어졌다. 하나님의 주권적 선택 교리를 강조하는 도르트 신경은 매우 중요한 선언이자, 청교도들이 따르는 지침이 되었다.

　고통의 상황 속에서도 웨스트민스터 총회를 소집하여 오랜 기간의 기도와 토론과 협의를 거친 문서를 만들어 내었다. 그것은 바로, 지금 우리가 사용하기에 전혀 손색이 없는 성도들의 신앙교육용 교재로, '웨스트민스터 신앙고백서', '대교리문답' '소교리문답' 등이다. 이 문서들은 앞선 세대의 종교개혁자들이 남긴 중요한 신학 사상들을 계승하고 있고, 보다 더 광범위한 주제들을 체계적으로 정리하였다.

12　James Ussher, *Body of Divinitie or The Summe and Substance of Christian Religion, Catechistically propounded and explained by way of Question and Answer Methodically and familiarly handled* (1614).

2 성경의 핵심 교훈과
개혁신학의 유산계승

웨스트민스터 총회는 혼란스러운 전쟁의 소용돌이 속에서 도덕적 기준을 무시하는 반율법주의자들의 오류를 밝혀내고, 하나님의 율법을 영원히 기준으로 삼을 것을 정립하고자 했다.[13] 그러기 위해서, 바다 건너 유럽 대륙의 종교개혁자들이 이미 쌓아올린 유산들을 신학적 바탕으로 삼았다. 이 책의 첫 장에서도 지적한 바와 같이, 총회에 참가한 신학자들이 성도로 하여금 구원의 과정에서 도덕적으로 율법주의를 따르도록 만들었다는 비판은 왜곡된 것이다.[14]

---

[13] W. Gamble, "Theology of the Westminster Confession of Faith," in *The History of Scottish Theology, Vol. I: Celtic Origins to Reformed Orthodoxy*, eds., David Fergusson & Mark W. Elliott (Oxford: Oxford University Press, 2019): 265-278.

[14] R. T. Kendall, *Calvin and English Calvinism to 1649* (Oxford: Oxford University Press, 1979). 켄달에 의하면, 웨스트민스터 총회가 칼빈의 신학을 벗어나서 율법주의로 변질되었다고 한다. 이러한 켄달의 비판에 영향을 입은 신학자와 역사학자들이 오히려 반율법주의에 대해서는 우호적으로 기술하였다. Como and P. Lake, "Puritans, Antinomians and Laudians in Caroline London: The Strange Case of Peter Shaw and Its Context," *Journal of Ecclesiastical History* 50,4 (1999): 695. T. D. Bozeman, *The Precisionist Strain: Disciplinary Religion and Antinomian Backlash in Puritanism to 1638* (Chapel Hill: University of North Carolina Press, 2004).

성경의 모든 교훈들을 집약하다

웨스트민스터 신앙고백서의 특징은 성경의 중요한 교훈들을 모두 빠짐없이 정리했다는 것이다. 총 33장에 담긴 주제들을 설명하면서, 신구약 성경의 교훈들을 다뤘다. 전체 내용 안에 반율법주의자들이 무시하는 구약성경의 교훈들과 신약성경의 복음이 함께 다뤄져 있음에 유의해야 한다.

하나님의 영광을 위해서 살아가야 할 인간의 의무를 설명하면서도, 그를 영원토록 즐거워하라고 가르친다. 웨스트민스터 신학자들은 총회 기간 경건한 예배와 기도를 올린 후에, 진지한 토론을 통해서 순수한 성경의 가르침만을 집약시켰다. 어떤 특정한 교리를 중심으로 삼지 않고, 성경의 모든 부분들에서 가르치는 중요한 교훈들을 집약했으며, 대부분의 해설들은 칼빈주의 정통개혁신앙을 체계화했다.

특히 웨스트민스터 신앙고백서는 하나님께서 주권적으로 통치하시며 구원하시는 경륜에 대해 군더더기 없이 풀이했다.[15] 하나님의 뜻에 의해서, 어떤 자들은 영광에 이르도록 선택하시고, 어떤 자들은 정죄에 처하도록 유기하신다는 예정의 교리가 확고하게 제

---

15   John V. Fesko, *The Theology of the Westminster Standards: Historical Context and Theological Insights* (Wheaton: Crossway, 2014).

시되어 있다.

　신구약 성경의 모든 말씀을 존중하는 종교개혁의 정신과 흐름은 하루 아침에 형성된 것이 아니다. 15세기에는 각 지역에 새롭게 대학이 많이 세워지면서, 인문주의Humanism 학자들이 대량으로 배출되었다. 그중 최고의 학자가 에라스무스였다. 성경의 원문, 히브리어와 헬라어를 공부한 젊은 수도사들이 많이 배출되었다. 그들 중에 탁월한 지도자들이 성경학자가 되었고, 각 지역 언어로 성경이 번역되었다. 설교와 주석들도 쏟아져 나왔다. 초기의 모든 종교개혁자는 대학에서 인문주의를 습득하여 성경 본문을 다루는 학자로 성장했다. 이탈리아, 프랑스, 독일, 스위스, 영국 등 곳곳에서 인문주의가 꽃을 피웠다.

　성경을 연구한 인문주의 학자들은 거의 다 종교개혁에 가담하였다. 종교개혁의 선구자들과 최고의 신학자들은 로마 가톨릭의 예식들을 폐지하고, 오직 성경에서만 sola scriptura 기독교 신앙의 교훈들을 찾아서 정립하였다.[16] 위클리프와 틴데일이 성경을 영어로 번역하면서 고초를 겪었지만, 그들의 신앙을 물려받은 후세대들이 지속적으로 활동했다. 독일어로 성경을 번역한 루터를 필두로 하여, 취리히 성경을 펴낸 츠빙글리, 마르틴 부써, 외콜람파디우스, 윌리엄

16　Bruce Gordon & Matthew Mclean, eds. *Shaping the Bible in the Reformation: Books, Scholars and Their Readers in the Sixteenth-Century* (Leiden: Brill, 2012).

틴데일, 피터 마터 버미글리, 칼빈 등이 활약하게 되면서 종교개혁 운동이 활발히 전개되었다.

16세기 유럽의 종교개혁 운동은 단순히 로마 가톨릭 교회를 바꾸는 것을 넘어서, 엄청난 영향을 끼쳤다. 하나님의 부르심으로 직업에의 소명의식을 갖고 살아가는 능동적인 신앙인들이 세계역사를 바꿔 놓았다. 물론 그 안에는 다양한 흐름들이 있었다.

로마 가톨릭 교회의 모순을 벗어버린 칼빈주의가 유럽에서 가장 큰 영향력을 발휘하게 되었다. 스코틀랜드에서는 녹스가 일으킨 종교개혁 운동이 결실을 맺어서 장로교회를 건설하였다. 잉글랜드에서도 칼빈주의 신학사상이 청교도들의 지침이 되었다. 오랫동안 스페인에 점령당했던 해안 지방, 저지대 국가들은 '벨직 신앙고백서'를 따라서 칼빈주의를 지켜나갔다.

하지만, 한 세대가 지난 17세기 초엽, 칼빈주의에 도전하는 알미니안주의가 확산되었다. 종교개혁을 이룩했던 교회 안에서도 세상의 변화에 따라서 또 다른 사조들과 갈등했다. 17세기와 18세기에 독일과 프러시아에서는 경건주의 운동이 일어났고, 잉글랜드에서는 웨슬리의 감리교회가 부흥과 갱신운동을 주도했다. 이들은 기독교의 진리를 삶에 적용하는 것을 강조하고, 더 위대한 영적 자세와 열정적인 결단을 고무시켰다는 점에서 기여를 했지만, 성도의 개인적인 노력과 신앙체험과 선행의 순종을 가장 중심 진리에 놓게 하였다. 그 결과 객관적인 말씀의 권위와 그 안에 담긴 중요한 교리의 정립 등은 점점 의미가 없게 되었다.

　　모든 용어나 성경 인용에서나, 겉보기에는 마치 개혁주의 신학에 입각한 설교나 강의처럼 보이지만, 복음의 핵심을 왜곡하는 변형들이 여럿 분출되었다. 로마 가톨릭의 신인협력설과 유사 펠라기안주의를 거부한 종교개혁 진영은 루터의 칭의교리에 동의하는 자들이다. 그러나 그들 종교개혁의 지지자들 사이에는 극단적인 무리들이 있었고, 재세례파와 독립파들이 무정부주의를 부르짖었다. 뮌처의 농민혁명이라든가, 안드레아스 칼슈타트와 같은 급진주의자들도 있었지만, 모두 다 일시적인 운동에 그치고 말았다.

생활의 규범과 십계명을 강조하다

　　반율법주의자들은 성도들이 구약의 십계명을 지킬 의무가 전혀 없다고 주장했다. 그러나 청교도들은 경건하게 살아가는 도덕적 원리로서 십계명을 가장 우선적으로, 결단코 따라가야 한다고 역설했다. 청교도가 성도의 삶에서 지켜야 할 의무사항들을 열심히 가르친 내용들에 대해 결코 율법주의라고 비판해서는 안 된다. 그것은 결코 율법주의가 아니라 복음 안에서 율법의 활용을 가르친 것이다.

　　당시 심각한 문제로 대두된 것은 구약의 계명들을 지키지 않아도 된다는 반율법주의자들이었다. 영국의 지도자들 및 신학자들은 그 어떤 규칙과 법규도 따르지 않는다는 반율법주의자들로 인해서 흐트러진 질서와 평화를 묵과할 수 없었다. 하나님이 정하신 질서가 무너지는 현상에 직면했던 청교도들은 '가슴에서 나오는 경건'을 추구했으며, 오직 하나님의 계명에 따라 '경건한 열심'을 실행하고자 했다.

웨스트민스터 신앙고백서의 전체 내용 중 '기독신자의 생활에 관한 교리'가 가장 많은 부분을 차지하고 있다. 관련한 부분이 10장에서 33장까지라고 할 수 있는데, 이것은 십계명에 대한 해설이 많이 들어 있기 때문이다. 하나님을 섬기는 인간의 의무가 강조되고, 다른 성도를 향한 사람의 의무가 중점적이다. 이것은 웨스트민스터 신앙고백서가 구원 얻는 믿음에 대해서만 집중했다는 비판이 정당하지 않다는 것을 의미한다.[17] 신자의 생활 속에서 실천적인 교훈을 가르치고자 했던 것은 반율법주의를 배척하려는 교훈들임을 이해해야만 한다. 물론 이런 내용을 정리해 나가는 데 있어서는 이미 유럽 종교개혁자들이 성취했던 유산들이 큰 영향을 주었다.

---

17   John Leith, *Assembly at Westminster: Reformed Theology in the Making* (Richmond: John Knox Press, 1973), 43.

인간의 공로사상을 주장하지 않았다

웨스트민스터 신앙고백서는 하나님의 주권을 높이고 영광을 돌리는 교훈들에 중점을 두고 있다. 결코 인간의 공로나 선행의 노력을 구원에 이르는 조건으로 가르치지 않았다. 다만, 하나님의 뜻이 이뤄지도록 성도의 거룩한 삶을 강조하였다.

칼빈과 대부분의 개혁주의 신학자들은 하나님의 뜻과 예정에 대해 강조를 했지만, 알미니안주의자들이 이를 거부하며 혼란을 일으켰다. 웨스트민스터 신앙고백서가 하나님의 주권보다는 알미니안주의가 주장했던 은혜의 조건을 충족시키는 믿음을 강조한 것이 결코 아니다.[18] 웨스트민스터 총회가 칼빈보다는 알미니안주의를 따라갔다는 비판은 결코 사실이 아니다. 1618년 도르트 총회에서 알미니안주의자들의 변질된 구원론을 이단으로 정죄할 때에, 하나님의 작정을 중요시하는 구원론의 구조와 본질을 확정했다.[19] 도리어

---

[18] R. T. Kendall, *Calvin and English Calvinism to 1649*, chap. 14, "The Nature of Saving Faith in the Westminster Assembly Documents." 이에 대한 직접적인 반론을 참고할 것. Paul Helm, *Calvin and the Calvinists* (Edinburgh: Banner of Truth, 1982).

[19]   Greg A. Salazar, "Defending Calvinism in England Before and After Dort," in Joel Beeke Martin I. Klauber, eds., *The Synod of Dort: Historial, Theological, and Experiential Perspectives* (Göttingen: Vandenhoeck Ruprecht, 2020), 75-88.

알미니안주의자들이 인간의 자유의지와 선택의 결과를 옹호하면서, 칼빈과 개혁주의 신학자들이 정리한 구원론의 체계를 전면적으로 변질시켰다. 인간의 자유의지를 강조하는 알미니안주의가 등장하면서, 칼빈과 베자, 퍼킨스가 강조한 예정 교리에 대한 명시적인 비난들이 제기되었다.

필자는 청교도들이 거의 100여 년 전에 제시했던 칼빈의 신학 사상에서 큰 도움을 얻었지만, 결코 칼빈의 책을 그대로 베껴 쓰지 않았고 100여 년이 지난 뒤에 직면했던 교회의 문제점들을 해결하는 데 노력했음을 지적한 바 있다.[20] 약간 개혁된 교회를 성경적으로 더 확실하게 개혁을 추구하려던 잉글랜드와 스코틀랜드 청교도들이 직면한 문제점들은 그 이전 시대와는 달랐다. 왕과 귀족들이 주도하던 정치적인 면에서나, 역사적인 상황에서나 모두 큰 차이가 있었다. 또한 신학의 방법론에서도 다르지만, 교리의 내용과 본질에서는 큰 차이가 없음을 분명히 하고자 한다.[21]

큰 안목에서 볼 때에, 반율법주의자들에 대한 염려 가운데서 신속하게 하나님의 온전하신 뜻을 정립하고자 웨스트민스터에 모인 청교도들이 노심초사했던 것이다. 지나간 기독교 교회의 역사 속에

---

20   김재성, 『청교도, 사상과 경건의 역사』, 19.

21   김재성, 『청교도, 사상과 경건의 역사』, 제 10장, "청교도 예정론과 선택교리," 269-324.

서 정통신학과 거짓된 이단적인 사상들이 격돌했던 것들을 살펴볼 필요가 있다. 우리가 경계해야 할 비성경적인 사상들 중에서 가장 잘못된 교리들은 이미 기독교 역사 속에서 등장했던 것들이다. 특히 종교개혁이 진행되던 시기에는 두 가지 극단적인 신학이 큰 영향을 끼치고 있었다. 하나는 로마 가톨릭의 신학적인 입장인데, 반펠라기안주의semi-Pelagaianism를 따르는 자들로서 공로주의와 선행을 강조하였다. 결국 이 주장에는 율법주의적인 요소가 가미되어져 있었다. 대표적인 그룹이 로마 가톨릭과 그들로부터 파생된 중세 후기 스콜라주의 신학자들이었다.

종교개혁자들이 거부한 로마 가톨릭의 신학 사상은 중세 말기 스콜라주의에 의해서 심각하게 오염되어 있었다.[22] 한국교회 성도들에게는 잘 알려지지 않았지만, 14세기에는 스콜라 신학자들이 수도원이나, 대학에서 큰 영향력을 발휘했었다. 윌리엄 오캄, 리미니의 그레고리, 가브리엘 비엘, 토마스 브레드워딘, 둔스 스코투스 등이 있었다. 이들 스콜라주의 신학자들은 하나님의 은총과 인간의 자발적인 헌신을 구원에 필요한 근거들로 발표했다.

스콜라주의 신학자들의 주장과 함께, 로마 교황청에서는 구원을 얻는 데 필요한 공로와 선행을 강조했는데, 어느 정도까지 행위

---

22 Alister McGrath, *The Intellectual Origins of the European Reformation* (Grand Rapids: Baker, 1995). idem, *Iustitia Dei: A History of the Christian Doctrine of Justification*, 2 vols. (New York: Cambridge University Press, 1998).

를 해야 한다는 정확한 기준을 제시하지 않았다. 로마 가톨릭은 사람의 자발적인 선행에다가 신의 은총을 교묘하게 뒤섞어 놓았다.

웨스트민스터 총회가 소집된 17세기 초 유럽에서는 정통개혁주의 신학과 본질적으로 차이가 나는 이들도 급격히 늘어났다. 인간의 자유의지를 강조하는 자들은 알미니안주의를 선호했고, 다른 부류의 사람들은 과장된 칭의론에 빠진 나머지 성도의 성화 과정을 축소하거나 약화시키면서, 율법의 기능과 중요성을 배제하는 율법폐기론에 빠지고 말았다. 이들은 그리스도의 인격과 사역에서 나타난 순종의 교리를 왜곡했다. 알미니안주의자들이나 율법폐기론자들은 모두 그리스도의 능동적 순종과 수동적 순종으로 세분화해서 설명하는 그리스도의 총체적 순종의 교리를 거부했다. 율법폐기론자들은 그리스도가 구약의 모든 율법을 능동적으로 순종하셨다는 것을 거부하고, 오직 십자가에서 죽으신 순종만을 강조했다.

정통 개혁주의 신학자들은 믿음으로 말미암아 의롭다하심을 받았다고 하더라도, 여전히 성도들은 죄 가운데 있음을 고백했다. 그러나 17세기 잉글랜드에 등장한 알미니안주의자들과 율법폐기론자들은 성화의 과정에서 죄를 범하는 자들에게 하나님의 징계가 내려진다는 점을 부인했다. 청교도 신학자들은 여전히 율법을 지켜야 할 것을 강조하면서 하나님의 채찍이 성도를 겸손케 하며, 회개에 이르도록 만드는 것이라고 가르쳤다.

3 칼빈주의와 알미니안주의

구원의 근거는 무엇인가를 놓고서 웨스트민스터 총회가 뜨거운 논쟁을 벌였다. 이미 칼빈주의 전통에 따르고 있었지만, 어느 사이에 알미니안주의가 영향을 끼치고 있었던 것이다.

성도의 믿음이냐, 그리스도의 의로움의 전가냐?

1642년 말, 런던 스테판 교회의 목사 존 굿윈John Goodwin은 알미니안주의자로 알려졌는데, 그의 칭의론이 출판되면서 큰 논쟁을 불러일으켰다.[23] 그는 그리스도의 의로움을 전가받아서 칭의를 얻는 것이 아니라, 각자의 믿음에 따라서 얻는다고 주장했다. '도르트 신경'에서 정죄된 알미니안주의 칭의론을 그대로를 퍼트린 것이다.

1643년에 소집된 웨스트민스터 총회에서는 특히 이 저서를 놓고서 강도 높은 토론을 했다. 앞에서 검토한 바와 같이, 반율법주의자들을 정죄하고자 토론했던 웨스트민스터 총회에서는 성경적

---

23 John Goodwin, *A Treatise of Jusfitication Where the Imputation of Faith for Righteousness...Is Explained* (London: 1642).

인 근거를 제시하면서 알미니안주의의 칭의론을 바로잡으려고 노력했다.

총회에 참석한 칼빈주의 청교도 신학자들은 믿음으로 칭의를 얻는 것이 아니라, 그리스도의 죽으심과 능동적 순종으로 얻은 의로움을 믿음으로 전가 받는 것이라고 주장했다. 이렇게 잉글랜드 청교도 신학자들은 알미니안주의에 맞서서 정통 개혁주의를 지켜나가고자 했다.

그러면, 좀 더 거슬러 올라가서 잉글랜드와 스코틀랜드에 종교개혁의 추진력과 안목을 제공했던 칼빈주의가 어떻게 뿌리를 내렸던가를 살펴보자.

청교도들이 확신하던 칼빈주의 신학은 에드워드 6세가 통치하던 시기(1547–1553)에 가장 성경적인 개혁의 모델로 수용되었다. 캔터베리 대주교 토마스 크랜머Thomas Cranmer(1489–1556)의 초청으로 잉글랜드에 들어온 피터 마터 버미글리Peter Martyr Vermigli(1499 – 1562)가 옥스퍼드 대학교에서 가르쳤고, 케임브리지 대학교에서는 마르틴 부써Martin Bucer(1491–1551)가 개혁주의 신학 사상을 보급하였다. 이 두 사람의 영향을 받은 제자들이 엘리자베스 여왕의 통치시대에 청교도 신학자들로 활약하였다. 잉글랜드에서 소집된 웨스트민스터 총회에서 알미니안주의를 반대하고, 반율법주의자들에 대해서 단호히 배척하게 된 것은 1640년대에 즉흥적으로 발생한 일이 아니다.

웨스트민스터 신앙고백서를 작성한 신학자들과 목회자들은

그 이전 세대에 전개된 잉글랜드 내부의 신학 논쟁을 모두 다 잘 알고 있었다. 이들 청교도들은 국왕 헨리 8세가 빚어낸 불법과 타락과 '잉글랜드 성공회'라는 국가체제를 거부하였다. 잠시 에드워드 6세가 통치하면서 칼빈주의를 받아들였지만, 각 지역 교회들 속에 뿌리를 내리기 이전에 그의 통치기간이 너무나 짧게 끝이 났다. 메리의 잔혹한 박해와 엘리자베스 여왕의 중도정책으로 이어지는 동안에, 청교도들은 많은 희생을 당했다. 케임브리지 대학교를 중심으로 확산된 칼빈주의 신학은 웨스트민스터 신앙고백서를 작성하기까지 청교도들의 교회 안에서 가장 중요한 원리로 작동하였다.[24] 교회를 성경적으로 순결하게 개혁하고자 했었던 청교도들은 칼빈의 신학 사상에서 배워온 것들을 기초로 삼았다.

칼빈주의는 전 유럽 곳곳으로 확산되었다. 특히 잉글랜드와 스코틀랜드 청교도들에게는 칼빈주의가 성경적 정통주의 기독교의 근간이자 본질로 받아들여졌다.[25] 칼빈주의 신학을 가장 널리 전파한 신학자는 케임브리지 대학교의 윌리엄 퍼킨스 William

---

24 Dewey D. Wallace, *Puritans and Predestination: Grace in English Protestant Theology, 1525-1695* (Wipf and Stock, 2004); idem, *Shapers of English Calvinism 1660-1714: Variety, Persisitence and Transformation* (Oxford: Oxford University Press, 2011).

25 D. G. Hart, *Calvinism: A History* (New Haven: Yale University Press, 2013), 160. Philip Benedict, *Christ's Churches Purely Reformed: A Social History of Calvinism* (New Haven: Yale University Press, 2004),

Perkins(1558–1602)였다. 그는 온건한 청교도로서 여왕의 권위를 존중하면서도, 신학 사상에서는 철저히 칼빈의 구원론과 이중 예정 교리를 가르쳤다.[26] 칼빈의 주요 저서들은 영어로 번역되었고 그 어떤 종교개혁자들의 저서들보다도 더 많은 출판 부수를 기록했다. 기본적으로 잉글랜드 청교도들이 받아들인 칼빈의 신학사상은 정통 기독교의 핵심을 대변하는 것이자 가장 성경적인 교훈들의 집합체로 간주되었다.

　　루터나 츠빙글리가 앞서서 초기 종교개혁을 이끌었지만, 이들은 로마 가톨릭의 신부로 있다가 개혁을 단행하였기에 독일이나 스위스 북부 지방에서 신학적인 한계와 정치적인 상황 안에서 제한된 영역에만 개혁을 성취했었다. 그러나 존 녹스John Knox(1514–1572)는 스코틀랜드 왕국과 귀족들이 포함된 전체 국가체제를 로마 가톨릭에서 장로교회로 바꿔놓은 종교개혁을 성공시켰다. 1560년부터 십수 년 사이에 성취한 녹스의 개혁운동은 잉글랜드에서 일어났던 엘리자베스 여왕 시대의 청교도 운동에 지대한 영향을 끼쳤다. 녹스는 칼빈의 영향으로 오직 성경에 입각한 순수한 진리체계를 지속적으로 제시했고, 성경 본문 말씀에 의존하는 교리체계와 주석과 설교를 통해서 영향력을 발휘했다.

26　　Thomas D. Lea, "The Hermeneutics of the Puritans," *Journal of the Evangelical Theological Society*, 39-2 (1996): 271-284.

녹스는 1556년부터 1559년까지 칼빈과 함께 제네바에서 목회자로 생활하면서 개혁주의 신학과 교회 운영의 실천방안들을 습득하였다. 또한 녹스는 칼빈의 사상과 다른 종교개혁자들의 저서들을 활용해서 '스코틀랜드 신앙고백서(1560)'를 작성하였다. 칼빈주의 신학사상은 웨스트민스터 총회에 모인 신학자들의 신앙의 근간이 되었다.

칼빈의 신학사상

칼빈은 무엇보다도 하나님의 영광을 옹호하고, 주권과 예정을 강조한다. 인간은 영적 무능력을 벗어날 길이 없으므로, 피조물은 창조주 하나님의 의로움에만 의존해야 한다고 강조했다. 오직 하나님만이 참된 의와 선하심의 원천이다. 하나님의 뜻이 가장 높은 기준이며, 그 뜻에 따라 하나님의 권능과 의로운 통치가 시행된다. 칼빈은 결코 예정론주의자가 아니다. 상당히 많은 사람들이 칼빈의 신학사상은 예정교리가 핵심이라고 오해를 하고 있는데, 이런 것은 잘못된 선입견에 사로잡힌 자들의 피상적인 주장에 불과하다.[27] 칼빈의 신학은 어떤 한 가지 중심 교리central dogma, 혹은 중심 교훈으로 압축할 수 없다. 칼빈의 핵심 저서『기독교강요』에는 80장에 걸쳐서 총 33가지 주제들을 다루고 있다.[28] 그는 경건한 성도가 깨우쳐야 할 성경의 진리들을 총체적으로 제시하였다.[29] 칼빈은 하나님의 뜻과 의로움은 인간이 완전히 꿰뚫어서 이해할 수 없다는 '불가해성 incomphrehensibility'을 받아들일 뿐 아니라 동시에 사람의 눈에는 전혀 보이지 않는다 invisiblity는 점을 겸허하게 인정한다.[30] 따라서 칼빈은 인간이 하나님에 대해서 겸손해야 하고, 의존해야 하며, 신뢰해야만 한다는 점을 항상 강조했다.[31]

칼빈이 서거한 후, 유럽의 개혁신학자들은 좀 더 체계적이고, 합리적으로 교리들을 진술하려고 했고, 칼빈의 교리를 활용하여 논리적인 주장들을 내놓았다. 그렇게 그들은 학문의 방법론과 학풍을 어거스틴과 칼빈의 신학 토대 위에서 언약신학으로 확장하였다. 청교도들은 회심 체험을 강조하고, 죄와의 투쟁에 힘쓰는 경건한 생활을 추구했으며, 광범위한 신학 체계를 재정비했다.

다양한 나라에서 진행된 종교개혁 운동은 낡은 관습을 벗어나서 하나님의 의로움을 추구했으며 칼빈주의는 이들에게 영적인 에

27   김재성, 『개혁신학의 광맥』(킹덤북스, 2012).

28   David W. Hall Peter A. Lillback, eds., A *Theological Guide to Calvin's Institutes: Essays and Analysis* (Phillipsburg: PR, 2008), ix.

29   김재성, 『나의 심장을 드리나이다: 칼빈의 생애와 신학』(킹덤북스, 2013), 232.

30   Calvin, *Institutes of the Christian Religion*, III.xxiii.5.

31   Paul Helm, *John Calvin's Ideas* (Oxford: 2004), 343.

너지를 엄청나게 공급했다. 인문주의 학습과 성경언어를 터득한 젊은 종교개혁자들이 등장하면서 새로운 저서들과 지성적인 연구가 넘쳐흘렀다. 점차 종교개혁자들 사이에서도 내부적으로 은혜의 신학에 대해서 다양한 해석들과 강조점들이 충돌하였다. 한쪽에서는 아주 극렬한 칼빈주의자들도 출현했고, 다른 쪽에서는 칼빈주의를 공격하고 거부하는 신학자들도 등장하게 되었다.[32]

17세기 잉글랜드의 청교도들은 알미니안주의와 논쟁을 통해서, 도르트 총회의 결의를 지켜나가고자 했다. 케임브리지 대학의 교수로 도르트 총회에 참가했던 사무엘 워드Samuel Ward는 지속적으로 잉글랜드에 들어오는 알미니안주의를 배척했다. 특히 리처드 몬태규 Richard Montague가 구원에 있어서 하나님의 은총이 자유의지를 돕는다는 주장과 함께 예정과 견인의 교리를 거부하는 것에 대해서였다. 알미니안주의는 인간의 자유의지에 따르는 선택에 의존하기 때문에 은혜만으로 주어지는 칭의교리를 심각하게 변질시키고 말았다.

---

32 Jay T. Collier, *Debating Perseverance: The Augustinian Heritage in Post-Reformation England* (Oxford: Oxford University Press, 2018).

알미니우스의 문제점들

알미니우스 Jacobus Arminius(1560-1609)는 종교개혁의 후기에 등장한 신학자로서, 루터와 칼빈과는 전혀 다른 관점과 사상에 흥미를 느끼고 있었다. 그는 인간의 죄와 그리스도 안에 있는 자에게 주시는 구원의 복음을 배제하고, 완전히 새로운 기독교를 체계화하려는 의도에 사로잡혀 있었다. 제네바에서 베자에게 배웠고, 바젤에서도 신학 수업을 했지만, 그는 그보다 더 합리적이며 이성적인 신학체계를 추구했던 것이다.[33] 알미니우스에게 있어서 가장 문제가 되었던 것은 인간의 능력에 대한 것으로, 자유로운 선택의 가능성이 열려 있어야 한다는 점이다. 그는 하나님께서 구원할 자와 유기할 자를 이미 자신의 뜻에 따라서 결정했다는 엄밀한 예정론을 거부했다. 알미니우스는 사람이 스스로 죄를 선택할 수 없다고 한다면, 불순종에 대한 형벌을 할 수 없다고 주장했다. 합리적인 논리에 사로잡혀 있었고, 결국 인간의 생각에 합당한 것을 추구하였다. 사람들이 하나님과 그의 은혜에 대해서 의존하지 않는다는 것은 그들 스스로 하나님의 은총을 거절하고, 경멸하기 때문이라고 보았다. 그런 거부는 온전히 그 사람의 자유로운 선택에서 나오는 것이다. 회개와 믿음에

---

33 Joel Beeke, "Foreword," in W. Robert Godfrey, *Saving the Reformation*; The Pastoral Theology of the Canons of Dort (Sanford: Reformation Trust, 2019), xiii.

이르게 되는 것은 하나님의 성령과 말씀을 통해서 역사하는 것이지만, 각 개인이 하나님의 은총을 거절하는 결정을 내리는 것은 불가해성에 해당한다.

알미니우스는 로마서 7장에 사도 바울이 "오호라 나는 곤고한 자로다 누가 이 사망의 몸에서 나를 건져내랴"라는 구절을 개인적인 중생의 체험을 하지 못한 것으로 풀이한다. 알미니우스가 보기에는 만일 바울 사도가 진정으로 죄로부터 자유하기를 원했다고 한다면, 그는 자신의 죄를 대신하는 그리스도의 완벽한 희생 안에서 믿음을 가지도록 충분한 은총을 제공받았을 것이라고 주장했다.

알미니우스가 이해한 죄와 하나님의 정의는 그로 하여금 구원으로부터 떨어질 가능성도 열려 있다는 결론에 이르게 하였다. 누구든지 자신의 믿음에 의해서 성경의 진리를 받아들이며, 수납하는 자세를 유지한다면 참된 신자로 인정을 받을 수도 있을 것이다. 참으로 의롭다 하심을 얻은 성도는 성령의 권능에 의해서 거룩함을 유지할 수 있다. 칭의는 자유를 제공하며, 거룩한 삶의 능력을 제공한다. 하지만, 다윗 왕처럼, 성도가 의지적으로 죄를 범하게 되며, 이런 경우에는 의롭다 하심을 얻지 못했던 경우이거나, 아니면 그 후에 구원의 상태에서 탈락한 것이라고 간주했다.

이처럼, 중생에 대한 해설에서, 믿음과 죄에 대하여 칼빈주의와는 전혀 반대되는 주장을 폈다. 알미니우스에 의하면, 중생한 사람은 선을 실행하고자 마음을 먹고 있을 뿐만 아니라, 실천하는 자이다. 중생한 사람의 마음은 세상의 어둠과 허망함에서 벗어나서 참된 것을 볼 수 있게 조명을 받았고, 믿음으로 그리스도에 대한 구원에 이르는 지식을 갖는다는 것이다.

알미니우스는 그의 신론과 하나님의 의에 대한 교리적 설명에서, 중생한 피조물이 죄에 의해서 지배를 당하지 않도록 보전하신다고 주장했다. 하나님의 예정과 인간의 자유의지에 대한 교리보다는 하나님의 정의에 초점을 맞춰서 해석하여야 한다는 것이다.[34] 알미니우스에 의하면, 예정론과 섭리론을 강조하게 된다면, 하나님께서 사람의 죄를 미리 작정하신 것이 되는데, 그렇게 되면 결국 하나님을 죄의 원저자로 만들게 되기 때문에 문제라는 것이다.[35]

알미니우스는 하나님의 예정에 의존하지 않고, 단지 각 사람이 스스로 결정해서 받아들이든지, 아니면 거부한다고 해야만 논리적으로 정당하다고 주장했다. 사람은 구원에서 이탈해서 죄를 범할 수 있다는 것이다. 만일 사람이 계속해서 성경의 진리를 받아들이고, 지속적으로 동의를 하면 그들의 믿음에 의해서, 의로운 자로 인정을 받는다. 알미니우스는 믿음을 통해서 그리스도의 의로움을 성도들의 의로움으로 전가하여 준다는 것을 거부했다. 하나님에 의해서 의

---

34 W. den Boer, *God's Twofold Love: The Theology of Jacob Arminius (1559-1609)* (Göttingen: Vandenhoeck & Ruprecht, 2010).

35 Arminius, *Examen thesium D. Francisci Gomari de Praedestinatione* (1645), 1555-156.

롭다 하심을 얻는 것은 그리스도의 실제 의로움이 아니라, 죄인 편에서의 믿음의 행동에 따라서 결정된다는 것이다.[36]

알미니우스가 살아 있는 동안에는 유럽 지역에서 그렇게 유명한 설교자도 아니었고, 그를 따르는 자들이 많았던 것도 아니었다. 그가 로마서 7장과 9장에 대해서 설교한 내용들이 지역 목회자들 사이에 논쟁을 일으켰을 정도였다. 그러나 그가 바젤과 제네바에서 여러 개혁주의 후기 신학자들, 요한 그리내우스와 베자로부터 수학을 하고 돌아온 후에, 1603년 레이던 대학교의 교수로 임명이 되면서 그의 강의가 정통신학을 비판하고 있음이 드러났다.[37] 1608년에 '타락 전 선택설'을 거부하는 그의 강의를 둘러싼 논쟁이 격화되었는데, 저지대 개혁주의 교회들은 알미니우스의 강의가 칼빈주의 예정론과는 전혀 다르다는 점을 고발했다.

우리는 알미니우스가 거부한 타락 전 선택설에 대한 지나친 오해를 해소해야만 한다. 알미니우스는 바젤에서 요한 그리내우스 Johann Jacobus Grynaeus(1540–1617)에게서 수업을 들었다. 그리내우스는 '타락 후 선택설'을 더 지지하고 있었고, 하이델베르크 교리문답

36 W. den Boer, "Jacob Arminius: Theologian of God's Two-Fold Love," in *Arminius, Arminianism, and Europe*, ed. Th. M. van Leeuwen, K. D. Stanglin, and M. Tolsma (Leiden: Brill, 2009), 25-50.

37 W. Robert Godfrey, *Saving the Reformation*; The Pastoral Theology of the Canons of Dort (Sanford: Reformation Trust, 2019), 11.

과 '제2헬베틱 신앙고백서'를 추천했다. 다시 말하면, 바젤에서는 제네바의 베자와는 약간 다른 강조점을 갖고 있었다는 뜻이다. 더구나 리처드 멀러 교수의 연구에 따르면, 제네바에서도 베자의 타락 전 선택설이 유일한 교리로 가르쳐지거나, 압도적으로 모든 교리의 근간이 되었던 것도 아니었다.[38] 알미니우스는 타락 전 선택설을 부인하면서, 같은 칼빈주의 진영에 속해 있던 타락 후 선택설 지지자들을 분리시키려는 의도를 갖고 있었던 것으로 보인다. 그러나 그의 술책은 전혀 영향을 끼치지 못했다. 왜냐하면, 예정론 논쟁을 하면서도, 칼빈주의 진영에서는 충분히 상호간에 장점과 약점을 공유하고 있었기 때문이다.

알미니우스는 무조건적인 예정의 교리를 완전히 왜곡했다. 그는 신자가 칭의를 얻은 이후에도, 죄 가운데 머물러 있을 수 있다는 점에 대해서 깊이 통찰하지 못했다. 그래서 만일 어떤 사람이 진정으로 의롭다 하심을 받았다고 한다면, 그 사람은 성령의 권능에 의해서 거룩한 삶을 살아갈 수 있으리라고 주장했다. 칭의가 자유를 제공하고, 거룩하고 경건한 생활을 영위하도록 능력을 마련하는 것이라고 보았다.

---

38   Richard Muller, *God, Creation, and Providence in the Thought of Jacob Arminius* (Grand Rapids: Baker, 1991), 17-19. Richard Muller, "The Chritological Problem in the Thought of Jacobus Arminius," *Nederlands Archief voor Kerkgeschiedenis* 68-2 (1988), 148.

만일 어떤 사람이 의지적으로 죄를 범하였다고 한다면, 그러한 사람은 아직 의롭다 하심을 얻지 못하였던지, 아니면 의롭다 하심을 받았던 상태에서 떨어져 나갔든지 둘 중에 하나라고 해석했다. 예컨대 다윗 왕은 하나님의 명령을 거역하고 끝까지 자신의 의지를 발동해서 이스라엘의 군대 숫자를 계수하다가 형벌을 당했는데, 이것은 아직도 칭의를 받지 못한 상태라는 것이다.

또한 알미니우스는 신약성경을 왜곡했다. 로마서 7장 24절에서 자신이 원치 않는 악을 행하고 있다고 토로했던 바울에 대해서 철학적이고 합리적인 이성을 근간으로 삼아서 풀이했다. 알미니우스는 바울이 겸손한 마음으로 자신에 대해서, "오호라 나는 곤고한 자라 누가 이 사망의 몸에서 나를 구원하랴"라고 말했는데, 이러한 진술을 하는 성도는 아직 거듭나지 못한 상태에 있는 자라고 해석했다. 알미니우스는 로마서 7장의 내용을 회심 이전의 바울 사도의 상태를 서술한 것이라고 주장했다.[39] 알미니우스가 성화의 과정에 있는 바울 사도의 심리상태에 대한 토로를 바르게 파악하지 못한 것이다. 자신의 편협한 철학적 관점에 따라서 합리적으로 해석한 나머지, 전혀 다른 바울의 생각을 만들어 놓은 것이다. 이런 것들이 알미니안주의의 위험성이다. 구원의 진리를 왜곡한 알미니우스는 칭의와 함께 동전의 양면처럼 형성되는 깊은 성화의 단계들을 전혀 알지

---

39   김재성, 『개혁신학의 광맥』 개정판 (킹덤북스, 2016), 360-385.

못했다. 성도가 그리스도의 온전하심을 본받아서 성장하고 새 사람이 되어가는 과정이 있는 것이다. 알미니우스는 '점진적 성화'의 개념에 대해서는 전혀 무지했던 것이다.

또한 알미니우스는 그리스도의 속죄로 인하여 주어지는 의롭다 하심에 대해서도 왜곡하였다. 그는 기본적으로 칭의와 성화의 상호 관련성을 전혀 깨닫지 못했다. 이미 칼빈은 로마서 1장 30절에 근거하여, 칭의와 성화가 그리스도와 연합된 자들에게 주시는 가장 중요한 혜택들이라고 분명히 설명한 바 있다.[40] 알미니우스의 이러한 해석들과 왜곡들은 합리성을 근거로 생각하려는 그의 오판에서 비롯된 것이고, 다른 한편으로는 그가 깊은 영향을 받았던 당시 로마 가톨릭의 입장에서도 발견되는 요소들이기도 하다.

알미니우스가 가르친 예정에 관한 교리들은 전혀 정통칼빈주의 신학에서 나온 것이 아니다. 그는 각 사람에게 영생이냐 정죄냐를 결정짓는 하나님의 작정은 그 사람이 장차 어떻게 결정할 것인가에 대해서 미리 아시는 지식에 근거한 것이라고 보았다. 예지에 근거한 예정론이라는 것이다. 이것은 스페인 예수회 신부 몰리나Luis de Molina(1535-1600)가 1588년에 출판한 책에서 가르친 '중간지식scientia media'이라는 개념에서 나온 것이다. 중세 신학자들의 토론에 근거하

---

40   Calvin, *Institutes of the Christian Religion*, III.xi.6. "그리스도는 우리의 의로움이요 태양이다. 그로부터 나오는 빛과 열이 있듯이, 칭의와 성화가 주어진다."

여, 몰리나는 첫째, 하나님의 가능성을 아는 지식과 둘째, 실제 사건들의 지식이 있으며, 셋째로 이 두 가지 지식들의 중간에 해당하는 '중간지식'이 있다고 하였다.[41]

특히, 우리는 언제, 어떤 과정으로 알미니우스가 몰리나의 견해를 따르게 되었는지는 알 수 없다. 하지만, 알미니우스의 책장에서 몰리나의 책이 발견되었다.[42] 그리고 그 책에 나오는 주장들과 거의 유사하게, 알미니우스도 하나님의 선하심과 선택, 인간의 원죄에 관해서 매우 심각한 의문을 제기했다. "만일 심판의 날에 전적으로 자신의 의지로 죄를 범한 것이 아니라고 하는 자에게, 하나님이 영원한 저주를 내릴 수 없을 것이 아닌가?"[43] 알미니우스는 인간의 자유의지가 실행되도록 하시고, 그것에 의존해서 하나님을 아는 지식에 기초하여 결정하는 것이라고 보았다. 알미니우스가 인간의 자유의지를 강조하면서, 로마 가톨릭 신부 몰리나의 논리를 끌어온 것은 매우 잘못된 것이다. 더구나 사람에게 벌어지는 우연적인 사건들, 우발적인 사건들이 과연 하나님의 의지와 작정을 벗어난 것인가?

---

41 *The Works of James Arminius*, tr. J. Nichols and W. Nichols, 3 vols., 1825-1875 (Rep. Grand Rapids: Baker, 1999), 2:124.

42 Keith D. Stanglin, Arminius on the Assurance of Salvation (Leiden: Brill, 2007), 68.

43 Luis de Molina, *On Divine Foreknowledge (part IV of the Concordia)*, tr. A. Freddoso (Ithca: Cornell University Press, 1988), 139.

사람이 자유의지를 발동해서 어떤 결정을 내린 후에야 하나님께서 그에 반응하는 결정을 내리게 된다는 말인가?[44]

다윗이 사울 왕을 피해서 도망하면서, "그일라 사람들이 나를 그의 손에 넘기겠나이까 주의 종이 들은대로 사울이 내려 오겠나이까(삼상 23:11)"라고 질문했다. 하나님께서는 사울이 내려올 것이고, 그들이 너를 넘길 것이라고 답해주셨다. 다윗과 그의 추종자들은 즉각 피신해서 목숨을 구했다. 그러나 알미니우스는 이런 하나님의 지식과는 달리, 사람의 자유의지에 의해서 결정이 이뤄지면, 하나님께서 그에 따라 행동을 취하는 것이라고 주장했다. "우리가 이렇게 하면, 하나님이 저렇게 하신다"라는 식이다. 성도가 될 자들이 믿음을 고백하게 되면, 그때에 하나님은 그들이 드러낼 믿음을 미리 알고 계신 것처럼 판단을 내린다. 죄인들이 결단해서 고백하게 되는 믿음을 미리 보시는 하나님께서 영원한 구원에 이르도록 그들을 선택하신다는 것이다.

이런 '중간지식'이라는 개념은 중세 말기 로마 가톨릭 스콜라주의 신학자들이 설정한 매우 허구적인 이론에 불과하다. 전혀 성경적인 근거가 없는 개념이다. 알미니안주의는 논리적으로 자신들의 체계를 정당화하는 데 로마 가톨릭의 개념을 활용했던 것이다. 청교

44　Guy M. Richard, *The Supremacy of God in the Theology of Samuel Rutherford (Studies in Christian History and Thought)*, 89-94.

도 신학자 사무엘 러더포드가 이미 이런 개념의 오류를 정확하게 지적하였다.[45] 루터와 칼빈은 어거스틴의 은총론에 근거하여, 인간의 공로에 의존하지 않고 절대 은총으로만 구원을 얻는다고 고백했다. 그러나 알미니안주의는 새로운 형태로 반펠라기안주의를 받아들여서, 신인협력주의와 같은 주장들을 폈다.

알미니우스의 추종자들은 그의 가르침을 다섯 가지로 요약해서 발표했다. 칼빈주의 예정론을 거부하는 내용을 골자로 하는 주장을 1610년경에 출판하였고, 네덜란드 개혁주의 교회 내에서 격렬한 논쟁의 대상이 되었다. 알미니우스의 사상을 지지하는 자들이 출판한 유인물에서 나온 명칭이 '항론파 Remonstrance'인데, 1611년에 이들에 대해서 반대하는 문서가 '항론파에 반대함 contra-Remonstrants'이라는 표현을 사용했다.

항론파의 주장을 요약하면, 선택은 그리스도 안에서 믿음을 가진 조건을 갖춘 자에게 주어지는 것이다. 하나님은 택한 자들을 구원에 이르게 하는데, 누가 믿음을 가지고 있는지 미리 보고 아신다. 그리스도는 오직 택함을 받은 자들만을 위해서 죽으신 것이 아니다. 제한속죄의 교리를 거부했다. 인간은 전적으로 부패한 것이 아니고, 자유의지를 갖고 있으며, 하나님의 은총을 거부할 능력을 갖고 있

---

45 Samuel Rutherford, *The Covenant of Life Opened: A Treatise of the Covenant of Grace* (Edinburgh: 1655; Reprinted New Delhi: Isha Books, 2013), 305.

다. 성도들의 견인은 신자가 그리스도를 믿는 믿음 안에서 살아가는 경우에만 가능하다.

네덜란드 도르트에서 저지대 지방에 속하는 개혁교회 총회가 1618년 11월 13일부터 1619년 5월 9일까지 개최되었다. 이 모임은 종교개혁의 후반부에 가장 주목할 만한 신학논쟁의 현장이었다. 이후로 개혁주의 교회들은 칼빈주의 신학을 정통으로 확정하는 한편, 알미니안주의를 배척하기로 결정하였다.

도르트 총회의 잉글랜드 대표단: 알미니안주의와 반율법주의에 반대하다

잉글랜드 국왕 제임스 1세는 도르트 총회에 대표단을 파송했다. 여기 참가자들의 활동들과 저서들을 살펴보면, 1640년대에 청교도 혁명이 성공할 수 있을 정도로 그 이전에 수십여 년에 걸쳐서 칼빈주의가 어떻게 잉글랜드 지방에서 형성되었는가를 추론해 볼 수 있다.[46] 잉글랜드 대표단에 속했던 신학자들(조지 칼턴 George Carleton, 존 대버넌트 John Davenant, 사무엘 워드, 토머스 고드Thomas Goad, 웰

---

46   Anthony Milton, ed., *The British Delegation and the Synod of Dort (1618-1619)* (Suffolk, U.K.: Boydell Press, 2005).

터 밸캔콜(Walter Balcanquall)은 총회에 제출할 '의견서'를 만들었는데, 알미니안주의자들의 견해에 반대하면서 예정교리가 결코 하나님의 일방주의가 아니라고 주장했다.

잉글랜드 대표단이 작성한 의견서에는 당대 프랑스 신학자, 모아즈 아미로(Moyse Amyraut(1596–1664)가 주장한 '가설적 보편주의'라는 속죄론에 대해서 철저히 반대했다. 아미로는 하나님의 작정에 따라서 예수 그리스도가 모든 사람을 위해서 피를 흘리고 죽으셨다는 속죄론을 주장하면서, 다만 그 후에 택함을 받은 자들에게만 적용된다고 가르쳤다. 제한 속죄의 교리를 충분히 이해하지 못한 칼빈주의자들 중의 일부가 '아미로주의(Amyraldism)'를 따라갔다. 웨스트민스터 총회에서 설교했던 캘러미 같은 유명한 청교도도 역시 이 교리를 옹호했다. 아미로주의의 '가설적 보편주의'라는 이론은 네덜란드 항론파들의 '보편속죄론'과 연관성이 깊다.[47] 알미니안주의자들은 그리스도가 모든 사람을 위해서 죽으셨다고 주장하면서, 오직 믿음을 받아들이기로 결단하는 자에게만 구원이 주어진다고 하였는데, 가설적 보편주의와 동일한 속죄론임을 알 수 있다. 그러나 아미로의 동시대에 프랑스 스당(sedan)의 개혁신학자 피에르 물랭(Pierre Du Moulin(1568–1658), 레이든 대학의 프리드리히 스판하임(Friedrich Spanheim)과 안드레 리벳(Andre Rivette(1572–1651)과 제네바의 신학자들이 '가

---

47   Richard A. Muller, "Review of English Hypothetical Universalism: John Preston and the Softening of Reformed Theology by Jonathan Moore," *Calvin Theological Journal* 43 (2008): 149-150.

설적 보편주의'를 거부했다. 워필드 박사는 아미로의 주장은 칼빈주의 교리에서 벗어난 변칙적인 교리라고 비판했다.[48]

잉글랜드 개혁신학자들은 알미니안주의와 반율법주의자들의 가르침에 대해서 전혀 동의하지 않음을 명쾌히 설명했다.[49] 당시는 구원의 확실성에 대해서 깊은 관심을 갖고 논의했던 시대였으므로, 잉글랜드 대표단이 작성한 '의견서'에는 "아주 심각한 죄를 자주 범하는 성도라고 한다면, 칭의와 양자됨을 잃어버릴 수 있다"라는 알미니우스의 주장에 대해서도 반박했다.

도르트 총회에 참석한 잉글랜드 대표단의 의견서에는 훗날 율법폐기론자들이 주장하는 가르침에 대한 반박이 담겨있다. 하나님께서는 분명히 자기 백성들의 죄악을 파악하고 계시며, 그들이 의롭다 하심을 받았을지라도 그 죄에 대한 징계를 당하게 된다고 강조했다. 믿는 자들의 죄는 하나님 아버지의 분노를 유발한다. 다윗과 베드로는 이미 중생한 자들이었지만, 각각 아주 나쁜 죄를 범하게 되었다. 이것은 우리에게 아주 겸손한 교훈을 주고 있는 바, 자신들의 힘이나 능력으로 되는 것이 아니라, 오직 하나님의 긍휼하심에 따라

---

48 Benjamin B. Warfield, *The Plan of Salvation* (Philadelphia: Presbyterian Board of Publication, 1915), 119-120.

49 *The Collegiat Suffrage of the Divines of Great Britaniae, concerning the Five Articles Controverted in the Low Countires*, in CoMilton, *British Delegation*, 226-93.

서 영생이 주어지는 것이다.[50]

　이렇게 잉글랜드 대표단은 알미니안주의와 율법폐기론자들에 대해서 공식적으로 반대했다. 중생한 자들도 날마다 죄를 범하며, 나태하며, 무책임한 행동을 저지를 수 있으며, 지속적으로 그러한 죄악에 젖어 있는 자들은 처음부터 천국의 유업을 얻지 못한 자일 수 있다. 믿는 자들은 죄악에 대해서 민감하신 하나님으로부터 징계를 받기도 하는데, 이것은 그들로 하여금 겸손하게 만들며 회개에 이르도록 하려는 것이다.

　제임스 1세는 1622년에 6개의 항목을 발표했다. 그는 잉글랜드 대표단의 보고서에 대체적으로 만족했으나, 예정론을 가르치는 것은 금지시켰다. 제임스 1세는 도르트 총회에서 결정된 바를 잉글랜드 교회에서도 받아들인다는 공포를 하지 않았다.

알미니안주의와 뒤섞인 반율법주의

　도르트 총회의 결론이 나오기 이전부터 잉글랜드에 반율법주의가 퍼져나갔다. 특히 이튼의 설교는 이미 1615년부터 퍼져나갔다. 초기에는 '반율법주의'가 알미니안주의와 같이 뒤섞여 있어서

50　*The Collegiat Suffrage*, 273.

정확히 구별되지 않았다. 알미니안주의와 율법폐기론은 종교개혁과 정통개혁주의 신학사상을 기본으로 사용하고 있으면서도, 율법의 기능을 왜곡하고 변질시켰다. 이것은 결국 기독교의 구원론과 기독론의 전체 맥락에 결정적인 오해를 불러일으키게 된다. 율법폐기론자들이 설교하는 것은 정통교회의 설교와 비슷하다. 그들도 복음의 능력과 하나님의 은혜를 주장하기 때문에, 겉으로는 쉽게 구별할수 없다. 일반 성도들은 "여러분들이 아주 열심히 노력해서 믿음을지켜야만 구원을 얻을 수 있습니다"라고 선포하면, 그저 "아멘"으로화답할 것이다. 그러나 그런 설교 속에서는 하나님의 은혜와 복음의능력보다는 사람의 자발적인 노력과 헌신을 강조한다. 그렇게 되면, 구원의 내용을 설명하는 핵심 구조에서 예수 그리스도의 공로와 희생과 성취가 사라지고 만다. 더구나 율법폐기론자들은 은총의 교리를 따르라고 하면서 달콤한 복음의 혜택만을 강조한다.

최근에 런던대학교 수정주의 역사학자 티아크 교수가 당시에 케임브리지에서 반칼빈주의가 확산되었음을 입증하는 사례로, 윌리엄 바레트William Barrett의 주장이 널리 확산되어 있었다고 주장했다.[51] 1595년에 윌리엄 바레트가 케임브리지 대학에서 설교하면서, 하나님께서 죄인들을 정죄하도록 하시는 유기는 근원적으로는 인간의

---

51 Nicholas Tyacke, *Anti-Calvinists: The Rise of English Arminianism c. 1500-1640* (Oxford: Clarendon Press, 1987), 4.

죄 때문에 그렇게 하신 것이지, 결코 하나님의 뜻에서 나온 것이 아니라고 주장했다. 하나님께서는 믿음을 가지게 될 것인지, 아니면 죄를 범할 것인지에 대해서 예견하시며, 이것들에 근거해서 선택과 유기의 작정을 결정하신다는 것이다. 바레트가 이렇게 주장하게 된 이유는 그 누구도 실패하지 않는 믿음을 강하게 유지할 수 없으며, 따라서 구원의 확실성에 대해서 자신감을 가질 수 없다는 문제를 제기하는 것이었다.

바레트는 당시 성공회 대주교 존 휘트기프트 John Whitgift에게 자신을 옹호해 줄 것을 호소했다. 이러한 과정에서 대주교 휘트기프트는 케임브리지 대학교의 윌리엄 휘태커 William Whitaker 교수에게 협조를 요청했다. 이런 논쟁들에 대한 해결책으로 나온 문서가 '램버트 조항들(1595)'이다.[52] 철저한 칼빈주의 신학자 휘태커는 개인적으로 바레트의 주장을 비판하는 조항들을 발표했다.

램버트 조항들은 칼빈주의 예정론과 구원론을 강조하는 내용들이었다.

---

52 김재성, 『청교도, 사상과 경건의 역사』, 292-295. Nicholas Tyacke, "The Lambeth Articles (1595) and the Doctrinal Stance of the Church of England," *The English Historical Review* , vol. 137 (2022): 1082-1117. Peter Marshall, "Settlement Patterns: The Church of England, 1553-1603,". In *The Oxford History of Anglicanism. Vol. 1: Reformation and Identity, c. 1520–1662*, Anthony Milton, ed. (Oxford University Press, 2017), 45-62.

1. 영원 전부터 하나님께서는 어떤 자들을 영생에 보내고, 어떤 자들을 멸망에 처할 것인지 예정하였다.

2. 생명에 이르는 예정의 유효적인 근거 혹은 결정적인 원인은 눈에 보이는 믿음이나 선행에 의한 것이 아니다. 또한 예정된 사람들 안에 있는 그 어떤 다른 것들 때문이 아니다. 오직 하나님의 뜻이 기쁘시게 되도록 하는 일이다.

3. 예정된 자들은 확정적이며 정확한 사람의 수에 해당하는데, 늘어나거나 줄어들 수 없다.

4. 구원을 얻도록 예정을 받지 못한 자들은 그들 자신의 죄에 대해서 정죄를 받는다.

5. 참되고 신실하며, 의롭다 하심을 얻는 믿음은 하나님의 거룩한 성령의 사역이며, 폐지되거나 없어지지 않는다. 택함을 받은 자들에게 총체적이며 최종적이라서 분리되지도 않는다.

6. 참되고 신실한 사람에게는 의롭다 하는 믿음이 지속적이며, 그리스도에 의한 영원한 구원과 자신들의 죄에 대한 용서와 믿음의 충만한 확신으로 가득 찬다.

7. 구원에 이르는 은혜는 모든 자들에게 다 같이 주어지거나, 교통되는 것이 아니며, 그들의 의지에 따라서 자신들이 구원을 받을 수 없는 것이다.

8. 그 은혜가 주어지지 않는 자는 그 누구라도 그리스도에게 나올 수 없으며, 성부 하나님께서 가까이 오게 하신 자들이 아니라면, 성자 예수님에게 나아올 수 없다.

9. 모든 자들에게 구원에 이르는 의지와 능력을 주신 것이 아니다.[53]

잉글랜드 성공회는 국왕의 통치하에서 예배와 설교를 시행했다. 1625년에 제임스 1세가 사망하고, 그의 아들 찰스 1세가 즉위했다. 그런데, 아들 찰스 1세도 역시 예정론 교리에 대해서 논의하지 못하도록 중지시켰다. 찰스 1세가 신임한 대주교 로드_{William Laud}와 고위 성공회 성직자들은 도르트 총회의 결의를 무시했다. 궁정과 주변의 고위 국교회 성직자들은 예정론을 거부하는 알미니안주의를 '39개 조항'에 첨부해서 확산시켰다. 잉글랜드에서 율법폐기론이 상당한 호응을 얻으면서 확산된 배경에는 바로 알미니안주의가 있었다. 기독교의 본질을 왜곡하는 이들의 주장은 아주 무서운 질병처럼 확산되어 나갔다.

인간의 자유의지에 의존적인 알미니안주의는 17세기 잉글랜드에 엄청난 혼란을 불러일으켰다. 특히 영국 국왕 찰스 1세와 국교

---

53 Philip Schaff, *The Creeds of Christendom: With a History and Critical Notes*. Vol. 1. New York: Harper. 1877), 658.

회의 로드 대주교가 알미니안주의를 채택하면서, 정치적으로는 중앙집권적인 주교제도를 통해서 모든 교회를 지배하고자 했으므로, 이에 맞서서 싸우던 청교도들은 보다 더 선명한 칼빈주의 신학을 견지하고자 노력했다.

그러나 로드 대주교는 철저히 하나님 중심의 예배와 철저한 성화의 삶을 강조하는 칼빈주의를 극히 싫어했다. 그는 국왕의 권세에 의존하는 국교회 체제를 옹호했으며, 자신의 권위로 통솔하던 성공회 내부에다가 유사 펠리기안주의를 가미시켰고, 알미니안주의를 확산시켰다. 성공회 체제를 주도하던 로드 대주교의 정책은 분명히 반칼빈주의였다. 청교도들은 로드의 정책들을 거부했고, 결코 따르지 않았다.

1625년에 찰스 1세가 등장하기까지는 잉글랜드의 청교도 운동에 가담한 자들은 칼빈주의 신학사상으로 무장되어 있었다. 그런데 로드 대주교가 이를 진압하는 신학과 정책을 시행하면서, 거의 대부분의 청교도들이 격분했다. 급기야 로드 대주교를 절대적으로 신임하던 국왕 찰스 1세는 1628년, 예정론과 관련된 토론을 공개적으로 하지 못하도록 금지시켰다. 그에게 맞서서 의회는 교회의 통일과 국가복지를 위해서 지속적으로 더 나은 평화를 추구해야 한다고 청원서를 제출했다.[54] 의회와 개혁주의 신학자들의 강력한 항의

---

54   R. C. Johnson, et al., eds., *Commons Debates, 1628*, 4 vols. (Rochester,

에도 불구하고, 찰스 1세의 권위와 로드 대주교의 알미니안주의 옹호로 인하여 교회에서 예정 교리를 선포할 수 없었다. 급기야 찰스 1세가 주교제도를 정착시키기 위해서 스코틀랜드를 침공하면서, 청교도와의 시민전쟁, 곧 청교도 혁명이 시작되기에 이르렀던 것이다.

N.Y.: University of Rochester Press, 1977-1983), 2:324. Tyacke, *Anti-Cal-vinism*, 155.

4 신앙고백서의 교훈과 이후의 수정, 분열

우리는 웨스트민스터 신앙고백서가 작성되던 1640년대에 알미니안주의와 반율법주의가 성경의 교훈들을 어떻게 왜곡했는가를 살펴보았다. 인간의 죄와 본성에 관해서 알미니안주의자들과 반율법주의자들은 서로 다른 반대 입장에 있다. 이들이 인간의 본성과 죄에 대해 주장하는 내용들은 성경의 교훈과도 전혀 다르다. 결국은 칼빈주의 정통 개혁신학의 가르침에 맞서서 교회를 어지럽혔다. 웨스트민스터 신앙고백서는 반율법주의와 알미니안주의를 모두 다 배격하는 내용들이다.

알미니우스가 사망한 다음 해인 1610년, 알미니안주의자들 42명이 청원한 다섯 가지의 핵심 교리들은 칼빈주의 정통신학을 거부하는 내용이었다.[55] 알미니안주의자들은 그리스도의 대속과 그 효과는, 특정하게 택함을 받은 자들을 위한 것이 아니라고 주장한다. 그리스도의 죽음을 개인적인 차원으로 해석해 버린다. 그들은 그리스도가 율법의 모든 요구에 순종하여 행위 언약을 성취하고, 피

---

[55] J. I. Packer, "Arminianisms," in *Through Christ's Words*, eds. W.R. Godfrey
J.L. Boyd III (Phillipsburg: PR, 1985), 121-148.

흘리심으로 새 언약을 의도적으로 세웠음에도, 성도들이 믿음으로 그 의로움을 전가 받는다는 교리를 거부한다. 오히려 인간의 자유의지를 높이고, 펠라기우스처럼 스스로의 본성적인 노력을 기울여서 믿음을 발휘해야 한다는 것이다. 알미니안주의자들의 핵심 교리는 우리가 본질상 진노의 자식이라는(엡 2:3), 원죄의 교리를 거부하는 것으로부터 나온다. 칭의란 죄의 씻음이며, 만일 어떤 사람이 죄악된 생활에 머물러 있다면, 의롭다 하심을 받지 못했을 가능성이 크다고 본다. 그러한 생활은 칭의의 순간에 일어난 죄의 씻음을 부정하는 것이라고 그들은 판단한다.

유럽의 정통 칼빈주의 개혁신학은 잉글랜드 청교도들의 신학 사상에 중요한 기초가 되었다. 청교도들은 알미니안주의에 물들지 않고, 도르트신경에 정리된 바에 따라서 인간의 영적인 무능력과 하나님의 값없이 주시는 은혜를 확고하게 지켜나갔다. 웨스트민스터 신앙고백서에 정리된 주요 교리들은 알미니안주의자들의 주장과는 전혀 다르다.

또한 웨스트민스터 표준문서들에는 반율법주의자들의 오류를 극복하는 내용들이 반영되었다. 전쟁의 혼란 속에서도, 청교도 신학자들은 유럽 종교개혁의 토대 위에서, 성도의 성화를 이루기 위한 도덕적 계명들을 지켜야 한다고 가르쳤다. 한동안 유행하던 반율법주의자들의 오류를 극복해 냈지만, 또 다시 변질된 신학 사상의 대두로 인해서 웨스트민스터 신앙고백서의 교리들은 흐트러졌다.

대단히 안타깝게도 웨스트민스터 신앙고백서는 17세기에 나온 것이므로, 현대인들이 모이는 교회에서는 이것을 그대로 따라가야 할 필요가 없다는 수정주의의 입장이 근대 교회의 일각에서 제기되었다. 19세기와 20세기 초엽에, 자유주의 신학자들은 예정론이 너무 엄격하고 딱딱한 교리라고 비판했다. 이런 비판에 영향을 받은 잉글랜드와 스코틀랜드, 그리고 미국 연합 장로교회 교단 등에서 여러 차례 웨스트민스터 신앙고백서의 일부 조항들을 고치는 안건이 통과되었다.

미국 프린스턴 신학대학원 원로 교수였던 워필드Warfield 박사와 게할더스 보스 Geerhardus Vos 박사는 1903년에 미국 장로교회 총회가 예정교리를 약화시키고자 웨스트민스터 신앙고백서의 일부를 수정하자는 안건을 채택했을 때 이를 제지하지 못한 것에 대해서 탄식하고 통곡했다.[56] 이런 비판들은 제2차 세계대전 이후로, 초교파적인 교회 일치를 모색하려는 '에큐메니칼' 신학운동의 영향으로 더욱더 가속화 되었다.

현대 자유주의 신학자들과 그들에게 영향을 받은 목회자들,

---

56 B. B. Warfield, "The Westminster Assembly and Its Work," *Princeton Theological Review* vol. 6 (1908): 181. 참고자료, https://opc.org/documents/WCF_orig.html. Danny Olinger and Camden Bucey, *Geerhardus Vos: Reformed Biblical Theologian, Confessional Presbyterian* (Reformed Forum; 2018).

특히 칼 바르트를 따르는 신정통주의자들은 두 가지 전통들이 흘러 내려 왔다고 주장한다. 하나는 칼빈과 종교개혁자들의 신학이고, 다른 하나는 청교도들의 '행위 언약'이 포함된 '언약사상'이라는 것이다.[57] 이들에 의하면, 청교도의 언약 신학은 그보다 앞선 세대, 칼빈, 불링거 등 다른 종교개혁자들의 신학사상에서 이탈하여 율법주의로 변질되었다고 비판했다.[58] 바르트와 신정통주의자들, 그리고 에큐메니즘에 심취한 자들은 웨스트민스터 신앙고백서에 담긴 '행위 언약'이 결국에는 율법주의적인 교회 생활로 흐르고 말았다는 것이다. 바르트는 웨스트민스터 신앙고백서에 담긴 행위 언약의 개념과 조건적인 이해가 율법주의와 바리새주의를 옹호하는 것이라고

---

57 Wilhelm Niesel, *The Theology of Calvin* (Philadelphia: Westminster Press, 1956), 9-21.

58 칼 바르트와 그를 추종하는 신정통주의 신학자들에 의해서, 칼빈과 웨스트민스터 청교도들 사이에 중대한 변질이 있다는 주장이 제기되었다. Karl Barth, *Church Dogmatics*, III/4 (Edinburgh: T&T Clark, 1961), 8. Basil Hall, "Calvin against Calvinists," in *John Calvin*, ed. G. E. Duffied (Appleford, U.K.: Suton Courtenay Press, 1966), 19-37. James B. Torrance, "Strength and Weakness of the Westminster Theology," in *Westminster Confession of Faith in the Church Today*, ed. A. I. C. Heron (Eidnburgh: Saint Andrew Press, 1982), 40-54. Robert T. Kendall, *Calvin and English Calvinism to 1649* (Oxford: Oxford University Press, 1979). idem, "The Puritan Modification of Calvin's Theology," in *John Calvin: His Influence in the Western World*, ed. W. Stanford Reid (Grand Rapids: Zondervan, 1982), 199-214.

비난하였다.[59]

　　그러나 필자를 비롯한 정통 개혁주의 신학자들은 칼빈과 청교도의 웨스트민스터 신앙고백서 사이에는 통일성과 다양성이 있으며, 점진적 발전이 이뤄졌다고 본다. 물론, 개혁주의 신학자들은 성경에 계시된 구속사의 진행과정에서 '언약'을 매우 강조하였고, 특별하게 중요한 주제로 다뤘음에 유의하고 있다.[60] 그러나 지금도 여전히 대다수의 개혁교회와 장로교회에서는 청교도들이 총회로 모여 칼빈주의 정통신학을 정립한 웨스트민스터 신앙고백서를 가장 중요한 교리적 지침으로 따르고 있다. 칼빈과 웨스트민스터 신앙고백서의 작성자들은 거의 100년의 세월이라는 격차가 있으므로 학문의 방법론이 다르다. 더구나 제네바와 런던의 정치적 환경은 전혀 달랐고, 따라서 교회 생활에서 강조점과 실천 방안도 다를 수 밖에 없던 것이다.

59　Karl Barth, *Church Dogmatics*, vol. 4.1, *The Doctrine of Reconciliation* (Edinburgh: &&T Clark, 1956), 54-66.

60　바르트와 신정통주의자들의 비판적 평가에 대한 재반박은 Richard Muller, Paul Helm, Joel Beeke 등의 저서와 논문에 담겨있다. Richard Muller, "Directions in Current Calvin Research," *Religious Studies Review* 27, no.2 (2002): 13-38. Lyle D. Bierm, "Federal Theology in the Sixteenth Century: Two Traditions," *Westminster Theological Journal* 44, no.2 (Fall, 983): 304-2. 김재성, 『청교도, 사상과 경건의 역사』, 324. 김재성, 『나의 심장을 드리나이다: 칼빈의 생애와 사상』(킹덤북스, 2012), 593.

제 4 장

청교도의 교회론:
장로교회와 회중교회

우리는 성경에서 무엇을 배우고 있는가?

  "내가 깨달은 것은 오직 이것이라 곧 하나님은 사람을 정직하게 지으셨으나 사람이 많은 꾀들을 낸 것이니라(전 7:29)."

예수님의 교훈으로 다시금 반복해서 설명된다.

  "속에서 곧 사람의 마음에서 나오는 것은 악한 생각 곧 음란과 도둑질과 살인과 간음과 탐욕과 악독과 속임과 음탕과 질투와 비방과 교만과 우매함이니 이 모든 악한 것이 다 속에서 나와서 사람을 더럽게 하느니라(막 7:21-23)."

오늘날 세계 곳곳에 세워진 장로교회와 개혁교회, 그리고 회중교회는 500여 년 전 종교개혁과 청교도들의 시대와는 너무나 멀리 떨어져 있어서 오늘날 우리의 삶이나 교회의 모습은 지난날과는 다르다. 우리는 16세기의 옷을 입고 살지는 않는다. 모든 것이 다르다. 그러나 하나님에 대한 신앙이나, 교회를 섬겨나가는 일에서는 큰 차이가 없을 수 있음에도, 좋은 것들을 버리고, 세속적인 것들에 물들어가고 말았다. 바로 앞에서 인용한 성경구절들이 주는 교훈들을 되새겨 보기를 소망한다.

본 장에서는 역사의 교훈을 되새기자는 의미에서 지난날 장로교회와 개혁교회, 그리고 회중교회의 유산들을 살펴보고자 한다. 교회의 역사와 자취를 공부하는 이유는 실패의 교훈을 통찰력 있게 꿰뚫어 보고, 똑같은 실수를 반복하지 않으려 함이다. 사울의 실패를 목격했던 다윗 왕이었지만 그도 역시 하나님을 공경하는 일에 실패했다. 다윗의 노년을 목격했던 솔로몬 왕도 예루살렘 성전을 건설한 하나님의 사람이었지만, 역시 말년에 산당에서 우상숭배에 빠지고 말았다. 과거의 실패에서 배우지 못하는 것이 인생의 모순이요, 한계다. 따라서 이번 장을 통해 부디 청교도 혁명의 시기에 크게 영향력을 발휘했던 장로교회와 회중교회에 대해서 자세히 살펴보고, 살아 있는 교훈을 얻게 되기를 소망한다.[1]

---

1   김재성, 『기독교 신학, 어떻게 세워야 하나』(합동신학대학원 출판부, 2004), "제
      3세대는 타락한다", 17.

현대 장로교회는 너무나 다양한 분파로 나뉘어 있는데 미국의 경우에는 최대 교단이라고 하는 연합장로교회PCUSA가 동성애 문제로 크게 분화되고 말았다. 이로인해 장로교회라는 이름을 가진 교회들이라고 해서, 모두 다 성경에 충실하면서 역사적 신앙고백을 존중하고 따르는 교회라고 장담할 수 없게 되었다. 미국의 경우, 이런 현상은 1860년대 남북전쟁으로 촉발되었다. 미국 장로교회는 흑인 노예를 해방하는 정치적 휴머니즘으로 온 세상에 감동을 주었으나, 그후로 역사적 신앙고백을 버리게 되었다.

유럽 대륙에서는 개혁교회라는 이름을 사용하였다. 교회체제는 장로교회와 거의 동일하다. 네덜란드를 비롯하여 벨기에와 룩셈부르크 등 저지대 지방에서는 개혁교회가 거의 국가교회로 받아들여졌다. 장로교회와 개혁교회는 신학의 뿌리를 칼빈과 정통 개혁주의 신학에 두고 있어서, 교회의 체제도 역시 당회, 노회, 총회의 체계를 동일하게 유지해 오고 있다. 그러나 네덜란드의 개혁교회는 아브라함 카이퍼와 헤르만 바빙크의 시대를 거친 후에, 변질된 현대신학에 물들어서 신앙고백과 신학사상의 측면에서는 전혀 다른 교회가 되고 말았다. 네덜란드 사람들이 식민지 시대에 점거한 남아프리카 공화국에서도 개혁교회가 큰 영향을 발휘한 적이 있었지만, 지금은 역시 가장 큰 교단이 자유주의 물결에 휩쓸리고 말았다.

로마 가톨릭의 지배를 벗어나서 성경적인 교회를 회복할 때에는 장로교회와 개혁교회가 모두 건전하게 하나의 순결한 교회 본질을 공유했다. 그러나 세속화의 물결 속에서 장로교회든지, 개혁교회든지 역사적 신앙고백을 벗어나서 사분오열되고 말았다. 종교개혁자들에 의해서 정립된 신학적인 전통을 존중하는 교회들은 칼빈주의 개혁신학을 지키며 고수하고 있지만, 소수로 전락하고 말았다. 장로교회와 개혁교회들이 변질된 것은 진보적인 신학과 세속적인 문화의 흐름에 물들었기 때문이다.

회중제도를 도입한 청교도들은 존 오웬과 같이 위대한 신학자의 영향으로 건전하게 성장했다. 국가의 간섭을 벗어나서 보다 더 자율적이며, 자치권을 행사하는 교회를 세워나가고자 열정적으로 움직였다. 회중교회는 미국을 건설한 청교도들의 교회체제였다. 신앙의 자유를 찾아서 바다를 건너간 뉴잉글랜드 청교도들은 칼빈주의 개혁신학의 토대 위에서 가장 이상적인 교회를 세우고자 노력했다. 그 중에 존 코튼의 보스턴 회중교회가 큰 영향력을 발휘했다. 1630년대부터 급증한 개척자들은 온갖 고난을 이겨내면서 성경적인 교회의 건설에 자발적으로 헌신했다. 그러나 첫 세대가 건설하고, 그다음 두 번째 세대가 지켜나가던 뉴잉글랜드 회중교회는 1690년대를 통과하면서 변질되기 시작했다. 뉴잉글랜드 최고의 설교자이자 신학자인 노샘프턴의 조나단 에드워즈가 대각성운동을 일으키지 않을 수 없었던 것이다. 하나님의 놀라운 축복으로 미국은 근대 민주주의 국가로 독립하였다. 하지만 그의 손자의 시대에 접어들면서 회중교회는 부흥운동과 뒤섞여서 칼빈주의 개혁신학의 전통에서 벗어나고 말았다. 그 결과 오늘날 영국이나 미국의 회중교회들은 존 오웬과 에드워즈의 시대의 회중교회와 비교해보건데 너무나도 많이 변질된 것이다.

1 성경적인 교회의 정치체제

스코틀랜드에서는 녹스의 영향으로 1560년부터 장로교회가 국가 전체에 정착했으나, 1662년 찰스 2세가 왕정복고를 하면서 성공회 체제로 회귀했다. 잉글랜드에서는 엘리자베스 여왕의 핍박 속에서 장로교회가 성장하여 1643년 웨스트민스터 총회가 소집될 때에는 장로교회 신학자들이 큰 영향력을 발휘했다. 회중교회는 청교도 전쟁의 와중에 확산되어 나갔고, 당시에는 웨스트민스터 신앙고백서의 내용들을 거의 다 받아들였으나, 세기가 지난 후에는 크게 달라졌다. 미국에 세워진 뉴잉글랜드 식민지에서는 회중교회가 대세를 이뤘고, 장로교회는 회중교회와 협력할 뿐이었다. 그러나 19세기에 접어들어서 미국의 회중교회는 개척자들이 지켜 온 칼빈주의 신학을 벗어났다. 이들은 모두 처음부터 잘못된 길을 갔던 것이 아니다.

잉글랜드에서 일어난 청교도 운동의 특징은 이미 유럽에서 진행되어 온 개혁운동의 새로운 갱신 to reform the Reformation이라는 성격을 띠고 있었다.[2] 교회를 운영하는 실제적인 체제에서도 역시 청교도

---

2   Chad van Dixhoorn, "Reforming the Reformation: theological debates in the

들은 교회의 자유를 보장 받으려고 중앙집권적인 왕권의 획일주의에 맞서서 투쟁했다. 교회의 치리방식에 관해서 웨스트민스터 총회가 장로교회의 원리를 제시하였는데, 토마스 굿윈, 존 오웬 등은 회중교회 방식을 실행하였다. 뉴잉글랜드 청교도들은 보스턴에 세워진 존 코튼의 회중교회 체제를 따라갔는데, 신학적으로는 칼빈주의를 유지하고 있었다. 그러나 점차 청교도들의 교회 개혁운동은 훨씬 더 독립적인 교회의 체제를 주장하면서, '관용'을 요구하는 분리파, 소수 집단들(퀘이커파, 소시니언이즘, 과격한 자유교회파 등)이 등장하면서 논쟁과 분열의 길로 빠져들고 말았다.[3]

잉글랜드에서 장로교회가 정착되기까지 엄청난 희생과 시련의 시기를 견뎌야만 했다. 수많은 초기 청교도들의 노력으로 장로교회 정치체제가 결성되었는데, 수십여 년의 탄압 속에서 시련의 시기를 지냈다. 장로교회의 칼빈주의 개혁신학은 1570년대부터 잉글랜드에서 종교개혁의 물결이 일어나던 시기에 청교도들이 확고하게 붙잡고 나아갔던 가장 중추적인 근간이었다. 영국 케임브리지 대학교에서 확산된 개혁신학과 칼빈주의는 점차 장로교회의 신학과 교

Westminster Assembly 1643-1652," 7 vols. (Ph.D. thesis, University of Cambridge 2005).

3   Rembert Carteer, "The Presbyterian-Independent Controversy with Special Reference to Dr. Thomas Goodwin and the Years 1640-1660," (Ph.D. diss., University of Edinburgh, 1961).

회론으로 구체화되었다.

케임브리지 대학교에서 장로교회를 가르치는 데 생애를 바친 토마스 카트라이트Thomas Cartwright(1535-1603)를 필두로 하여, 존 필드John Field(1545-1588), 윌콕스Thomas Wilcox(1549-1608) 등이 1573년에 최초의 장로교회 노회를 구성하였고, 그 후로 많은 청교도 목회자들이 앞장서서 지역별 장로교회 연합회를 구성하였다.[4] 특히, 로마 가톨릭의 주교제도의 허상을 밝혀냈고, 국가교회 체제에 대해서도 역시 거부하였다. 로마 가톨릭이 지배하던 시기에 주교의 사회적 권세와 사법적인 권한이 남용되는 것에 대한 거부감이 강력하게 일어났다.

엘리자베스 여왕 시대에 가장 중요한 장로교회의 신학자는 월터 트래버스Walter Travers(1548-1635)인데, 그는 청교도의 도덕적 태도가 교회정치 제도에까지 영향을 끼쳤다고 지적했다.[5] 트래버스가 주목한 점은 교회의 건전한 관리와 유지를 위한 방안이었다. 특히 칼빈의 제네바 교회에서 당회를 중심으로 하는 목회자와 평신도 대표가 공동으로 참여하는 정치 제도가 정착되면서, '권징의 혁명'이 일

---

4   김재성, 『청교도, 사상과 경건의 역사』 (세움북스, 2020), 100-106.

5   Polly Ha, *English Presbyterianism, 1590-1640* (Stanford: Stanford University Press, 2011), 36.

어났다.[6] 이것이 중세 후기 로마 교회와 장로교회 청교도 사이의 가장 큰 차이점이다.

엘리자베스 여왕이 서거한 후, 17세기에 들어서면서 교회의 열쇠를 누구에게 맡겼는가에 대한 논쟁이 가열되었다. 장로교회에서는 교회의 직분자들에게 주신 것이라고 해석하였다.[7] 회중교회 제도를 옹호하는 신학자들은 예루살렘에서 모인 총회와 같은 특별총회가 더 이상 반복될 수 없다고 주장하였다. 엘리자베스 여왕과 제임스 1세의 통치 시기에 교회 정책에 반대하여 박해를 받았던 청교도들은 주로 장로교회와 회중교회에 소속해 있었다.[8] 대부분의 청교도들은 국왕의 절대군주제가 장악한 국교회 내부에서 새로운 예배 개혁과 자유로운 성도의 모임을 소망하였으나, 국왕의 혹독한 압박에 낙심해서 외국으로 탈출하는 사람들이 점차 늘어났다. 뉴잉글랜드를 실제적으로 통치하는 식민지 총독이 여전히 잉글랜드 국왕

---

6 Phillip Benedict, *Christ's Churches Purely Reformed: A Social History of Calvinism* (New Haven: Yale University Press, 2002), 451-59. (Philip Gorski, *The Disciplinary Revolution: Calvinism and the Rise of the State in Early Modern Europe* (Chicago: University of Chicago Press, 2003). Graeme Murdock, *Beyond Calvin: The Intellectual, Political and Cultural World of Europe's Reformed Churches, c. 1540-1620* (Basingstoke: Palgrave, 2004), 82.

7 Samuel Rutherford, *The Due Right of Presbyteries* (London: 1644), 9-19.

8 John Coffey, *Persecution and Toleration in Protestant England 1558-1689* (Harlow: Longman, 2000).

의 통치권 아래 있었지만, 교회 체제는 장로교회의 치리권을 각 개별 교회에만 한정하는 변형된 형태로서의 회중교회 제도를 채택하였다.[9]

청교도들은 장로교회에 속하든, 회중교회 제도를 채택하든, 사람의 눈에 보이지 않는 단 하나의 보편적 교회를 믿었다. 따라서 회중교회 제도를 지지하던 토마스 굿윈과 윌리엄 에임즈 등은 사도행전 15장이 설명하는 초기 예루살렘 총회의 결정권을 인정하였다. 장로교회에서는 이 말씀에 따라서 전국 목회자들과 장로들이 대표가 되는 총회의 결정을 최종적으로 드러나는 하나의 교회로 간주하였다.

그러나 청교도 최고의 신학자이자, 올리버 크롬웰이 가장 신뢰하던 존 오웬이 회중교회 제도를 적극적으로 지지했다는 점은 매우 시사하는 바가 크다. 오웬은 처음에는 성공회에서 성직을 받았고, 장로교회에서 목회자로 사역하던 중에, 회중교회의 확산에 영향을 받아서 가담했다.[10] 1644년 여름이나 가을에 오웬은 아버지와 형이 속해 있던 장로교회를 떠나서 회중교회에 가입했다. 그는 어느 한

---

9 Alan Taylor, *American Colonies: The Setting of North America* (New York: Viking Penguin, 2001), 248-250.

10 김재성, 『현대 개혁주의 교회론』(킹덤북스, 2023), 980-987. Crowford Gribben, *John Owen and English Puritanism* (Oxford: Oxford University Press, 2017), 65.

개의 지역교회를 섬기고 있는 목사와 장로들이 노회, 대회 등을 구성하여 다른 대표자들이 통치하고 있는 교회의 문제를 다스리고 처리하는 권위를 인정하지 않았다.

오웬은 1658년 10월에 런던, 사보이 궁정에서 회중교회의 총회Savoy Assembly를 소집했는데, 100여 명의 지도자들이 참여했다.[11] 자신들의 회중교회가 다른 개신교회들과는 다르다는 것을 입증하려는 차별화의 시도였다. 바로 이들 회중교회 지도자들의 모임에서, 구두로 몇 곳을 수정하자는 제안과 함께, 웨스트민스터 신앙고백서를 자신들의 신앙고백서로 채택했다. 하지만, 우리가 기억해야 할 것은 웨스트민스터 고백서를 작성할 때에, 절대 다수가 장로교회 목회자들이었고, 회중교회 목회자는 불과 5명 정도였다는 사실이다. 웨스트민스터 총회가 끝나고, 올리버 크롬웰의 집권 하에서 중앙권력을 통치하던 잉글랜드 정부는 거의 독립파 지도자들의 연맹과 같았다. 목숨을 걸고 전쟁에 나가서 승리한 자들이 국정을 주도했기에, 기존의 로마 가톨릭과 성공회에 속하여서 권세를 발휘했던 귀족들은 '추밀원 회의'에서 퇴장하였다.

1650년대에 잉글랜드 교회에서 가장 큰 영향력을 발휘한 신학자가 존 오웬인데, 그는 모든 성도가 함께 참여하여 판단한 후 최

---

11   Francis J. Bremer, Tom Webster, Puritans and *Puritanism in Europe and America: A Comprehensive Encyclopedia*, Volume 1, (Santa Barbara/Oxford: ABC-CLIO, 2006), 354.

종 결정권을 행사하는 회중교회 제도를 강조하면서, 전체 잉글랜드 교회를 이와 같은 구조로 재구성하려고 시도하였다. 교회론에 있어서 오웬으로 하여금 장로교회에서 회중교회로 변하도록 영향을 준 존 코튼으로부터 신학적인 강조점들을 찾아야 한다.[12] 그러나 세속 정치를 장악하는 데에도 귀족들의 저항으로 어려움을 겪었고, 기존에 오랜 역사를 갖고서 지역마다 귀족들이 장악하고 있던 잉글랜드의 모든 교회를 회중제도로 완전히 바꾸는 것은 결코 쉬운 일이 아니었다.

오웬이 주도한 사보이 선언의 구절을 보면, 그리스도가 주신 "교회의 제도, 질서, 조직에 대한 권위"는 간접적으로 주어지는 것이 아니라, 직접적으로 주어진다고 하였다. 세속 군주에게 주시는 하나님의 권세는 교회에게 주시는 것과는 다르다고 주장했다.

회중교회는 다소 복잡한 변천 과정을 겪었다. 초기 뉴잉글랜드 회중교회들은 칼빈주의 신학을 근간으로 삼고, 다소 변형된 독립제 장로교회의 형태였다. 따라서, 역사학자들과 교회사 연구자들은 청교도들이 모두 다같이 상하 체제로 구성된 주교제도를 거부하면서도, 교회정치 제도에 대한 인식과 실행에서 다소 차이가 있다고 구분한다; 즉 엄밀하게 살펴보면, 비분리주의non-separating, 반분리주의semi-separatist, 완전 분리주의separatist로 나누고 있다.

---

12   Joel Beeke, *A Puritan Theology*, 630.

2 웨스트민스터 총회와
   교회체제

웨스트민스터 신앙고백서가 개혁주의 정통신학의 교리를 모아놓은 최고의 지침이지만, '장로교회'라는 용어를 사용하지는 않았다. 그 이유는 함께 청교도 전쟁에 나서고 있었던 회중교회의 입장을 적극적으로 배려하였기 때문이다. 의회파 군대, '새로운 부대'의 총사령관 올리버 크롬웰과 그의 휘하 군인들이 소속한 교회가 회중교회였다. 그들은 국왕이나 주교와 같이 권위자들로부터 간섭당하지 않는 교회제도를 주장했고, 심지어 전국적인 교회의 총회에서 결의하는 것으로부터도 자유로운 개교회의 운영을 주장하였다.

청교도 전쟁이 일어난 시기는 한마디로 로마 가톨릭과 영국 국교회가 초래한 위기의 시대였다. 유럽에 일어났던 종교개혁을 새롭게 개혁하려는 운동은 부당한 왕권에 대해 저항하는 합당한 투쟁이자, 신앙적 자유를 향한 몸부림이었다.[13] 청교도들은 다른 모든 교리에는 공감하면서도 교회의 운영방식에 대해서는 장로교회 체제를 받아들이지 않는 회중교회도 참된 교회라고 인정했다. 사실 웨스트

---

13 John Morrill, *Th Nature of English Revolution* (London: Routledge, 1993), 75-79.

민스터 신앙고백서를 작성하던 청교도들 사이에서도 장로교회와 회중교회 사이에 팽팽한 긴장감이 있었다.[14] 런던에 있는 웨스트민스터 예배당 안에서는 장로교회주의와 독립파가 종교전쟁을 하고 있었다고 해도 과언이 아니었다.[15]

첫째로, 1640년부터 1646년까지는 장로교회가 대세를 이루면서 국가체제의 성공회를 비판했다.[16] 바로 그 앞의 세대 동안에 각 지역에서 권세를 독차지했던 성공회 주교들의 핍박과 탄압은 우리가 일반적으로 상상하는 것보다 훨씬 더 잔혹하고 지독했다.[17] 1640년부터는 구체적으로 진행된 잉글랜드의 청교도 운동이 큰 호응을 얻었는데, 전체 국가교회에서 분리된 교회들이 존립하는 명분을 획득했다. 수백여 개의 교회들이 국가 체제하에서 지역 교구의 주교로부터 통치를 받지 않는 독립된 체제로 분리하였다. 그들 중에

14 Hunter Powell, "October 1643: The Dissenting Brethren and the Proton Dektikon," in *Drawn into Controversie: Reformed Theological Diversity and Debate within Seventeenth-Century Biritish Puritanism*, eds. Michael A. G. Haykin and Mark Jones (Göttingen: Vandenhoeck & Ruprecht, 2011), 52-82.

15 Robert S. Paul, *Assembly of the Lord* (Edinburgh: T&T Clark, 1985).

16 D. Cressy, *England on edge: crisis and revolution, 1640-1642* (Oxford: Oxford University Press, 2006).

17 T. Wester, *Godly clergy in early Stuart England: the Caroline Puritan Movement c. 1620-1643* (Cambridge: Cambridge University Press, 1997).

는 개별 교회가 따로 자치권을 행사하는 회중교회가 가장 많았고, 특수한 침례교회, 일반침례교회, 제5군주제도 등이 있었다.

영국 성공회의 치리 체계와 예배를 거부한 청교도들은 회중교회를 따라가는 분위기가 형성되었는데, 1645년 이후로 평신도들에게도 선택의 자유를 제공한다는 장기의회의 결의에 따라서 이런 흐름이 만들어졌다. 크롬웰의 전성기였던 1546년부터 1653년까지는 독립적인 회중교회가 장로교회를 공격했는데, 이들의 대부분은 '독립교회'라는 표현보다는 회중교회라는 용어를 더 선호했다. 이들 회중교회는 존 오웬처럼 개혁주의 신학과 웨스트민스터 신앙고백서를 채택하고 있었지만, 일부에서는 침례교회가 회중제도를 채택했다. 회중교회에 속한 올리버 크롬웰이 국가의 권력을 장악한 1653년 12월에는 국가교회체제가 힘을 잃었고, 청교도들의 체험과 복음적인 열정이 크게 확산되었다.

1653년부터 1660년까지는 더욱 급진적인 교회들(분파적인 교회들, 퀘이커, 소시니언이즘, 제5군주제도 등)이 회중제도마저도 싫어했다.[18] 그들은 아예 국가와 종교의 분리를 주장했고, 전국 총회와 각 노회로 연결되어져 있던 장로교회는 너무나 딱딱한 조직체라고 거부했다. 분리주의적인 교회도 받아 주어야만 하는지와 같은 종교적

18　John Morrill, "The Puritan Revolution," in *The Cambridge Companion to Puritanism*, eds., John Coffey & Paul C.H. Lim (Cambridge: University Press, 2008), 68.

관용에 대해서 많은 논쟁이 있었다. 그들은 다양한 교회의 정치제도를 인정하는 것이 옳다고 강력하게 변증하였다.[19]

장로교회는 칼빈의 제네바로부터 시작하여, 녹스의 스코틀랜드에서 전국가적인 체계로 드러났다. 칼빈이 제네바에서 '당회'라는 제도를 도입하여, 의회에서 선출된 평신도들이 교회의 치리에 참여하게 된 것과 시의회로부터 독립적인 권한을 얻어 낸 것은 종교개혁이 일궈낸 최고의 업적이었다. 1560년 이후로 스코틀랜드에서는 녹스의 주도하에 국가적인 교회의 총회가 모든 주요한 투쟁과 중심적인 결의를 만들어냈다.

그러나 잉글랜드에서는 로마 가톨릭체제를 대체한 성공회가 매우 모호한 위치에 처해 있었다. 잉글랜드 성공회는 교회 조직체로서는 분명히 로마 가톨릭에서 벗어나서 캔터베리 대주교의 휘하에 있었지만, 실제적으로는 여전히 주교 중심의 상하조직체로 운영되고 있었다. 청교도들은 과감하게 성공회 체제를 대체하고자 장로교회를 받아들였는데, 각 지역 귀족들이 적극적으로 후원했다.

19　　J. Coffey, "The toleration controversy during the English Revolution," in *Religion in Revolutionary England*, eds., C. Durston J.D. Maltby (Manchester: Manchester University Press, 2006), 42-68. W. Haller, *Liberty and Reformation in the Puritan Revolution* (N.Y.: Columbia University Press, 1955). W. K. Jordan, T*he Development of religious toleration in England: attainment of the theory and accommodations in thought and institutions (1640-1660)* (London: George Allen Unwin Ltd., 1938).

3 천국의 열쇠는
무엇을 의미하는가?

웨스트민스터 총회에 참석했던 신학자들은 절대 다수가 장로교회에 속해 있었지만, 청교도 혁명을 위하여 함께 전쟁에 참여하고 있던 회중교회에 대해서도 배려를 하지 않을 수 없었다. 교회 체제에 대한 결정은 마태복음 16장 19절에 나오는 천국의 열쇠에 대한 해석을 근간으로 삼는다. 로마 가톨릭에서는 주님께서 오직 사도 베드로에게만 열쇠를 주셨고, 로마에 있는 베드로의 후계자가 모든 교회를 치리한다고 주장했다. 웨스트민스터 총회에서는 회중교회 제도를 지지하는 소수의 수장을 놓고서 개회 초반에 거의 6개월을 소진해야만 했다.

회중교회를 옹호하는 토마스 굿윈을 비롯한 독립파 회중교회가 제기한 해석을 놓고서, 웨스트민스터 총회는 진지하고도 오랜 토론을 해야만 했다. 현실적으로 '베드로'는 과연 누구를 대표한다는 것인가? 평신도 장로가 포함된 당회, 노회, 총회인가? 아니면 열쇠는 우주적 보편교회에 주신 것이라서, 모든 성도를 포함해야 하는가? 웨스트민스터 총회에서는 마태복음 18장 18절과 28장 18-20절에 근거해서, '교회의 직분자들'에게 주신 것으로 결론을 내렸다. 테오도르 베자는 "말씀의 사역자들에게 주신 것"이라고 해석하

였다. 장로교회가 회중교회에 대한 반대의 논리로 제시한 성경말씀은 마태복음 18장 18절이었다.[20]

또한 사도행전 15장에 나오는 예루살렘 총회의 결의를 전 세계 교회가 따라가듯이, 잉글랜드 전체 교회가 장로교회 총회 산하에서 하나의 국가체제처럼 운영되어야 한다고 보았다. 그러나 회중교회와 독립교회에서는 이에 반대하여, 천국의 열쇠를 시행하는데 있어서는 모든 성도가 포함된다고 주장했다. 장로교회의 체제에서 일반 성도들에게는 두 가지 측면이 고려된다. 능동적으로 교회의 직분자들을 선출하는 일에 참여할 수 있고, 수동적으로는 직분자들의 치리를 받아야 하는 입장이다.

1640년대의 잉글랜드는 국왕과 캔터베리 대주교가 주교제도를 통해서 장악하고 있던 국가 교회 체제를 개혁하려는 열망이 청교도 혁명으로 분출되던 시기였다. 잉글랜드 청교도들은 보다 더 합당한 교회의 자유와 독립적 치리를 추구했고, 성공회의 주교제도에 맞서서 장로교회와 회중교회, 독립교회와 침례교회 등이 각각 활발하게 개혁주의 정통신학을 구성해 나가고 있었다.[21]

---

20   Polly Ha, *English Presbyterianism*, 62.

21   Carl Trueman, "Puritan Theology as Historical Event: A Linguistic Approach to the Ecumeical Context," in *Reformation and Scholasticism: An Ecumenical Enterprise*, ed. Willen J. van Asselt and Eef Dekker (Grand Rapids: Eerdmans, 2001), 253.

잉글랜드 청교도들은 칼빈과 스위스 종교개혁자들의 영향을 지대하게 받았지만, 결코 유럽의 종교개혁을 무작정 복사하거나, 앵무새처럼 암송한 것이 아니었다.[22] 정치적으로 절대적인 권세를 장악했던 국왕 통치하에서 교회를 개혁하고자 했던 청교도들의 시대와 상황이 전혀 달랐기 때문에, 더욱더 섬세한 대안을 제시하여야만 했다.

1640년대는 유럽에서 정통 개혁주의 신학의 절정기였고, 뛰어난 개혁주의 신학자들이 로마 가톨릭과 알미니안주의, 소시니안주의, 반율법주의에 첨예하게 맞서서 개혁교회를 세우고자 노심초사하던 시기였다.[23]

웨스트민스터 총회 기간에(1643–1653), 성경적 '교회 구조와 체제'를 모색하는 것, 즉 교회론의 정립은 순수한 교회의 건설을 위해서 진력했던 종교개혁자들에게 있어서 너무나 중요한 사항이었다.[24]

---

22 Joel Beeke and Mark Jones, *A Puritan Theology: Doctrine for Life* (Grand Rapids: Reformation Heritage Books, 2012), 2.

23 Richard A. Muller, *After Calvin: Studies in the Development of a Theological Tradition* (Oxford: Oxford University Press, 2003), 4-5. Aaron Clay Denliger, ed. *Reformed Orthodoxy in Scotland: Essays on Scottish Theology 1569-1775* (London: Bloomsbury, 2015).

24 Hunter Powell, *The Crisis of British Protestantism: Church power in the Puritan Revolution, 1638–44* (Manchester University Press, 2017). idem, *Church polity and politics in the British Atlantic world*, 1635-66. Politics, Culture and Society in Early Modern Britain. (Manchester University Press, 2020).

청교도들은 성경적인 해석에 기초해서 순결한 교회의 운영체제를 구축하고자 노력했다. 종교개혁 시대에는 예수님께서 베드로에게 주신 '천국의 열쇠들(마 16:19)'이 과연 무엇을 의미하는가에 대해서 매우 격렬한 토론을 벌였다. 과연 이 '열쇠(the Keys of Kingdom)'라고 하는 것이 오직 수제자 베드로에게만 주어진 것이고, 그와의 연관성을 맺고 있는 후계자들에게 이어져 오는 것일까? 이탈리아 로마에 있는 교회의 주교에게로 계승되는 것인가? 이것은 로마 가톨릭 교회에서 철저히 주장하고 있는 입장이다. 그들은 로마 바티칸 대성당의 천정에 이 구절을 새겨놓았다. 다른 성경 구절보다 이 구절이 가장 중요하다는 것이다.

종교개혁자들은 로마 가톨릭의 수위권 해석에 반대했다. 사도행전 15장에 보면, 초대교회의 중요한 사도들이 모두 모여서 함께 논의를 하는 총회의 결정과정이 기록되어 있다. 간단히 압축해 풀이하자면, 천국의 열쇠는 베드로로 대표되는 사도들, 그리고 훗날 사도직의 계승자로 사역하게 되는 교회의 직분자들, 감독들, 장로들에게로 확장되는 것이라고 볼 수 있다.

그런데, 청교도 시대의 회중교회에 의하면, 교회의 머리가 되신 그리스도가 주신 것은 모든 교회의 회원을 다 포함해야 하는 것이기에, '열쇠'의 의미는 '권한' 또는 '권능', '능력'이라고 해석했다. 회중교회에서는 그보다 더 나아가서 사도로 대표되는 교회, 즉 모든 성도에게 주신 것이라고 해석하였다.

장로교회와 회중교회 간의 갈등은 각자가 처한 정치적인 상황과 교회론에 관련된 성경을 해석하는 신학적인 견해가 함께 결부되어 있다.[25] 1643년부터 잉글랜드 내의 장로교회와 회중교회 사이에는 내적으로 교회론에 대한 차이점을 놓고서 치열한 논의가 있었다. 에드먼드 캘러미는 강력하게 장로교회 제도를 주장했고, 런던지역 회합에서는 책자를 발간했다.[26] 존 오웬과 토마스 굿윈이 회중교회 제도의 옹호자로 변하게 된 것은 당시 정치적인 상황의 변화들과 1642년에 나온 존 코튼의 교회정치에 관련된 여러 편의 저서들이 끼친 영향력이 강력했기 때문이다.[27]

25   잉글랜드에서 벌어진 장로교회와 회중교회의 첨예한 대립을 연구한 논문들을 참고할 것. Joel Halcomb, "A Social History of Congregational Religious Practice during the Puritan Revolution," (Ph.D. diss., University of Cambridge, 2011). Hunter Powell, "The Dissenting Brethren and the Power of the Keys, 1640-44," (Ph.D. diss., University of Cambridge, 2011).

26   A Vindication of the Presbyterian Government, and Ministry: Together with an Exposition to All the Ministers, Elders, People, within the Bounds of the Province of London, whether Joying with Us, or Separating from Us, Published by the Ministers and Elders Met Together in a Provincial Assembly, November 2d, 1649 (London: 1650).

27   John Cotton, The True Constitution of a Particular Visible Church (London: Samuel Satterthwaite, 1642); The Keys of the Kingdom of Heaven (London: M. Simmons for Henry Overton, 1644). The Way of the Churches of Christ in New England (London: Matthew Simmons, 1645). John Owne, A Defence of Mr. John Cotton (London: 1658).

청교도 혁명이 성공한 후, 1647년 완성된 '웨스트민스터 신앙고백서' 30장과 31장에는 기본적으로 교회의 정치 제도가 규정되어 있다. 먼저 세속 권력이나 군주로부터 교회의 독립성을 강조한다. "교회의 왕이자 머리이신 주 예수님은 교회의 직분자들의 손에, 세속 군주들로부터 독립적으로, 통치를 맡겨주셨다." 그리고 교회의 덕을 세우고, 보다 나은 통치를 위해서, '대회, 혹은 총회'라고 부르는 모임을 가져야 한다고 규정했다. 하지만, 웨스트민스터 신앙고백서에서는 더 이상의 상세한 운영지침은 생략했다. 장로교회와 회중교회 지도자들 사이에서 전국 총회에 최종 판결권을 줄 수 있느냐를 놓고서 격론을 벌였기 때문이다.[28] 다수를 이루고 있던 장로교회에서는 전국 총회의 치리적 권위를 가장 중요한 핵심 내용으로 강조하면서도, 이에 격렬하게 반발하던 회중교회를 고려하여 정확한 명칭은 사용하지 않았다.

그렇다면, 회중교회에서 주장하는 해석은 무엇인가? 각 독립된 교회의 자율권을 강조하는 회중교회에서는 이 '열쇠'가 지역 교회를 구성하는 성도들의 모임이며, 각 교회 자체 내에서 모든 문제를 스스로 결정하

---

28 Hunter Powell, "October 1643: The Dissenting Brethren and the Proton Dektikon," in *Drawn into Controversies: Reformed Theological Diversity and Debates within Seventeenth-Century British Puritanism*, ed. Michael A. G. Haykin and Mark Jones (Gᴏttingen: Vandenhoeck & Ruprecht, 2011), 52-82.

도록 해야 한다고 주장한다. 회중교회는 교리와 행정과 재정에 관해서 결정할 때에 모든 구성원이 투표를 통해서 직접적으로 참여한다. 이러한 제도는 회중교회만이 아니라, 수많은 재세례파 교회들, 침례교회, 독립 교회들이 채택하였던 방식이다. 그와는 정반대되는 교회체제로서는 감독제 주교정치가 있는데, 로마 가톨릭, 동방정교회에 속하는 다양한 형태의 국가교회들, 잉글랜드 성공회, 감리교회, 슬라브 정통교회 등이 시행하고 있다. 그러나 칼빈의 제네바교회 모델을 따르는 개혁교회와 존 녹스의 장로교회에서는 목회자와 장로로 구성되는 노회와 총회라는 지역을 초월하여 치리하는 기관을 최고 권위기관으로 결정하였다. 웨스트민스터 총회에서는 소집된 첫 해를 대부분 교회조직에 대한 거듭된 논쟁으로 소진하였고, 다음과 같은 결론을 내렸다. '웨스트민스터 신앙고백서' 제31장에서 전체적인 원리와 보편적 기준을 제시했다.

제31장 대회와 협의회(Of Synods and Councils)

1. 더 나은 교회의 정치와 건덕을 위해서는 일반적으로 노회나 총회로 불리는 모임들이 있어야 한다(행 15:2, 4, 6). 교회의 감독자들이나 개교회의 치리자들은 교회를 파괴하는 것이 아니라 굳게 세우기 위해서 그리스도께서 주신 직책과 권한으로 이런 집회를 결정하며(행 15), 교회의 유익을 위해서 필요하다고 인정하는 대로 자주 소집할 책임이 있다(행 15:22-23, 25).

2. 노회와 총회는 신앙에 대한 논쟁과 양심에 대한 문제들을 확정하고 하나님께 드리는 공예배와 하나님의 교회의 정치가 더욱 질서 정연하도록 규칙과 지침을 정하며 실책이 있는 경우 불평과 고소를 접수하고 그 같은 것을 권위 있게 결정하는 권한을 갖고 있다. 이렇게 해서 정해진 명령이나 결의 사항은 만일 하나님의 말씀에 일치하는 경우는 그것들이 말씀과 일치되기 때문일 뿐만 아니라, 그 결정을 내린 권한 즉 말씀에서 정해진 권한이기 때문에 경건하게 그리고 복종하는 마음으로 받아들여야 하는 것이다(행 15:15, 19, 24, 27-31, 16:4, 마 18:17-20).

3. 사도 시대 이후로 모든 노회나 총회는 전체적인 회의이든 아니면 개별적인 회의이든 실수를 범할 수가 있으며 실제로 많은 회의에서 실수가 범해졌다. 그러므로 그 회의들을 신앙이나 실제 생활을 위한 규칙으로 여겨서는 안 되고 신앙과 실제 생활면에서 도움을 주는 것으로만 이해해야 한다(엡 2:20, 행 17:11, 고전 2:5, 고후 1:24).

4. 노회와 총회들은 교회에 관한 것 이외의 것을 다루어서는 안 되고 국가와 관련이 있는 사회 문제를 간섭해서

도 안 된다. 다만 특별한 경우에 있어서 겸허하게 청원하는 형식을 취하거나 또는 위정자의 요구가 있는 경우 양심껏 충고하는 방식을 취할 수가 있다(눅 12:13-14, 요 18:36).

여기에서 회중교회가 제기한 것은 노회와 총회가 각 지역 교회를 지배하는 권한을 갖고 있느냐는 것이다. 그런 이유에서 회중교회는 대회나 총회를 개최하지 않는다는 것이다. 이것은 그 시대의 정황 속에서 다소 이해될 수 있는 여지가 있다. 종교개혁자들이 지적해 온 바와 같이, 교회가 너무나 중앙집권적이었고, 명령을 내리는 상부 교회 기관에서 권위를 가진 고위 성직자들이 거의 다 부패했기 때문이다.[29]

그러나 장로교회에서는 다음과 같은 의문을 회중교회의 문제점들로 제기했다.

만일 한 지역의 개교회가 오류에 빠져있다면, 아무도 권위를 갖지 않는 수평적인 교회들의 관계 속에서 과연 그 교회에 속한 성도들을 어떻게 고쳐줄 수 있는가? 반대로, 만일 하나의 지역교회가 올바른 신앙을 갖고 있는데도, 주변의 대다수의 교회들이 다른 견해를 갖고 있다면, 누가 그러한 문제들을 해결해 줄 수 있을 것인가?

---

29 Thomas Goodwin, *Government of the Churches*, in *Works*, 11:232-84.

교회마다 다양한 주장들을 내세운다면, 각기 다른 주장들을 내세워서 결국에는 변질된 다양성만이 남게 될 것이다. 교회의 최종 권위 기관이 없다면, 통일성과 일체성의 원리를 하나도 지켜내지 못할 것이다.

4 뉴잉글랜드 회중교회와
칼빈주의 신학

뉴잉글랜드로 건너간 청교도들은 다양한 동기와 비전을 갖고 있었고, 역시 교회의 제도를 구성하는 데 있어서도 서로 다른 모습들을 보이고 있었다. 따라서, 뉴잉글랜드 청교도의 교회 제도를 이해하기 위해서는, 그 배경으로 자리하고 있던 종교개혁 시대의 교회론과 잉글랜드에서 벌어진 청교도들의 투쟁이 어떻게 형성되었는가를 알아야 한다.

각 지역 교회가 더 많은 신앙적 자유를 누리도록 해야 한다는 신념을 가진 청교도들이 뉴잉글랜드로 건너갔다. 초기 뉴잉글랜드 청교도들은 거의 대부분 회중교회 제도를 채택했다. 단순히 교회의 내부적인 개혁에만 그친 것이 아니라, 사실은 새로운 세상을 꿈꾸며 살았다. 청교도들은 온 유럽이 로마 가톨릭과 주교체제로 통제를 받으면서 왜곡된 우상숭배에 뒤덮혀 있을 때에 더 이상 교황에게 복종하지 않기로 결심하였다. 헨리 8세, 메리, 엘리자베스로 이어지던 영국의 국왕들에게 맞서서 교회의 머리는 오직 예수 그리스도 뿐임을 고백하였다.

제임스 1세와 찰스 1세의 통치시기에 이르자 거룩하고 경건한 성도들은 이스라엘 백성들처럼 압박의 땅에서 '출애굽'하여 자유와 약속의 땅으로 건너가기로 결심하였다. 청교도들은 뉴잉글랜드에 새로운 예루살렘을 건설하고자 했다. '언덕 위의 도시'를 건설하자는 결의를 가진 수 만 명의 청교도들이 이러한 비전을 갖고 뒤따라 대서양의 험난한 물살을 건너갔다.

잉글랜드에서 대서양을 건너간 아메리카 건국의 아버지들은 회중교회와 장로교회로 각각 교회 체제를 구축한 뒤, 하나님의 말씀을 근거로 하는 교회 중심의 생활 터전을 일구었다. 회중교회는 뉴잉글랜드로 불리는 지역에서 절대적인 교회의 독립성을 지키고자 했는데, 오늘날 뉴욕의 북쪽지역, 6개 주(코네티컷, 메인, 매사추세츠, 뉴햄프셔, 로드아일랜드, 버몬트)를 의미한다. 이곳에서 새로운 나라를 꿈꾸었던 초기 지도자들은 거의 다 잉글랜드에서 케임브리지 대학교를 졸업한 목회자들이었다.

메이플라워를 타고 건너 간 플리머스의 윌리엄 브루스터William Brewster(1568-1644), 매사추세츠 베이의 식민지 정착촌의 존 윈스럽John Winthrop(1587-1649), 코네티컷의 토마스 후커 Thomas Hooker(1586-1647), 로드 아일랜드의 로저 윌리엄스Roger Williams(1603-1683) 등 무려 100여 명의 케임브리지 졸업생들이 뉴잉글랜드로 건너간 목회자들이자 지도자였다. 리처드 매더에 이르기까지, 뉴잉글랜드 청교도의 공통분모는 칼빈주의 개혁신학이었고, 이것들을 윌리엄 퍼킨스의 저서들과 리처드 십스, 윌리엄 에임즈, 존 오웬 등, 여러 잉글랜드 청교도 목회자들에게서 물려

받았다.[30]

잉글랜드의 종교개혁을 주도했던 청교도들과 그 후예들로 뉴잉글랜드 지방을 개척한 청교도들은 자유로운 교회의 독립권을 지키기 위해서 회중교회 체제를 갖추고 교회의 개혁과 사회의 변화를 시도하였다. 청교도 회중교회는 그 배경에 자리 잡고 있던 교회의 모델이 있었는데, 스위스 제네바에서 성공적으로 구축된 제네바 교회와 그곳에서 선포된 칼빈주의 신학이 그것이었다.

뉴잉글랜드로 건너가서 미국이라는 나라를 건설하는 데에 결정적인 초석을 놓은 건국의 아버지들을 청교도라고 부른다. 그런데 이들 초기 뉴잉글랜드 청교도들은 교회의 운영방식으로 '회중교회 제도'를 채택했다. 뉴잉글랜드 청교도들은 교회에 좀 더 확고한 독립과 자율권을 주어야 한다고 확신했고, 성도에게 있어서도 신앙의 자유를 주장하였기에 국가적인 통제나 국왕의 지휘와는 전혀 상관이 없는 독립적 회중교회 제도를 선호하였다. 하지만 초기 뉴잉글랜드 지역의 회중교회는 칼빈주의 신학을 근간으로 하였고, 개별적으로는 장로교회라고 느껴질 정도로 각 지역 개교회에서 당회를 구성하고, 성도들의 권징과 치리를 철저히 실시했다.

1640년대 대표적인 회중교회 신학자는 뉴잉글랜드로 건너간

---

30 Samuel Morison, *The Intellectual Life of Colonial New England*, 2nd. ed. (New York: New York University Press, 1956), 134.

존 코튼이었다. 그는 회중교회 제도의 실행에 있어서, 개별 교회의 치리에 관하여 자유로운 결정권을 부여하면서, 목회자들과 장로들로 구성된 치리기관의 권위를 인정하였다.[31] 그러나 장로교회와는 달리, 회중교회에서는 다른 교회에 대한 권고사항을 결의하는 수준에서 총회의 결정을 인정하였다. 총회는 다른 교회의 사항에 대해서 결코 명령을 할 수 없도록 규정했다. 성도의 이명이라든지 전국적인 관심 사항들에 대해서는 간헐적으로 서로 간여하도록 한다는 것이다. 더구나 예배와 질서의 문제를 '자유의 영역adiaphora'에 해당한다고 하여, 전국적으로 모이는 교회들의 총회가 아무런 지휘권을 가질 수 없다고 하는 코튼의 해설에 대해서는 많은 질문이 남는다.[32] 목회자의 안수와 파면에 대해서도 역시 개교회가 결정권을 갖는다면, 독립성을 존중하는 면에서는 좋으나, 분리적인 색채가 너무나 과하게 드러날 수 있다.[33]

16세기와 17세기에 잉글랜드에서 교회 개혁을 위해 노력했던 청교도들이 채택한 교회 제도는 압도적으로 장로교회였다. 엘리자

---

[31] John Cotton, *Keyes of the Kingdom of Heaven*, 20-23.

[32] John Cotton, *Keyes of the Kingdom of Heaven*, 28: "Christ never provided uniformity, but only for unity."

[33] D. G. Hart and John R. Muether, *Seeking Better Country: 300 Years of American Presbyterianism* (Phillipsburg: P&R, 2007), 6.

베스 여왕의 통치 시기에 확산된 청교도 운동은 더욱더 순결한 교회 건설을 목표로 하였다. 케임브리지 대학교가 그 요람이었고, 스코틀랜드 장로교회의 대표로 웨스트민스터 신앙고백서 작성에 참여한 신학자들도 역시 잉글랜드에서는 회중교회 제도를 인정하고 있었다. 심지어, 장로교회에 소속해 있다가 회중교회 체제로 옮겨간 존 오웬의 주장과 별반 차이가 없었다.[34]

그러나 오늘날에는 미국에서 장로교회와 회중교회는 신학과 교리 면에서 큰 차이가 난다. 400여 년을 거슬러 올라가면, 잉글랜드의 국가 교회에 맞서서, 청교도들이 참된 교회로의 개혁운동을 하던 시대에는 이들 장로교회와 회중교회가 청교도 혁명에서 목숨을 바친 동지들이었다. 따라서 뉴잉글랜드로 건너 간 청교도들은 거의 대부분 회중교회 제도를 채택했지만, 장로교회의 권징제도와 칼빈주의 신학을 공유하면서 각기 발전하였기에, 1801년에 두 교단이 하나로 연합하기에 이르렀던 것이다. 그 후로, 교회의 연합에 반대하던 일부 회중교회는 세속화의 시대에 타협하면서 역사적 신앙고백과 칼빈주의 신학에서 벗어나고 말았다.

---

34 Ryan Kelly, "Reformed or Reforming? John Owen and the Complexity of Theological Codification for Mid-Seventeenth-Century England," in *The Ashgate Research Companion to John Owen's Theology*, eds. Kelly M. Kapic and Mark Jones (Farnham: Ashgate, 2012), chapter 1. John W. Tweeddale, "A Sure Foundation: Christology, Covenant Theology, and Hermeneutics in John Owen's Discourses on Hebrews," (Ph.D. diss, University of Edinburgh, 2016).

5 뉴잉글랜드 독립파
회중교회의 다양성

뉴잉글랜드 초기 건설자들은 거의 대부분 독립교회 혹은 회중교회 제도를 선호했지만, 설교와 목회의 본질은 웨스트민스터 신앙고백서와 칼빈주의 개혁신학에 근거하였다. 뉴잉글랜드 청교도들이 처음으로 장로교회의 근간이 되는 필라델피아 노회Presbytery를 조직한 것은 1708년이다. 그 이전까지는 뉴잉글랜드에 설립된 대다수의 교회가 회중제도Congregationalism를 채택하였는데, 장로교회에서 교회마다 '권징'을 실시하던 것을 그대로 수용하는 형태였다.

신앙적인 자유와 기회의 땅을 향해서 돌파구를 열어주신 하나님의 섭리에 따라서, 초기 뉴잉글랜드 청교도들이 1630년대부터 폭증하였다. 초기 청교도들은 칼빈주의 신학을 확고하게 견지하면서도 동시에 각 지역교회의 독립성을 존중하는 회중교회 제도를 시행하였다. 이에 반해 미국 장로교회는 1700년대 초반에 필라델피아 노회가 구성되면서 사역이 구체화됐다. 이 두 교회 체제는 서로 교류하면서 활동하다가, 마침내 1800년대 초반에 하나의 장로교회로 연합을 하게 됐다. 하지만 그 중에 회중제도를 끝까지 고수하려던 일부교회는 그대로 남아 있다가, 다른 독립 교단들과 연합하게 된다.

16세기와 17세기에 유럽 지역의 그 어떤 곳보다 개혁주의 신학과 칼빈주의 교리가 가장 괄목할 정도로 활발하게 정치와 사회를 변화시킨 지역이 잉글랜드와 스코틀랜드라고 할 수 있다. 하지만, 청교도들의 줄기찬 노력에도 불구하고, 절대왕권의 권세와 상하 조직체로 이뤄진 주교제도에 서명을 강요당하자, 이에 절망하게 되면서 17세기 초엽에 신대륙으로 건너간 사람들이 많았다. 회중교회 제도를 선호하게 된 것은 국교회와 감독제 주교 정치에 환멸을 느낀 나머지, 형식적인 체제를 벗어나서 자유로운 교제를 나누고자 했던 것이다.

플리머스 정착촌과 로버트 브라운의 회중교회

뉴잉글랜드로 건너간 최초의 청교도는 매사추세츠주의 플리머스에 분리주의적인 청교도들의 정착촌을 건설했다. 그 후에 들어간 다수의 청교도들도 그곳에서 멀지 않은 바닷가 연안, 베이, 콜로니에서 삶의 터전을 일궈냈다. 또한 그 후에 들어온 청교도들도 모두 다 회중교회 제도를 채택했다.[35] 회중교회는 종교개혁 시대에 생

---

35   Samuel Eliot Morison, ed., *Plymouth Plantation, 1620-1647* (New York: Alfred A. Knopf, 1952).

성된 하나의 분파였는데, 잉글랜드에서 개혁운동을 추진하던 청교도들은 국가교회 체제 내에서는 도저히 순수한 교회를 갱신한다는 것이 불가능하다고 판단하였다.

하나님과 성도들 사이의 언약으로 결합된 회중들이 따로 모이는 형태를 선호하여 채택한 교회 체제이다. 국교회가 모든 목회자에게 요구한 종교정책과 예배규정에 대해서 서명하기를 거부하자, 청교도들에 대한 박해가 심해졌다.

국교회의 박해 속에서 형성된 잉글랜드 내에서의 회중교회가 처음부터 모두 성공한 것은 아니다. 초기 회중교회에 해당하는 다음의 사례는 혼란과 분열의 연속이었다. 1581년에 로버트 브라운 Robert Browne(1550 – 1633)과 그를 따르는 일단의 성도들이 박해를 피해서 잉글랜드 노리치에서 바다 건너 네덜란드의 미델뷔르흐로 건너갔다. 동시대 청교도 지도자들처럼, 브라운 역시 케임브리지 대학교를 졸업했고, 근처의 지역교회를 목회하게 되었는데, 국교회의 주교에게 목사 안수를 거부한다는 주장을 하면서 주목을 받게 되었다. 네덜란드에서 목회하는 동안에, 브라운은 군주의 허락을 받지 않아도 되는 교회의 자율성과 회중교회 제도를 옹호하는 소책자를 여러 편 저술했다. 그는 '회중교회의 아버지'라고 불렸다.[36]

---

36 Robert Browne, *A True and Short Declaration* (1581); *A Treatise of Reformation without Tarrying for any and of the Wickedness of those Preachers which will not reform till the Magistrate command or compel them* (1582); *A Book*

브라운은 교회가 세속 군주의 허락 없이도 운영될 수 있는 권리를 갖고 있다고 주장했다. 또한 교회가 세상으로부터 분리된 언약 공동체라고 강조하면서, 회중제도의 기본적인 이념을 서술하였다. 그러나 같이 동역하던 목회자 로버트 해리슨과의 사이에 불화로 인해서, 그는 1586년에 다시 스코틀랜드로 돌아갔는데, 역설적이게도 국교회에 귀의하여 남은 생애 동안을 주로 교육에 헌신하는 신부로 살았다.[37] 그를 따랐던 청중의 일부가 메이플라워 호를 타고 뉴잉글랜드로 건너갔다.

존 코튼의 보스턴 회중교회

1630년대에 뉴잉글랜드로 건너가는 청교도들의 이민 행렬이 봇물 터지듯이 쏟아졌다. 제임스 1세 치하에서 대주교 윌리엄 로드가 주도하던 주교 중심의 감독제 교회정치를 강요했는데, 결코 허용

which sheweth the Life and Manners of all true Christians (1582); An answer to master Cartwright his letter for ioyning with the English Church (1583); A true and short declaration, both of the gathering and ioyning together of certaine persons, and also of the lamentable breach and division which fell amongst them (1583).

37   Daniel Neal, "The history of the Puritans, or, Protestant non-conformists..."(1732). Archive. Open Library.

해서는 안 된다는 결의를 품은 청교도들이 뉴잉글랜드로 건너갔다. 1629년부터 1641년 사이에 경건한 소망을 품고 건너간 청교도들은 목회자 76명을 포함하여 2만 1,000명에 달했다. 이들은 원주민들의 위협과 척박한 토지 개간과 극심한 추위를 견뎌내면서 매사추세츠주, 보스턴을 중심으로 차츰 퍼져나갔다. 1650년대에 이르면 약 30개의 타운이 추가로 건설되었고, 정착인구는 35만여 명으로 늘어났으며, 청교도 교회가 500여 개로 확장되었다.[38]

존 코튼John Cotton(1585-1652)은 케임브리지 대학 출신으로 뉴잉글랜드에 건너간 가장 영향력 있는 설교자였다. 초기 청교도들의 중심도시, 보스턴 회중교회의 담임 목사로 활약하는 등 그의 영향력이 막강했다.[39] 더구나 그는 신대륙의 정치적인 지도자 존 윈스럽의 초청을 받아서 뉴잉글랜드로 건너갔기 때문에, 뉴잉글랜드의 회중교회는 존 코튼의 영향 아래 크게 확장되었다. 그는 신학적으로는 윌리엄 퍼킨스와 리처드 십스의 영향을 받았지만, 교회론에서는 뉴잉글랜드의 상황을 반영하여 회중교회를 택했다. 교회마다 그 소속 회중들의 독립성을 확보하도록 하고자, 감독제를 거부하였다.[40] 한

---

38 Mark A. Peterson, *The Practice of Redemption: The Spiritual Economy of Puritan New England* (Stanford: Stanford University Press, 1997).

39 Michael P. Winship, *Hot Protestants: A History of Puritanism in England and America* (New Haven: Yale University Press, 2018), 85.

40 Everett H. Emerson, *John Cotton* (New York: Twayne Publishers. Emmer-

지역에 새로운 교회가 세워지면, 그 회중을 중심으로 모든 결정을 보장하는 것이다. 교회를 지배하는 더 높은 권세나 기관은 인정하지 않았다. 로마 교황청이나 잉글랜드의 추밀원과 성공회 체제와 같은 중앙집권적인 상하 구조의 조직과 체제를 완전히 거부하였다.[41]

물론, 신학적으로는 칼빈주의 정통신학에 기초하였지만, 코튼은 각 교회의 자율권을 더욱 더 갈망하였다. 장로교회의 당회제도에서 평신도들의 참여가 확대되었고, 회중교회 제도로 발전된 미국 땅에서는 차츰 개인을 존중하는 자유 사상이 확립되어서 마침내 오늘날의 민주주의 제도가 확고하게 정착되는데 가장 큰 공헌을 한 것으로 높이 평가를 받고 있다.[42]

하지만, 코튼의 회중교회는 분리주의적 회중제도와는 거리가 멀었고, 독립교회 체제만을 고집한 것도 아니다. 전국적으로 특별한 사항을 처리하기 위하여서는 국가적인 전체 총회가 모임을 가져야 할 것을 인정했다. 전국연합회에서는 목사 안수, 회원의 제명처분, 이단 정죄 등 중요한 사항들을 결의했다. 코튼이나 토마스 굿윈 등

son, 1990), 35.

41 Slayden Arbrough, "The Influence of Plymouth Colony Separatism on Salem: An Interpretation of John Cotton's Letter of 1630 to Samuel Skelton", *Cambridge Core*, Vol. 51., Issue 3, (September 1982), 290-303.

42 James F. Cooper, Jr., *Tenacious of Their Liberties: The Congregationalists in Colonial Massachusetts* (Oxford: Oxford University Press, 1999), 12.

은 회중교회 안에서 평신도 장로가 참여하는 당회의 치리 방안들을
수용하는 쪽이었다.

6 통합과 분열

잉글랜드의 청교도들은 장로교회와 회중교회로 나뉘진 후, 각각의 교회를 유지해 나갔다. 그러나 미국에서는 독립선언을 하기까지 청교도의 신학이 큰 영향력을 발휘하였다. 마침내, 1801년 미국의 장로교회와 회중교회는 서로 경쟁을 하지 말자는 취지에서 '통합방안서Plan of Union'를 채택하고 하나의 총회로 합동하였다. 장로교회에는 총회가 있었고, 회중교회는 연합회the General Association of Connecticut가 상호 간에 차별 없이 목회자를 청빙해 오던 중에 마침내 하나가 되었다.

그러나 안타깝게도 미국의 장로교회와 회중교회는 1837년에 다시 분리되고 말았다. 원래 회중교회 소속이던 홉킨스Samual Hopkins(1721-1803)가 아담의 원죄를 전가받는다는 교리와 예수 그리스도의 대속적 속죄 교리를 거부하면서, 다시금 신학논쟁이 벌어졌다. 홉킨스는 당시로서는 파격적으로 노예제도의 폐지를 실천한 최초의 목사였다.

필라델피아 제1장로교회 목사이던 알버트 반즈Albert Barnes와 오하이오주 신시내티의 레인신학교 라이먼 비처Lyman Beecher가 각각 논쟁의 대상이었다. 미국 장로교회 총회는 1837년에 칼빈주의 신학의 연속성을 주장하는 '구학파Old School'와 열정적인 복음 전도와 사회개혁을 주장하는 '신학파 New School'로 갈라졌다. 1837년 필라델피아에서 총회가 모였을 때에는 구학파가 다수를 차지하고 있었고, 주로 갈등을 빚는 목회자들이 회중교회 출신들이라는 점을 지적하면서 1801년에 결의한 연합총회의 사항들을 폐기시켰다.

1801년에 교단의 '통합 방안'에 따라서 장로교회와 회중교회가 하나로 교단을 결합하였다. 바로 이 시기부터 청교도의 꿈과 열정은 다 무너지고 말았다. '통합 방안'을 반대하던 일부 회중교회는 자신들의 체제만을 고집하면서 독자적인 회중교회 연합체를 형성하였다. 그 후로 회중교회는 자유주의 신학과 유니테리안주의, 종교다원주의, 에큐메니즘 등을 받아들였다.

오늘날 미국 장로교회와 회중교회는 전혀 신학적인 공감대가 없고, 아무런 연대도 없다. 역사적으로나 신학적으로나, 장로교회와 회중교회는 완전히 단절되고 말았다. 오늘날 미국의 대다수가 속해 있는 소위 '중심적인 대교단으로서' 장로교회는 변질된 자유주의 신학사상과 성경비평학을 받아들였고, 웨스트민스터 신앙고백서를 버렸다. 개혁주의 신학의 유산을 내버린 결과, 오늘날 유럽의 교회들이 어떻게 되었는가? 결국, 성경적 진리와는 거리가 먼 교회로 변질되었다.

오늘날 회중교회도 역시 대부분이 유니테리안주의를 받아들이고 있어서, 참된 교회라고 할 수 없다. 그러나 초기 청교도들은 회중교회 제도를 채택했고, 장로교회와 완전히 동일한 신앙고백을 갖고 있었다. 따라서 역사적 안목으로 청교도들에 대해서 구별해 보는 지식이 있어야만 하고, 또한 그들이 오늘날의 우리 한국 장로교회에 주는 교훈들을 한시도 잊어서는 안 된다. 우리 한국교회는 1800년대 이후로 변질된 미국의 회중교회와 일부 장로교회를 따라가서는 결코 안 되기 때문이다.

오늘날 미국의 회중교회는 보편적인 기독교의 교리들을 순수하게 지켜나가려는 노력을 하지 않고 있다. 과거 신학의 유산으로 물려받은 칼빈주의 신학을 순수하게 탐구하거나 지켜 나가려는 의지가 없다. 자유주의 신학과 진화론을 받아들이고, 현대 세속화의 물결에 휩싸여서 성경의 진리에서 벗어나 버렸다. 이미 오래전에 웨스트민스터 신앙고백서와는 일치하지 않는 자유주의 신학을 용납하였기에, 더 이상 과거의 기록들은 되돌아보지도 않는 것이다. 19세기에 자유주의 신학의 영향을 받은 미국 회중교회의 후손들이 모인 교단에서는 United Church of Christ, UCC 교회에 출석한 사람 누구에게든지, 전혀 신앙고백을 확인하지 않은 채, 성찬에 참여하게 한다. 그들은 완전한 회원과 중도적 언약에 해당되는 성도들, 즉 준회원들을 구별하는 것을 비민주적이며, 임의적인 방식이라고 거부하였다. 이러한 자유주의 경향은 한걸음 더 나아가서 유니테리안주의와 보편구원론을 받아들이게 하였고, 미국 유니테리안 교단American Unitarian Association의 창립으로 이어졌다.

필자는 웨스트민스터 신앙고백서를 작성한 청교도들의 신앙과 탁월한 성경적 사상들에 대해서 진심으로 존경하고 있다. 청교도들은 가장 순결하고 순수한 교회를 건설하고자 분투노력했다. 수천, 수만 명의 청교도들이 핍박을 당하고, 감옥에 던져지고, 화형에 처해졌다. 더 순결한 교회의 건설을 위해서 저항정신으로 뭉친 청교도들은 올리버 크롬웰을 앞세워 시민전쟁의 혁명을 위해 싸우다가 수십만 명이 죽었다. 이처럼, 피의 대가를 지불하면서까지, 16세기와 17세기 유럽과 미국의 청교도들은 성경의 말씀에 따라서 변함없이, 신실하게, 희생적으로, 열심을 다해서 하나님만을 섬기고자 노력했다.

청교도들이 신앙의 모델로 삼은 성경 속 인물이 바로 갈렙이다. 복의 땅 가나안에 들어가기까지, 우상 숭배자들과의 전쟁에 앞장섰던 갈렙은 "하나님을 온전히 따랐다."라고 두 번이나 기록되어 있다(민 14:24, 수 14:14). 여론이 갈라지고, 대다수가 불신앙에 사로 잡혀 있을 때에도, 갈렙은 한결같았다. 그래서 그는 하나님께 인정을 받고 쓰임을 받았다. 출애굽의 기나긴 고난의 여정 속에서도 그러한 평가를 받았다니 참으로 놀라운 믿음의 사람이다.

필자는 우리 한국교회가 갈렙의 신앙을 지켜나가기를 소망한다. 우리 한국교회가 청교도들처럼 순결한 교회를 지켜나게 되기를 간절히 바란다. 한국교회의 과반수가 장로교회에 속해 있고, 그 밖에도 감리교회와 침례교회, 순복음교회와 성결교회 등 다양한 교파가 있지만, 모두 다 경건한 생활을 추구했던 청교도의 신앙을 본받게 되기를 소망한다. 안타깝게도 교단과 교파를 초월해서, 구원의 교리를 전파하는데 있어서 알미니안주의의 영향을 받고 있는 교회들이 많다. 이에 반해 '웨스트민스터 신앙고백서'는 알미니안주의와 율법폐기론을 거부하면서, 성경의 교훈들을 체계적으로 서술하였다. 부디, 그 안에 담긴 청교도들의 신앙과 교훈들을 분명히 파악하기를 진심으로 소원한다.

청교도 신앙은 미국에 엄청난 영향을 끼쳤는데, 그들은 신대륙 미국에다가 신앙의 자유를 누리도록 자유민주주의 국가를 건설하였다. 건국의 유산을 물려받은 그 후손들이 오늘의 미국을 만들어가고 있다. 전 세계 최고의 강국으로 각 분야에서 영향력을 발휘하고 있는데, 그 이면에는 목숨을 바친 조상들의 기도와 헌신이 자리하고 있다. 건국의 아버지들은 모두 다 청교도 신앙을 지키고자 바다를 건너가서 신대륙에 나라를 세운 개척자들이었다. 지난 400여 년 동안, 정치와 외교 분야에서, 신대륙 미국이 제시한 내용들은 자유, 정의, 민주주의를 근간으로 한 평화로운 지상 낙원을 건설하려는 외침들이었다. 오늘날, 일부 미국의 모습은 전혀 청교도들과는 다른 양상을 보여주고 있지만, 곳곳에는 아직도 여전히 조상들의 신앙유산을 지켜나가고 있는 후손들이 많다.

지금 우리는 참된 교회, 순결한 신앙이 참으로 필요한 시대에 살고 있다. 전 세계 교회는 무너져 내렸고, 살아남은 자들도 수많은 위험에 둘러싸여 있다. 위대한 신학사상들도 빛을 잃었다. 교회를 비춰주던 청교도들의 신앙은 세속에 물들어버려 이미 어둡고 혼탁해졌으며, 교회의 지도자들도 세속에 물들어서 순수성을 잃어버렸다. 그러나 우리는 포기하지 않고 노력했던 청교도들처럼 분투하고 노력해야만 한다. 하나님의 살아 있는 말씀이 생명의 원천이요, 성령의 역사하심으로 되살아나야 하겠기에, 청교도들의 역동적인 삶과 신앙과 예배를 통해서 교훈을 얻어야 하겠다.

한국교회의 뿌리에는 청교도 사상과 깊이 연결되어 있다. 역사적으로나 신학적으로나 한국의 장로교회는 청교도 개혁주의를 골자로 하여, 구원의 진리를 터득하였다. 한국교회가 채택한 '웨스트민스터 신앙고백서(1647)'는 청교도의 혁명을 통해서 피를 바치고 만들어 낸 청교도의 꿈을 이룬 것이요, 오래된 소망의 산물이었다.

한반도를 향한 하나님의 특별하신 은혜로 온 나라가 열강의 침략에 의해서 혼란을 겪고 있을 때에 복음의 빛이 들어왔다. 1884년, 9월 20일 미국 북장로교회 소속이던 의료선교사 알렌의 입국을 계기로 해서, 하나님을 아는 지식과 빛을 받았다. 물론 알렌 선교사 입국 이전부터, 여러 지역에서 펼쳐진 다양한 선교사들의 헌신적인 복음전파의 전략에 따라서, 우리 조상들은 크고 작은 혜택을 맛볼 수 있었다. 한국 초기 기독교 신자들 중에 일부는 심양 지방에서 선교 사역을 하던 스코틀랜드 파송 선교사들, 특히 로스 선교사를 통해서 세례를 받았다. 또한 일부 일본에 진출한 선비들에게도 복음이 전파되었다.

한국교회에 가장 큰 영향을 끼친 곳은 미국에서 건너온 북장로교회 선교사들의 헌신과 수고로 세워진 평양신학교였다. 시카고 매코믹 신학교 출신, 사무엘 마펫 선교사는 체계적으로 교육을 받은 목회자를 양성하기 위해서 평양신학교를 세웠다. 그의 동료 교수진들의 대다수가 미국 북장로교회에서 온 분들이었기에, '웨스트민스터 표준문서'에 담겨진 개혁주의 정통 교리들과 칼빈의 개혁신학을 전수해 주었다.

평양신학교의 뿌리에는 미국에서 정립된 뉴잉글랜드 청교도 신학과 장로교회의 유산이 함께 어울려서 자리하고 있었다. 한국교회의 근본이 되는 뿌리를 추적하기 위해서는 뉴잉글랜드 청교도와 장로교회에 대한 안목과 이해를 가지고 있어야 한다. 이를 통해서 이 땅에 심겨진 신앙의 유산들과 전통을 바르게 파악할 때에, 역사적 안목에서 오는 신학적 분별력이 확고하게 세워질 수 있을 것이다. 우리 한국교회의 신앙의 뿌리를 찾아보기 위해서, 뉴잉글랜드 청교도에 대한 연구를 확장시켜야 하는 이유가 바로 여기에 있다.

유럽에서 확고한 자취를 입증한 칼빈주의와 개혁교회의 영향을 받아서 추진된 잉글랜드 청교도 운동은 17세기 중반에 이르기까지 국왕과의 전쟁에서 승리하는 혁명으로 나아갔고, 수많은 이들의 희생으로 인해서 국가체제의 엄청난 변화를 가져왔다. 17세기 초엽, 대서양을 건너서 뉴잉글랜드 지역에 식민지를 건설한 청교도들은, 그 어떠한 혁명의 도모함없이 그 이전에 존재하지 않았던 교회 중심의 사회제도를 새롭게 건설하였다. 이처럼 대서양의 양편, 잉글랜드와 뉴잉글랜드 두 지역에서 진행된 청교도 종교개혁은 회중교회와 장로교회 제도를 갖추어서 정착되었다. 그리고 오늘의 민주주의 국가를 건설하는 토대를 형성해 놓았다. 모든 사람들의 자유로운 인권과 평등은 모두 다 개혁주의 청교도 사상에서 빚어진 열매들이다.

모든 청교도들은 칼빈주의 신학을 근간으로 신앙의 원리를 세웠다. 그리고 그들이 가슴 속에 품었던 순수한 교회 건설의 열망은 오랫동안 이어져 내려와 경건한 영향력을 발휘했다. 하지만 안타깝게도 그들의 성취에 비례한 만큼 쇠퇴 또한 빠르게 진행됐다. 청교도 운동의 절정기는 올리버 크롬웰의 건강이 악화되고 청교도들을 지원해주는 정치 세력이 무너지면서 급격히 막을 내리게 된 것이다.

한편 청교도 설교자들은 회심을 강조했는데, 그 이유는 모든 사람은 영적 부패성을 벗어날 수 없기에 반드시 철저한 회개를 통과해야 한다고 확신했기 때문이다. 청교도 목회자들과 평신도 지도자들은 인간의 연약성과 방탕을 절제하고 영적인 훈련에 대해서 강조했다.

또한 청교도들의 사역의 결과물로서 수많은 경건 서적들이 출판되었다. 청교도 경건서적들은 칼빈주의 교회만이 아니라, 후대의 교회들에게 엄청난 영감을 불어넣었다. 그들은 경건 문서들을 통해 드높은 이상과 순수한 사상의 씨앗을 뿌려놓았는데, 이를 통해 오랫동안 경건한 성도들이 빚어졌고 순수한 교회와 사회가 건설될 수 있었다. 또한 그들은 실천적 경건과 성화를 강조했는데, 이는 삶의 모든 영역에서 하나님의 영광을 도모하려는 청교도 신앙의 요체였던 것이다.

17세기 청교도의 회중교회와 장로교회가 남긴 성취와 실패, 대립과 발전의 이야기들 속에는, 오늘의 교회가 찾아야 할 매우 중요한 교훈들이 담겨 있다. 잠언 16장 20절의 말씀을 가슴에 새기라!

"삼가 말씀에 주의하는 자는 좋은 것을 얻나니 여호와를 의지하는 자는 복이 있느니라"

반율법주의와 웨스트민스터 총회

초판 1쇄 발행   2024년 1월 31일
   2쇄 발행   2025년 1월 31일

지은이   김재성
펴낸이   정대운
펴낸곳   도서출판 새언약
책임편집 안보현 한정석

등록   제 2021-000022호
주소   경기도 고양시 덕양구 동세로 138 삼송제일교회 1층(원흥동)
전화   031)965-6385
이메일   covenantbookss@naver.com

ISBN 979-11-986084-0-6 (03230)